l'énigme de la femme

DU MEME AUTEUR

L'Enfance de l'Art, une interprétation de l'esthétique freudienne, 1970, (Payot).

Nietzsche et la métaphore, 1972 (Payot).

Camera obscura, de l'idéologie, 1973 (Galilée).

Quatre romans analytiques, 1974 (Galilée).

Autobiogriffures, 1976 (Christian Bourgois).

Aberrations, le devenir-femme d'Auguste Comte, 1978 (Flammarion).

Nerval, le charme de la répétition, 1979 (L'âge d'homme).

Nietzsche et la scène philosophique, 1979 (10-18).

A participé à plusieurs « collectifs » :

« Le concept de culture dans les *Intempestives* de Nietzsche » in *Nietzsche aujourd'hui,* Colloque de Cerisy, 1973 (10-18).

« Un philosophe *unheimlich* », essai sur Jacques Derrida in *Ecarts,* 1973 (Fayard).

« Vautour rouge », in *Mimesis des articulations,* Aubier-Flammarion, 1975, Coll. « La philosophie en effet ».

« Philosophie terminée, philosophie interminable » in *Qui a peur de la philosophie* (G.R.E.P.H.), Flammarion, 1977, Coll. « *Champs* ».

« La mélancolie de l'art » in *Philosopher,* 1980 (Fayard).

« Sacrée nourriture » in *Manger,* 1980 (Yellow Now).

sarah kofman

l'énigme de la femme

la femme dans les textes de freud

éditions galilée
9, rue linné
75005 paris

Pour le G.R.E.PH.,
pour mes étudiants de la Sorbonne,
de Genève et de Berkeley.

Paris - Genève - Berkeley
1977-1979

ISBN 2-7186-0192-2

« Peut-être n'est-il pas superflu de donner l'assurance que dans cette description de la vie amoureuse féminine *tout parti pris de rabaisser* (*Tendenz zur Herabsetzung*) la femme m'est étranger. En dehors du fait que tout parti pris en général m'est étranger (...) je suis prêt à admettre qu'il existe quantité de femmes qui aiment selon le type masculin et développent également la surestimation sexuelle propre à ce type. »

Pour introduire le narcissisme (1914)

« Presque toujours l'homme se sent limité dans son activité sexuelle par le respect pour la femme et ne développe sa pleine puissance que lorsqu'il est en présence d'un objet sexuel *rabaissé* (*erniedrigtes*), ce qui est aussi fondé, d'autre part, sur le fait qu'interviennent dans ses buts sexuels des composantes perverses qu'il ne se permet pas de satisfaire avec une femme qu'il respecte (...). Pour être dans la vie amoureuse, vraiment libre, et par là heureux, il faut avoir surmonté le respect pour la femme et s'être familiarisé avec la représentation de l'inceste avec la mère ou la sœur. »

Sur le plus général des rabaissements de la vie amoureuse (1912) *

* Je souligne.

PREMIERE PARTIE

l'énigme et le voile

« Même la compatissante curiosité ne suffirait pas au plus sage connaisseur du cœur humain pour deviner le moyen dont telle ou telle femme se retrouve dans pareille solution de l'énigme, et dans pareille énigme de solution. »

NIETZSCHE, *Le Gai Savoir,* 71
(traduction Klossowski)

« L'énigme c'est la structure du voile suspendu entre les contraires. »

Jacques DERRIDA, *Glas,* p. 284.

1. la guerre des sexes

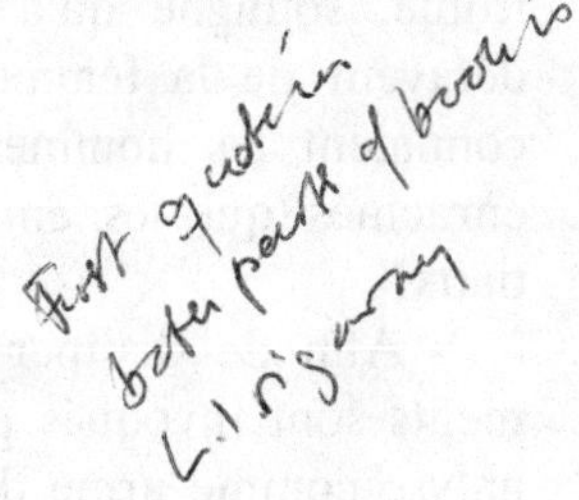

Freud lui-même ne l'avait-il pas prévu ? Les féministes partiraient en guerre contre ses textes qui, à propos des femmes, seraient emplis de préjugés masculins. La question de la femme soulève en effet l'opposition non seulement à l'extérieur mais au sein même de la psychanalyse, y déclenche une véritable guerre intestine : les psychanalystes femmes retournent la psychanalyse contre son fondateur, l'accusant de prendre parti, parti pour son sexe, à cause de son sexe. Bref, disent-elles, sur la femme, un homme, fût-il Freud, ne saurait tenir un discours objectif, neutre, scientifique : il ne saurait que *spéculer*, c'est-à-dire philosopher, construire un système destiné à justifier une « *idée fixe* », tendancieuse fondée non pas sur l'observation mais sur l'auto-perception. C'est dire qu'il ne pourrait que friser la folie, la paranoïa.

Dans sa conférence, *La féminité* (*Die Weiblichkeit*, 1932) (récemment dénigrée — et ô combien — par une psychanalyste [1]) Freud qui s'adresse à des hommes et à des femmes — Mesdames, Messieurs, dit-il en début de conférence, répétant une formule apparemment banale pour mieux en faire par la suite réson-

1. Luce Irigaray, *Speculum de l'autre femme* (Minuit, 1974).

ner toute l'étrangeté énigmatique — Freud, non sans ironie, souligne qu'à chaque fois qu'un point était en défaveur de la femme, les psychanalystes femmes soupçonnaient les hommes de préjugés masculins fortement enracinés qui les empêcheraient de se montrer impartiaux.

Afin de dissiper de tels soupçons, différents arguments sont invoqués par Freud : le recours à la psychanalyse comme arme de controverse ne peut permettre de décider, de trancher entre Freud et les psychanalystes femmes. La psychanalyse est une arme *à double tranchant* qui pourrait aussi bien se retourner contre les discours des femmes, car elle permet aussi de trouver compréhensible que le sexe féminin ne puisse pas et ne veuille pas accepter ce qui s'élève contre ses désirs les plus forts : par exemple, contre ce qui contredit une égalité ardemment convoitée avec l'homme ; elle permet donc de comprendre le refus massif par les « féministes » de la conception freudienne du surmoi féminin qui, selon elles, aurait seulement pour origine le « complexe de masculinité » de l'homme et serait une justification théorique à la tendance innée de l'homme à mépriser et réprimer la femme [2].

C'est presque toujours, en effet, à propos de la conception du *surmoi féminin,* et de l'infériorité intellectuelle et culturelle de la femme que fonde une telle conception, qu'éclate le litige ; et il faut à Freud un véritable héroïsme pour oser exhiber des conclusions qu'il sait explosives : « On hésite à le dire, mais on ne peut se défendre de l'idée que le niveau de ce qui est moralement normal chez la femme est autre. Son surmoi ne sera jamais si inexorable, si impersonnel, si indépendant de ses origines

2. Cf. *Sur la sexualité féminine* (1931) — Comparaison y est faite avec l'arme à double tranchant de Dostoïevski dans *Les frères Karamazov.*

affectives que ce que nous exigeons de l'homme. La modification de la formation du surmoi suffit à expliquer les différences morales entre la femme et l'homme. Nous ne nous laisserons pas détourner de telles conclusions par les arguments des féministes qui veulent nous imposer une parfaite égalité de position et d'appréciation des deux sexes [3]. »

Et à propos de la différence de destin du complexe d'Œpide chez la fille et le garçon responsable de la différence de leur surmoi respectif : « La réclamation féministe d'une égalité de droits entre les sexes n'a pas ici une grande portée [4]. »

Moi Freud, La Vérité, je parle et la Vérité saura bien résister à toutes les pressions, à toutes les revendications « féministes » plus ou moins hystériques ; car si, ô femmes vous voulez utiliser la pyschanalyse contre moi, je saurai bien mieux la retourner contre vous, tout en faisant semblant de vous accorder quelques concessions, de consentir quelques compromis pour faire cesser entre nous la guerre des sexes et rétablir entre hommes et femmes psychanalystes une « entente polie » : grand seigneur, je vous accorde volontiers que la « féminité pure » et la « masculinité pure » sont de pures constructions théoriques et que le contenu de telles constructions spéculatives reste bien incertain. Je suis prêt à accorder également que la plupart des hommes demeurent bien en deçà de l'déal masculin car « tous les individus humains par suite de leur constitution bisexuelle et de leur hérédité croisée possèdent à la fois des traits masculins et des traits féminins [5] ».

Dans cette guerre intestine, la thèse de la bisexualité

---

3. *Quelques conséquences psychologiques de la différence anatomique entre les sexes* (1925).

4. *La disparition du complexe d'Œdipe* (1923).

5. *La féminité* (1932).

est une arme qui devrait mettre fin aux récriminations des femmes psychanalystes : le discours blessant que Freud tient sur les femmes ne les concernerait pas, elles, femmes exceptionnelles, plus masculines que féminines : « Grâce à la différence des sexes, nos discussions à propos de la féminité eurent un attrait (*Reiz*) particulier, car chaque fois qu'un parallèle semblait devoir être défavorable à leur sexe, ces dames nous soupçonnaient, nous analystes mâles, d'être farcis de préjugés profondément enracinés qui nous empêchaient de nous montrer impartiaux. En revanche, nous pouvions facilement éviter toute impolitesse en demeurant sur le terrain de la bisexualité. Nous n'avions qu'à dire : « Mais voyons ! cela ne vous concerne nullement. Vous savez bien qu'à ce point de vue vous êtes une exception, plus viriles que féminines [6]. »

Plus viriles que féminines, voire homosexuelles. *Psychogénèse d'un cas d'homosexualité féminine* (1920) souligne que la patiente « étant proprement féministe, trouvait injuste que les filles n'aient pas le droit de jouir des

---

6. *Ibid.*, G. W. XV, p. 124. Nous retraduisons la plupart des textes cités extraits de *La féminité ;* la traduction française est des plus déplorables et omet de nombreux passages. Il ne nous semble pas innocent, en effet, que la plupart des critiques portées contre Freud se fondent sur cette « traduction » française. Luce Irigaray prétend que la traduction la plus minutieuse n'aurait pas changé grand'chose à la signification de ce discours sur « la féminité » (p. 9, note 1 de l'Opus cité). On peut, du moins, en douter et se demander pourquoi, tant qu'à faire, Luce Irigaray continue d'user presque toujours d'une traduction qu'elle sait être mauvaise, si ce n'est pour les besoins de « la cause ». Celle de la Féminité ? Il ne s'agit pas, se reportant au texte allemand, de tenter de « sauver » Freud à tout prix, (nous ne le « sauverons » pas plus qu'elle) mais de faire preuve seulement de l'honnêteté intellectuelle minimale qui consiste à critiquer un auteur en fonction de ce qu'il a dit et non de ce qu'on s'efforce de lui faire dire : la critique en est d'autant plus forte. A consulter le texte de Freud, on s'aperçoit, en outre, qu'il est beaucoup plus complexe ,plus hétérogène que ne le laisse supposer la traduction française. Nous y reviendrons.

mêmes libertés que les garçons et d'une manière générale se révoltait contre le sort de la femme ».

La thèse de la bisexualité n'est pas seulement la thèse que Freud défend, elle lui sert aussi de défense contre les accusations d'antiféminisme et elle est, elle aussi, à double tranchant. Elle permet à Freud de répéter le discours phallocratique le plus tenace, le plus traditionnel et le plus métaphysique : si vous femmes êtes aussi intelligentes que les hommes, c'est qu'en réalité vous êtes plus viriles que féminines. Elle permet donc de clore la bouche aux femmes, de mettre fin à leurs réclamations et revendications. Mais cette thèse permet aussi de faire bouger les catégories métaphysiques qu'elle rend problématiques puisqu'elle affirme le caractère purement spéculatif de l'opposition masculin/féminin. La thèse de la bisexualité implique donc que Sigmund Freud lui-même ne saurait être *purement et simplement* un homme (*vir*), qu'il ne saurait donc avoir des préjugés *purement* masculins. Ce grief révèle seulement les préjugés métaphysiques de ceux qui l'invoquent.

Pourtant Freud ne recourt jamais pour se défendre à cet argument, il n'exhibe jamais sa féminité comme il se plaît à exhiber la virilité de ses collègues féminines. La thèse de la bisexualité déclarée principièlement valable pour tous les humains est en définitive utilisée seulement comme une arme stratégique à propos des femmes, on aura l'occasion de le vérifier. Et tout se passe comme si Freud clamait bien haut l'universalité de la bisexualité pour mieux dissimuler la dénégation silencieuse de sa propre féminité, sa paranoïa.

2. spéculation, observation

C'est bien contre le soupçon éventuel de paranoïa que Freud cherche surtout à se défendre à chaque fois qu'il distingue, de façon toute positiviste, la spéculation (philosophique) de l'observation (scientifique), ou qu'il dénie avoir un don quelconque pour la philosophie. Ce sont toujours ses adversaires qui seraient des spéculatifs : par exemple Jung. Ainsi *Pour introduire le narcissisme* a comme enjeu essentiel de démontrer que celui-ci, à propos précisément de la paranoïa, se livre seulement à de stériles et folles spéculations. Ce texte dénonce, de façon polémique, le monisme philosophique de Jung [1] qui croît pouvoir faire l'économie d'une spécificité sexuelle de la libido, l'économie de la distinction entre énergie des pulsions du moi et libido du moi, libido du moi et libido d'objet, libido sexuelle et énergie non sexuelle. Cette économie du spéculatif ne peut se réaliser qu'aux dépens de

1. Cf. aussi *Les trois essais sur la théorie de la sexualité* p. 12 (N.R.F.) : « On ne peut actuellement poursuivre une théorie de la libido que par la voie spéculative (*auf dem Wege der Spekulation*). Mais on renonce à tous les gains acquis jusqu'ici grâce aux observations psychanalytiques si, avec *C. G. Jung,* on dilue le concept de libido même en l'assimilant à celui d'énergie psychique en général. » (*Note de 1920.*)

l'observation et au profit de « stériles débats théoriques ». Au contraire, les distinctions freudiennes, son dualisme persistant [2] résultent d'une élaboration à partir de la stricte observation des processus névrotiques et psychotiques et de la mise à l'épreuve d'une hypothèse « soutenue avec conséquence jusqu'à ce qu'elle se dérobe ou se vérifie ». A la spéculation stérile, Freud oppose le modèle fécond de la physique : « Voilà (...) la différence entre une théorie spéculative et une science bâtie sur l'interprétation de l'empirie. La dernière n'enviera pas à la spéculation le privilège d'un fondement tiré au cordeau, logiquement irréprochable, mais se contentera volontiers de conceptions fondamentales nébuleuses, évanescentes, à peine représentables, qu'elle espère pouvoir saisir plus clairement au cours de son développement, et qu'elle est prête aussi à échanger éventuellement contre d'autres. C'est que ces idées ne sont pas le fondement de la science, sur lequel tout repose : ce fondement, au contraire, c'est l'observation seule. Ces idées ne constituent pas les fondations mais le faîte de tout l'édifice, et elles peuvent sans dommage être remplacées et enlevées. Nous faisons encore, de nos jours, la même expérience pour la physique : ses intuitions fondamentales sur la matière, les centres de force, l'attraction, etc. sont à peine moins discutables que les conceptions correspondantes en psychanalyse. »

« Je ne suis pas Jung, je ne suis pas paranoïaque » ne cesse de répéter Freud...

L'enjeu de la conférence *La féminité* semble bien être de prouver que Freud — il y insiste à la fin de son discours (belle dénégation !) — n'est pas la proie d'une

2. Cf. plus tard l'affirmation d'un dualisme irrelevable au niveau de la troisième topique : l'opposition d'Eros et des pulsions de mort.

idée fixe[3] même lorsqu'il ne cesse de souligner l'importance du rôle que joue dans la formation de la féminité le manque de pénis. Ce n'est pas hasard si la *Conférence* commence là encore par opposer l'observation à la spéculation : vous ne pouvez évaluer mon discours quant à sa position sexuelle, car ce n'est pas le sujet pathologique Sigmund Freud qui parle ou spécule, c'est le sujet transcentantal de la science et ses affirmations reposent seulement sur des faits d'observation : « Cette conférence (...) ne vous apportera que les faits d'observation où la spéculation n'a pour ainsi dire aucune part. » Où « je » ne prends pas part ni parti...

Si l'on se souvient que dans *Au delà du principe du plaisir* Freud ne craint pas de présenter l'hypothèse de la pulsion de mort comme purement spéculative, susceptible seulement de recevoir un fondement mythique[4], l'hostilité radicale affichée contre la spéculation peut sembler suspecte : toute cette opération menée contre le spéculatif n'est sans doute pas sans rapporter quelque bénéfice et c'est peut-être se faire la part belle que d'affirmer qu'on ne prend ni part ni parti. L'appel à l'observation a en tout cas comme intérêt immédiat de laver Freud de tout soupçon de partialité en faisant des *psychanalystes femmes ses propres complices ;* il ne cesse de le répéter : ce sont les observations de ces « excellentes collègues féminines » qui lui ont fourni le matériel le plus important, qui l'ont les premières éclairé sur la sexualité féminine. Il a seulement apporté quelques précisions, mieux isolé certains points qu'elles avaient déjà exposés.

3. Cf. la fin de la conférence : « Si vous qualifiez cette idée de fantaisiste (*phantastisch*), si vous pensez qu'en attribuant tant d'importance au rôle que joue, dans la formation de la féminité, le manque de pénis, je suis la proie d'une idée fixe (*fixe Idee*) et alors je reste désarmé. »

4. Cf. S. Kofman, Freud et Empédocle in *Quatre romans analytiques* (Galilée, 1974).

Son travail n'est qu'un apport parmi d'autres et il s'y limite à mettre en évidence les points d'accord ou de désaccord les plus importants [5]. Alors que, par ailleurs, Freud tient tant à la priorité de ses découvertes tout en reconnaissant qu'elles ont été souvent anticipées de façon géniale par les poètes [6], il lui est ici nécessaire, au moins pour des raisons stratégiques, de se dépouiller de la paternité de ses idées et d'exhiber au grand jour sa dette à l'égard des femmes psychanalystes : « Puisqu'il s'agit ici de la femme, je me permets, cette fois, de citer les noms de quelques femmes auxquelles l'on doit d'importants travaux touchant le sujet qui nous préoccupe. C'est la Drsse Ruth Mack Brunswick qui, la première, a décrit un cas de névrose attribuable à une fixation préœdipienne, la situation prœdipienne n'ayant jamais pu s'instaurer. (...) La Drsse Jeanne Lample de Groot a établi, à l'aide d'*indiscutables observations,* l'incroyable activité phallique de la fillette. La Drsse Hélène Deutsch a montré que les actes amoureux des femmes homosexuelles reproduisaient les rapports de mère à enfant [7]. »

L'appel à l'observation a ici une valeur fondamentalement stratégique et Freud ne semble pas considérer que cela soit incompatible avec la hâte qu'il éprouve par ailleurs à publier, contrairement à toute prudence scientifique, des résultats qu'il avoue n'être pas entièrement vérifiés, sous prétexte qu'il n'a plus beaucoup de temps devant lui alors qu'il avait pu et su garder autrefois en réserve pendant quatre ou cinq ans *le cas Dora* avant de divulguer le *secret* de sa malade par pur devoir envers la science... [8] ; hâte de publier sous prétexte aussi que les femmes psychanalystes pourront de toute façon

5. Cf. le début du texte sur *La sexualité féminine.*
6. Cf. S. Kofman, *L'enfance de l'art* (Payot, 1970).
7. *La féminité.* Je souligne.
8. Cf. *Le cas Dora,* in *Cinq psychanalyses,* P.U.F.

exploiter et achever ses résultats : « Je me sens autorisé à communiquer cette fois-ci ce qui nécessite un contrôle urgent avant que soit confirmée ou infirmée sa valeur », écrit-il au début de *Quelques conséquences psychologiques de la différence anatomique entre les sexes* (1925).

3. les retards de freud

Hâte d'écrire sur les femmes pour devancer encore les femmes, hâte d'écrire par crainte de se laisser devancer par la mort, comme si Freud avait reculé jusqu'au dernier moment devant cette tâche impossible : écrire à propos des femmes ; les textes sur la sexualité féminine, ceux où il souligne l'importance toute nouvelle du rapport préœdipien de la fille à la mère et où il met en doute le privilège de l'Œdipe comme noyau des névroses, sont tous des textes tardifs : « En ces toutes dernières années seulement nous avons réussi à acquérir ces nouvelles données [1]. » Recul devant cette tâche qui est peut-être recul devant la sexualité féminine elle-même, à cause de l'horreur/plaisir qu'elle provoque, à cause de la menace de mort qu'elle est supposée porter en elle. Car ni la mort ni le sexe de la femme ne peuvent se regarder en face. Ecrire sur la sexualité féminine, c'est révéler un dangereux secret, c'est d'une manière ou d'une autre exhiber au grand jour, dé-couvrir le sexe redoutable de la femme. D'autant plus redoutable et menaçant pour l'homme qu'il se sent coupable (en tous les sens de ce terme).

1. *La féminité.*

On ne peut manquer d'évoquer ici Spinoza qui laisse inachevé par la mort son *Traité politique,* au moment même où il aborde la question des femmes dans le politique et où il vient de leur ôter comme aux serviteurs tout droit politique, même à l'intérieur du régime idéal, démocratique.

Vouloir avoir le dernier mot sur les femmes, n'est-ce pas toujours courir le risque du dernier mot ? Vouloir révéler le fin mot de l'énigme, n'est-ce pas risquer le mot de la fin ? D'où, pendant longtemps, l'extrême réserve à propos des femmes, un simple parallélisme et une simple symétrie établie par exemple entre l'Œdipe de la fille et celui du garçon ; puis la découverte, avec le préœdipien, du *tout autre* qu'est la femme, la hâte finale à publier, l'angoisse de mort.

Ce n'est pas la première fois qu'une angoisse de mort est, pour Freud, à l'origine d'une décision de publier un texte longtemps différé (cinq ans). Un rêve de la *Traumdeutung* apprend que ce fut déjà le cas lors de la publication de *L'interprétation des rêves,* à un moment où l'âge de Freud ne pouvait pourtant justifier une crainte objective de la mort.

Il s'agit du rêve fameux où Brücke [2] lui propose de préparer son propre bassin. L'essentiel du rêve qui révèle que, malgré le contenu manifeste, ce rêve est bien une réalisation de désir, c'est que le rêveur n'éprouve pas le *sentiment d'horreur (Grauen)* qui devrait être liée objectivement à cette opération, « à cette bien étrange chose ». L'interprétation de Freud est la suivante : « La préparation symbolise l'analyse intérieure que j'accomplis en un sens par la publication du livre sur le rêve. Celle-ci m'était en réalité si pénible que j'avais reculé de plus d'un an l'impression du manuscrit. Mon désir

2. *L'interprétation des rêves* p. 385 et sq. et p. 407 et sq.

actuel est de dominer ce sentiment, c'est pourquoi je n'éprouve dans le rêve aucun sentiment d'horreur *(Grauen)*. J'aurais bien voulu éviter de *grauen* en un autre sens (grisonnement) ; je blanchis beaucoup et ces cheveux gris *(grau)* m'engagent à ne pas tarder davantage. »

Ce fragment d'interprétation avec le jeu de mot essentiel sur *Grauen* ne fait pas partie de l'analyse centrale de ce rêve mais se trouve accolé en association d'idées après l'anayse du rêve de l'apprenti-tailleur devenu poète célèbre [3]. Rêve qui semble contredire la loi générale du rêve comme accomplissement de désir : il se présente, en effet, comme un rêve de châtiment, mais l'analyse découvre que le désir inconscient formateur du rêve est le désir de rester jeune, désir douloureux et jamais apaisé de l'homme qui vieillit [4]. Au rêve de l'apprenti tailleur Freud associe, outre le rêve de Brücke, un rêve où il se trouve ramené à l'année la plus sombre et la plus dépourvue de succès de sa carrière médicale, où il n'avait pas encore de situation et ne savait comment il pourrait gagner sa vie : pourtant ce retour en arrière vers un temps malheureux de son existence est bien réalisation de désir puisqu'il s'agit d'un retour à l'époque de la jeunesse : « J'étais de nouveau jeune et elle était de nouveau jeune aussi la femme qui avait partagé avec moi ces années pénibles (...). J'avais le choix entre plusieurs femmes que je pourrais épouser. » La

3. *Ibid.*, p. 407.

4. Cf. aussi p. 477 le rêve où Freud voit son fils mort et qu'il interprète comme réalisation de désir : « En approfondissant l'analyse, je découvre la tendance cachée que pourrait satisfaire la mort redoutée de mon fils. C'est la jalousie contre la jeunesse que je croyais avoir complètement étouffée. Et il est certain que lorsque pareil malheur arrive, l'intensité de la douleur, cherchant quelque apaisement, va jusqu'à susciter dans notre inconscient ces désirs refoulés. »

nostalgie de la jeunesse, comme le prouve cette dernière association, est toujours la nostalgie de la puissance sexuelle comme l'idée de la mort et de la vieillesse se trouve toujours liée à celle de l'impuissance : le confirme l'interprétation du rêve d'un homme âgé réveillé pendant la nuit par sa femme inquiète de l'entendre rire à gorge déployée pendant son sommeil. « Le travail du rêve a su transformer la triste idée de l'impuissance et de la mort en une scène comique et changer en rire les sanglots[5]. »

C'est dire que l'angoisse de mort éprouvée par Freud et qui l'engage à publier la *Traumdeutung* n'est pas « pure » angoisse de mort ; elle est inséparable d'une angoisse liée à la restriction de la puissance sexuelle. Et publier la *Traumdeutung,* ce n'est pas seulement devancer une mort éventuelle, c'est retrouver, en tous les sens, sa jeunesse, sa puissance, voire sa toute-puissance : cette publication, en effet, devrait lui conférer *l'immortalité,* celle des héros et des grands hommes qui ont su « marcher à l'aventure vers un inconnu où nul n'a mis les pieds », révéler des « choses étranges », braver tous les interdits, y compris celui de l'inceste. La publication de la *Traumdeutung,* par les révélations inouies qu'elle apporterait, transformerait Freud en un surhomme, ferait de lui un rival de cet Œdipe « qui devina l'enigme fameuse et fut le premier des humains ». Un surhomme, voire un demi-dieu : le rêve où Freud s'identifie à Hercule nettoyant les écuries d'Augias (il aurait d'un « simple jet d'urine » nettoyé la science des névroses de toutes ses erreurs et de tous ses préjugés) se termine par cette affirmation mégalomaniaque : « Bref, j'étais un grand homme. »

Par la publication de cette œuvre, Freud n'accom-

5. *Ibid.*, p. 403.

plirait pas seulement son désir infantile d'immortalité, il accomplirait aussi ce que son père le juif Jacob n'a pas su accomplir, le forçant lui, son fils, à l'accomplir à sa place. Son père — comme le prouve la célèbre anecdote du chapeau jeté bas par un chrétien — n'a pas été, à la grande déception du fils, un héros même si le fils plus tard, dans ses rêves, réalise cette nostalgie d'un père héroïque sur le modèle d'Hannibal : « Car qu'un père apparaisse après sa mort pur et grand aux yeux de ses enfants, qui ne le souhaiterait ? [6] ». Après avoir rappelé l'anecdote du chapeau, Freud écrit : « Cela ne m'avait pas semblé *héroïque* de la part de cet homme grand et fort qui me tenait la main. A cette scène qui me déplaisait, j'en opposais une autre bien plus conforme à mes sentiments, la scène où Hannibal fait jurer à son fils devant son autel domestique qu'il se vengera des Romains. Depuis lors, Hannibal tint une grande place dans mes fantasmes. (...) Hannibal et Rome symbolisèrent à mes yeux d'adolescent la ténacité juive et l'organisation catholique [7]. »

Nous pouvons dès lors comprendre pour quelles raisons complexes, alors que la publication de la *Traumdeutung* devait conférer à Freud l'immortalité (il y a une allusion à la demande que lui a faite la veille Louise N. de lui prêter une de ses œuvres et où il lui propose à la place un livre de Rider Haggard, car « ses propres œuvres immortelles » ne sont pas encore écrites) ; alors qu'un autre rêve confirme son désir d'avoir achevé la *Traumdeutung* pour devenir enfin indépendant et réaliser tous ses désirs (il s'agit du rêve de botanique où la situation initiale est la même que dans le rêve de Brücke : il voit *devant lui* son bassin dans un cas, dans l'autre il voit *devant lui* la monographie qu'il a écrite sur l'espèce cycla-

6. *Ibid.*, p. 365.
7. *Ibid.*, p. 174-175.

men : « Je vois devant moi la monographie que j'ai écrite. Un de mes amis, très visuel, m'a écrit hier de Berlin " Je pense beaucoup à ton livre sur les rêves, je le vois devant moi, achevé, et je le feuillette ". Combien je lui ai envié ces qualités de voyant ! Si je pouvais moi aussi le voir achevé devant moi [8]. » « Ce rêve... est un plaidoyer passionné en faveur de ma liberté d'agir à ma guise, de vivre ma vie comme il me plaît [9]. »), on peut comprendre pourquoi, malgré son vif désir de publier, il a pourtant différé ce désir, pourquoi l'idée de cette publication lui a été si pénible, a provoqué en lui une véritable horreur (*Grauen*), lui a fait venir des cheveux gris ou blancs (*grauen*)..., on peut comprendre pourquoi le rêve de Brücke où il semble enfin réaliser ce désir est pourtant aussi un rêve d'angoisse où, loin d'accéder à l'immortalité souhaitée, il se voit dans une maison de bois que les associations assimilent à un tombeau (même s'il s'agit d'un tombeau étrusque, ruse du rêve pour lui faire accepter l'inacceptable, transformer « la perspective la plus triste en une chose assez enviable » exactement comme l'héroïne, la femme-guide, de *She*, livre prêté la veille à Louise N., au lieu de rapporter, pour elle-même et pour les autres, l'immortalité, trouve la mort dans un mystérieux feu central). La seule consolation que laisse le rêve est que peut-être les enfants obtiendront ce qui a été refusé au père, ces enfants par lesquels seuls peut advenir aux parents l'immortalité, eux qui en quelque sorte ne font qu'un avec eux comme l'indique encore « cet étrange roman » où l'identité d'un personnage se maintient à travers une suite de générations de deux mille ans.

En me conférant par ma publication l'immortalité, j'en fais don aussi à mon père auquel je m'identifie, comme mes propres enfants me la confèreront un jour en subsistant après moi : tel peut être le sens de ce rêve. Mais

---

8. *Ibid.*, p. 155.
9. *Ibid.*, p. 398.

on peut aussi l'interprêter autrement : je me refuse l'immortalité et la lègue seulement à mes enfants par culpabilité envers mon père qui n'a pas su, lui, la conquérir par manque d'héroïsme.

La culpabilité d'avoir réussi là où le père a échoué explique donc son retard à publier (il a attendu cinq ans [10]) son retard à pénétrer dans Rome tel Hannibal ou Moïse dans la Terre Promise. De façon générale, elle explique que Freud diffère toujours la réalisation de ses désirs ou de ses ambitions, qu'il ait différé pendant cinq ans son mariage, qu'il ait différé pendant cinq ans de passer ses examens et concours de médecine. Retards donc par inhibition, — mais aussi parce que Freud a toujours eu la *force* de différer la réalisation immédiate de ses désirs pour mieux pouvoir ensuite les accomplir. Comme si cinq ans de la vie ne comptaient pas pour lui, comme s'il avait tout le temps devant lui, comme s'il savait qu'en dépit de ses retards, il parviendrait de toute manière à ses fins. De façon symptomatique, il fixe à cinq ans la durée du traitement des malades avec lesquels il est le plus en confiance : qu'est-ce que cinq ans de vie, au prix de tout le bienfait que doit apporter l'analyse ? Freud sait qu'en dépit du fait d'avoir comme père un pauvre Juif (qu'il remplace dans un rêve par le Professeur Meynert grâce auquel, s'il avait été son fils, il aurait avancé plus vite), il sait que grâce à sa ténacité... juive, il finira bien par réussir : « Vous pouvez ne pas le croire puisque j'y mets du temps, mais je finirai tout de même, j'aboutirai tout de même à une conclusion », note-t-il en interprétant le rêve « absurde [11] » où son père lui déclare s'être

10. Cf. *L'interprétation des rêves* et le *Fragment de l'analyse d'une hystérique (Le cas Dora) :* « Je les ai réprimées, si ce n'est neuf ans selon la recette d'Horace, au moins quatre ou cinq ans, avant de les livrer à la publication. »

11. P. 371.

marié en *1851* après s'être enivré et avoir été conduit au poste, mariage d'où aurait résulté la naissance immédiate de son fils Sigmund en... *1856*.

Rêve qui prouve que le père Jacob n'a pas eu, quant à lui, la force de différer la satisfaction de ses désirs, qu'il n'a pas su accomplir l'exploit psychique le plus important pour un homme, s'élever au-dessus de sa propre nature (cf. la fin du *Moïse de Michel Ange*). Il s'est enivré (ce qui dans la symbolique des rêves signifie qu'il a fait l'amour), a fait un enfant à sa future femme, a dû précipiter son mariage, falsifier la date de naissance de son fils à deux mois près pour dissimuler la faute (deux mois transformés dans le rêve de Freud en cinq ans pour mieux laver la souillure [12] du père), comme il déclare que la figure paternelle dans ce rêve, de façon exceptionnelle, joue le rôle d'un homme de paille, qu'elle représente seulement le professeur Meynert, « un des plus beaux cas masculins d'hystérie selon son propre aveu » : il dissimule donc l'hystérie paternelle et prend sur lui d'accomplir l'exploit que n'a su accomplir le père : différer « héroïquement » la satisfaction de ses désirs, faisant mentir le proverbe : « Tel père, tel fils », s'arrangeant du contraire dans ses rêves pour forger un père à son image.

Il retarde donc toujours la satisfaction de ses désirs, faisant d'une pierre deux coups : il se montre supérieur à son père et il se punit pour avoir réussi là où son père a échoué.

C'est pourquoi dans le *rêve de Brücke* il a besoin pour publier son livre, se rendre indépendant et s'immortaliser, de l'autorisation paternelle, voire d'un ordre émanant de cette figure substitutive du père qu'est celle du vieux Brücke. Car pourquoi avoir choisi le vieux Brücke sinon parce que « dans les premières années de mon tra-

---

12. Marie Balmy dans l'*Homme aux statues* (Grasset) aurait pu citer ce rêve à l'appui de sa thèse.

vail scientifique, il m'arriva plus d'une fois de laisser là une découverte que ses *ordres énergiques* me *forcèrent* enfin à publier », et parce que la veille, quand il était allé voir Louise N., il avait senti qu'elle le « poussait » à publier, transmettant l'ordre d'un autre : « " Alors, quand paraîtra donc ce qu'on est convenu d'appeler tes dernières révélations dont tu promets qu'elles seront lisibles pour nous autres également ? " demanda-t-elle avec un air un peu agressif — je m'aperçois à présent que c'est un autre qui me fait donner par elle un avertissement. »

Tout cela ne peut pourtant suffire à expliquer le retard à publier la *Traumdeutung,* la honte que Freud déclare éprouver à livrer au public un travail qui trahirait une si grande partie de son être le plus intime : « Pourtant ce que tu connais de meilleur ne peut être dit à ces garçons » ; qui trahirait des « choses si étranges » qui lui font horreur et qui risquent de faire horreur : en quoi d'avoir pris « héroïquement » la place du père pourrait-il être tellement honteux et horrible ?

Si ce n'est que cet « héroïsme », comme celui d'Œdipe, consiste non seulement à « tuer » le père (le père d'Œdipe, selon Platon, aurait lui aussi engendré son son fils sous l'effet de l'ivresse), mais aussi à coucher avec la mère. Si ce n'est que l'héroïsme du fils ne peut s'accomplir que *grâce à la complicité et à l'amour préférentiel de la mère.*

Dans le rêve de Brücke, c'est une figure maternelle, Louise N., qui le *pousse* à publier, à devenir un héros (même si l'interprétation lui donne le rôle d'un simple *Go-between*). De même, le *rêve des Trois Parques* confère à la mère le rôle de l'éducatrice qui apprend au fils à différer ses désirs en le faisant attendre avant de calmer sa faim ; c'est elle qui lui apprend l' « héroïsme ».

Dans une note de la *Traumdeutung* à propos de rêves œdipiens de quelques héros de l'Antiquité (le rêve de relations avec sa mère fait par Jules César, le rêve d'Hippias raconté par Hérodote) déjà interprétés par les Anciens comme des signes favorables, signes de possession de la Terre, ou d'une reconquête de l'autorité perdue (comme l'oracle des Tarquins affirmant que celui qui le premier embrasserait sa mère serait le maître de Rome), Freud remarque « que les personnes qui se savent *préférées ou distinguées par leur mère* apportent dans la vie une confiance particulière en elles-mêmes et un optimisme inébranlable qui souvent paraissent *héroïques* et mènent vraiment au succès [13]. Enfin dans le Supplément B de *Psychologie collective et analyse du moi,* au moment où Freud démontre comment le premier poète épique inventa le mythe du héros : « était héros celui qui avait été le seul à tuer le père », il ajoute : « L'idée du héros se rattache probablement au plus jeune des fils, au *préféré de la mère* que celle-ci avait préservé de la jalousie du père dont il devenait le successeur aux époques de la horde primitive [14]. »

Or Freud, quoique l'aîné, pensait bien être le préféré de sa mère. A propos du rêve où il ambitionne le titre de professeur extraordinaire, il se demande : « D'où peut venir l'ambition que le rêve m'attribue ? Je pense brusquement à ce que l'on m'a raconté si souvent dans mon enfance : lors de ma naissance, une vieille paysanne avait prophétisé à ma mère, fière de son premier enfant, que ce serait un grand homme. Ces sortes de prophéties

13. P. 342, note 1.

14. Dès *L'enfance de l'art* (1970), nous avons souligné comment l'espace propre de l'art qui se substitue à la fête totémique, la répétant dans la différence, s'ouvre par cette prise en charge par le premier héros-poète du meurtre collectif du père. Que cette prise en charge n'ait été possible que par la préférence maternelle, donc par identification à la mère, a été remarqué depuis par Philippe Lacoue-Labarthe, notamment dans *Le sujet de la philosophie,* p. 296 (Flammarion, 1979) et dans *Portrait de l'artiste, en général* (Bourgois, 1979).

doivent être fréquentes, il y a tant de mères remplies d'espoir, tant de vieilles paysannes qui, n'ayant plus de pouvoir dans le présent, s'en dédommagent en se tournant vers l'avenir. » (*L'interprétation*, 1901.)

Si Freud hésite à publier la *Traumdeutung* et éprouve une angoisse de mort pour lui et pour sa mère c'est parce que cette publication risque fort d'exhiber aux yeux de tous son double crime et de révéler la complicité maternelle. Le rêve de la mère morte fait par Freud à sept ou huit ans (au même âge où est censé s'être passé l'incident du père avec le chrétien à propos de son chapeau), confirme que l'angoisse de mort pour la mère renvoie aux désirs incestueux du fils : dans ce rêve, il voit « sa mère chérie avec une expression de visage particulièrement tranquille et endormie portée dans sa chambre et étendue sur le lit par deux ou trois personnages munis de becs d'oiseaux ». « Ce n'est pas parce que j'avais rêvé la mort de ma mère que j'étais angoissé, mais parce que j'étais angoissé que mon élaboration préconsciente a interprété ainsi le rêve. Mais mon angoisse, effet du refoulement, peut se ramener à un désir obscur, manifestement sexuel, qu'exprime bien le contenu visuel du rêve. » (P. 495.)

Publier ses rêves, c'est faire connaître à tous ses relations (fantasmatiques) incestueuses. Qu'il est lui-même un nouvel Œdipe, non seulement parce qu'il a su, lui aussi, deviner des énigmes fameuses ,marcher vers un inconnu où nul encore n'avait mis les pieds, mais, car l'un est toujours le corollaire de l'autre, parce qu'il a (du moins en rêve seulement, et c'est là ce qui le distingue d'Œdipe) « tué » le père et couché avec la mère : celui qui veut connaître les mystères profonds de la nature ne doit pas craindre de violer les lois naturelles, d'apparaître, aux yeux de tous, comme un monstre : *horrible visu*. Telle est la leçon du mythe d'Œdipe, déjà dégagée par Nietzsche dans *La naissance de la tragédie*. La suprême sagesse nécessite la suprême monstruosité. Etre un héros, c'est toujours être aussi un monstre qui risque de provoquer un sentiment d'horreur (*Grauen*) et d'être expulsé de la cité tel un *pharmacos* au lieu d'acquérir l'immortalité désirée.

Si, de plus, l'on se souvient que c'est par ce même terme, « *Grauen* », que Freud désigne le sentiment éprouvé par la plupart des hommes devant les organes génitaux de la femme, de la Mère (représentés de façon symbolique par la tête de Méduse [15]), sentiment d'horreur qui risque bien de faire blanchir (grisonner, *grauen*) les cheveux en une nuit, on peut se demander si « ces choses étranges, inconnues » que Freud révèle dans la *Traumdeutung* ne concernent pas plus précisément le sexe de la femme, de la Mère, dans lequel il aurait osé avoir rêvé jeter son regard, au risque d'être aveuglé, d'être châtré, et de voir sa mère, comme Jocaste, se pendre.

Partout dans son œuvre Freud note l'horreur et la terreur que provoquent les organes génitaux de la femme et l'influence funeste que celle-ci est supposée avoir sur l'homme. La femme, par son sexe, ne pourrait qu'entraîner la ruine de l'homme. Le rêve *Autodidasker* propose seulement une alternative : la femme apporte à l'homme ou des troubles organiques (syphillis, paralysie générale) ou des troubles fonctionnels (névrose). Freud semble avoir choisi le deuxième terme de l'alternative, lui qui, nouvel Hercule, consacre sa vie à tenter de débarrasser l'humanité de ses « ordures » qui sont les névroses dont la femme est censée être la principale responsable. Que ces choses étranges dont Freud fait la révélation dans la *Traumdeutung* concernent bien le sexe de la femme

15. Cf. *La tête de méduse :* « l'effroyable tête de Méduse » (*Grauen*).

(mère ?), on en trouve plusieurs indices dans le rêve de Brücke : le *parallèle* établi avec le rêve de la monographie botanique qui concerne « l'espèce cyclamen », fleur préférée de sa femme, l'*occasion* qui a présidé à la formation du rêve : le livre prêté la veille à Louise N. a comme titre *She*. Freud l'a présenté comme un « livre étrange... rempli de sens caché... l'éternel féminin » ; de plus, dans ce roman, c'est une femme qui joue un rôle de premier plan. Publier la *Traumdeutung,* c'est exhiber au grand jour, avec ses relations incestueuses criminelles, le sexe de la femme, de la mère : pour qu'un tel livre ne fasse pas horreur, il faudrait que le lecteur se soit familiarisé avec la représentation de l'inceste et ait surmonté l'angoisse de castration. Consentir à publier ce texte implique que Freud lui-même ait surmonté une telle angoisse et n'ait plus craint du même coup, d'exhiber aussi sa *propre féminité,* cette « partie la plus secrète de son être le plus intime ». Le rêve de Brücke identifie Freud à l'héroïne de *She,* à cette femme guide qui marche vers l'inconnu en vue de conquérir l'immortalité et qui trouve la mort dans un feu central. Un autre détail du rêve affiche la castration en même temps qu'il défend contre elle : Freud voit une partie de son corps (son bassin) devant lui (donc comme détaché de lui), mais en même temps n'a pas la sensation que cette partie manque à son corps. Exhiber un bassin « supplémentaire » est l'équivalent d'une duplication des organes génitaux et possède une valeur apotropaïque. Publier la *Traumdeutung* est un moyen et d'afficher sa castration et de se défendre contre elle. La *Traumdeutung* est une défense apotropaïque qui devrait protéger Freud contre la castration, la mort, contre ses détracteurs, contre l'antisémitisme. L'on sait, en effet, que pour Freud la circoncision est l'équivalent de la castration, et qu'il donne à la misogynie et à l'antisémitisme le même origine inconsciente : l'horreur que provoquent les organes génitaux féminins, la peur de la castration [16]. Et l'on peut rapprocher peut-être le *Grauen* du rêve de Brücke du *Grauen* qu'on trouve dans le rêve fameux concernant l'oncle Joseph (qui porte le nom de ce personnage biblique auquel Freud s'est souvent identifié). L'oncle Joseph, cette « tête faible » comme l'appelait son père Jacob, ce criminel, ce Juif qui avait fait « grisonner » (*grauen*) en peu de jours les cheveux de son père à cause du chagrin qu'avait provoqué son comportement criminel [17]. Cet oncle Joseph pour lequel Freud, au niveau du rêve, éprouve une immense tendresse révélatrice en fait d'une haine profonde, d'une étrange répulsion, cet oncle Joseph, Freud, dans un autre rêve, l'identifie à des collègues qui s'étaient vu refuser par le ministre le poste de professeur, tandis qu'il ne craint pas de s'identifier lui-même à ce ministre, de malmener donc ces collègues savants et respectables simplement parce qu'ils étaient juifs. Le crime le plus grand de son oncle Joseph, en définitive, c'est bien d'avoir été juif, c'est cela, plus que ses méfaits, qui en fait pour la société de son temps un objet d'horreur et de répulsion, comme l'est la femme et pour les mêmes raisons.

En jouant dans son rêve le rôle de persécuteur, du ministre, Freud montre qu'il ne subira pas, quant à lui, le même sort que l'oncle ou que ses collègues juifs, qu'il deviendra professeur grâce précisément à sa « té-

---

16. Cf. par exemple *Un souvenir d'enfance de Léonard de Vinci,* chap. III : « Sous l'influence de cette menace de castration, il modifie maintenant sa conception des parties génitales féminines. Il tremblera désormais pour sa propre virilité mais méprisera de plus les malheureuses créatures qui, d'après lui, ont déjà subi le cruel châtiment » et en note : « Nous entrevoyons ici une des raisons de l'antisémitisme des peuples occidentaux, aussi spontané chez ces peuples qu'irrationnel dans ses manifestations. La circoncision est considérée par l'inconscient des hommes comme un équivalent de la castration. »

17. *Cf. L'interprétation des rêves,* p. 127.

nacité juive » et à l'amour de sa mère juive. « Je malmène mes deux collègues savants et respectables parce qu'ils sont juifs ; je traite l'un de tête faible, l'autre de criminel, tout comme si j'étais le ministre. Je me suis mis à la place du ministre. Quelle vengeance ! Son Excellence refuse de me nommer *professeur extraordinaire,* je me mets à sa place dans mon rêve [18]. »

Les secrets intimes, honteux, que Freud craint donc de livrer au public, car ils risqueraient de provoquer l'horreur, sont donc indissolublement liées à son judaïsme et à la féminité, à l'angoisse de castration. En ce sens, la *Traumdeutung,* c'est une nouvelle tête de Méduse.

Ce long détour par les rêves de Freud n'aura pas été inutile car ils sont la voie royale qui peut nous conduire à une meilleure compréhension du statut de la sexualité féminine dans les textes théoriques. Ce détour, en tout cas, permet d'expliquer et le retard de Freud à publier sur la sexualité féminine et sa hâte finale, par crainte de se laisser devancer par la mort.

18. P. 172.

4. l'autre

A l'angoisse de mort s'ajoute une crainte supplémentaire : la découverte du préœdipien, c'est la découverte de l'altérité radicale de la femme qui risque d'entraîner un bouleversement total dans la psychanalyse. Freud compare cette découverte révolutionnaire du *tout autre* à celle de la civilisation mycénienne derrière la civilisation grecque : « La pénétration dans la période du préœdipe de la petite fille nous surprend comme, dans un autre domaine, la découverte de la civilisation minoé-minoé-mycénienne derrière celle des Grecs [1]. »

Cette comparaison avec l'histoire des civilisations vise à souligner qu'un véritable fossé sépare les deux périodes du développement libidinal de la petite fille, puisque les historiens de l'époque de Freud établissaient une coupure radicale entre le XIVe et le XIIe siècle av. J.-C. où fleurissait la culture mycénienne proche de la culture minoéenne et les débuts de la Grèce archaïque du VIIIe siècle av. J.-C. Entre les deux, il y aurait eu une période obscure, le Moyen Age héllenique, où des bouleversements mal connus auraient séparé le monde préhellénique du monde grec proprement dit. Les Mycéniens

1. *Sur la sexualité féminine.*

seraient donc des *préhellènes* comme la première période du développement de la fille serait *pré*œdipienne, et de même qu'il n'y aurait aucune commune mesure entre les deux peuples, Préhellènes et Hellènes, et que le passage de l'un à l'autre serait rendu difficile par la rupture de l'évolution, de même un véritable gouffre séparerait le préœdipien et l'œdipien, et donc le développement sexuel de la petite fille et celui du petit garçon : « Abandonnons l'idée d'un parallélisme étroit entre le développement sexuel féminin et masculin [2] ». La civilisation mycénienne serait une simple *préface* de l'histoire grecque, extérieure à celle-ci, comme le préœdipien serait un simple préambule à l'Œdipe.

Certes, cette comparaison serait caduque aujourd'hui puisque la découverte de l'écriture linéaire B a démontré que les Mycéniens étaient des Grecs, ou du moins parlaient grec, que la civilisation mycénienne fait partie de l'héllénisme, qu'elle est le *premier chapitre* de son histoire et non plus une simple préface : la Grèce archaïque n'est plus considérée comme un commencement mais comme un prolongement ou une renaissance. Bref les historiens insistent aujourd'hui davantage sur la continuité que sur une rupture entre les deux périodes.

Entre l'interprétation ancienne et la nouvelle, on peut voir la même différence qu'entre la lecture de Freud et celle menée par Mélanie Klein. Alors que Freud croit mettre l'accent sur la *rupture* des deux périodes, en appelant *préœdipien* la première il continue à faire de l'Œdipe le *telos* de toute l'évolution, il maîtrise encore le préœdipien : l'Œdipe reste le référent dernier comme la préface d'un livre est un préambule à ce livre et ne saurait lui être totalement extérieure. L'Œdipe comme le livre reste la mesure de ce qui est déclaré sans commune

2. *Ibid.*

mesure. Mélanie Klein, elle, subordonne l'Œdipe au préœdipien qui en toute rigueur ne devrait plus porter ce nom puisque cette fois l'Œdipe cesse d'être le référent, le principe d'intelligibilité de toute l'évolution (et ceci aussi bien pour la fille que pour le garçon) : Mélanie Klein renverse la vapeur en faveur du préœdipien. Mais qu'on fasse du préœdipien une préface de l'Œdipe ou le premier chapitre de son histoire, qu'on insiste sur la discontinuité ou sur la continuité, le geste de maîtrise reste le même : dans les deux cas l'on perd la spécificité, la radicale étrangeté du tout autre, l'on maîtrise la « surprise » étonnante qu'avait procuré la découverte de la sexualité féminine, en la réinscrivant dans le procès d'une histoire qui *doit* de toute façon conduire à l'Œdipe. S'il découvre bien la civilisation mycénienne, Freud refuse d'être Thésée, de s'enfoncer dans le labyrinthe, dans ce palais à « la double hache » pour délivrer Ariane, la fiancée. Le modèle héroïque de Freud reste Œdipe et la femme n'est jamais pour lui la fiancée, mais toujours et encore la mère [3].

Au niveau du texte l'insistance sur la surprise déclenchée par la découverte du préœdipien corrobore le caractère positiviste de la démarche freudienne, prouve une fois de plus qu'il ne s'agit pas là de « spéculations » : Freud est capable, quand l'observation l'exige, de renoncer à d'anciennes hypothèses, d'abandonner le parallélisme strict entre la fille et le garçon. La conférence *La féminité* souligne, à plusieurs reprises, que c'est bien contre toute attente (donc contre tout préjugé) que son observation, confirmée par celle des femmes psychanalystes,

3. La figure d'Ariane est d'ailleurs pour Freud une figure maternelle : « La fable du labyrinthe peut être considérée comme la représentation d'une naissance anale, les galeries tortueuses étant l'intestin et le fil d'Ariane le cordon ombilical. » (*La révision de la science des rêves.*)

l'aura contraint d'admettre que la petite fille, par exemple, n'avait rien à envier au garçon quant à son activité ou à son agressivité, ou encore, autre surprise, qu'elle pouvait désirer avoir un enfant de sa mère, ou même lui faire un enfant. Tout le charme, tout l'attrait (*Reiz*) de l'analyse ne viennent-ils pas justement des surprises qu'elle occasionne par rapport aux opinions et aux préjugés le plus communément répandus ?

5. une énigme excitante

Ce sont ces opinions habituelles que Freud prétend dénoncer en suivant dans la conférence *La féminité* une démarche tout à fait analogue à celle de Descartes s'élevant contre les préjugés communs. Par là il espère susciter un intérêt nouveau pour la femme, surprendre, charmer, exciter (*Reiz*) son auditoire. Dès le début, comme pour s'excuser d'aborder un sujet si rebattu, il souligne que la femme a toujours été un sujet intéressant pour les hommes (*Menschen*), un sujet capable plus que tout autre de les intéresser. De les exciter, les hommes et les femmes, surtout quand le débat a lieu entre hommes et femmes, entre hommes et femmes psychanalystes ! La question de la femme ne saurait manquer de susciter une polémique, et peut-être les hommes ont-ils besoin de ce conflit, de cette guerre incessante entre les sexes, à propos du sexe, pour continuer à être « excités ». Car si « les hommes ont de tout temps médité sur l'énigme de la féminité », cette énigme est bien singulière (même si elle est le prototype de toute énigme) : en effet, elle semble ne pouvoir, et surtout ne devoir, jamais être résolue et ceci pas seulement pour des raisons méthodologiques ou théoriques. C'est par sa sexualité que la femme est énigmatique, car c'est la sexualité qui constitue « cette grande énigme » de la vie[1], qui fait toute la différence entre hommes et femmes ; ce qui ne veut pas dire que Freud *réduise* la femme à sa sexualité : à la fin de la *Conférence,* il rappelle que la femme comme individu (si ce n'est comme espèce !) peut être considérée également comme un être humain (*die einzelne Frau auch sonst ein menschliches Wesen sein mag*[2]). La femme comme « sexualité féminine » est un pur objet théorique, un simple objet d'étude : « N'oubliez pas cependant que nous n'avons étudié la femme qu'en tant qu'être déterminé par sa fonction sexuelle. » Même s'il juge cette fonction considérable, il n'en estime pas moins avoir fait sur la femme un exposé incomplet et fragmentaire, et renvoie à d'autres instances pour plus ample information : à l'expérience de chacun, à la poésie, à la science biologique. Certes, nous le verrons, cette déclaration modeste peut être interprétée comme une stratégie, et peut-être, une fois de plus[3], Freud fait-il tout autre chose qu'il ne dit. Il n'en reste pas moins que l'intéresse dans la femme ce qui fait sa différence et que celle-ci réside dans la sexualité ; c'est elle qu'il privilégie donc comme objet d'étude.

Le privilège de l'homme

Objet particulièrement obscur et énigmatique, et d'abord parce que peu étudié jusqu'alors pour des raisons, semble-t-il, simplement *méthodologiques* : la règle positiviste exige que l'on parte du plus immédiatement connais-

---

1. Cf. *Analyse terminée, analyse interminable* (1937).
2. « Etre humain » me paraît une meilleure traduction que « *créatures* » qu'on trouve dans la traduction d'Anne Bermann (N.R.F., Idées) reprise par Luce Irigaray.
3. *L'enfance de l'art* le démontre à propos des affirmations freudiennes sur l'art.

sable. Puisque c'est l'homme (*vir*) qui fait la science, il est normal qu'il soit parti de lui-même. Freud n'a pas procédé autrement : l'homme lui a servi de point de départ et de modèle. C'est pourquoi il a d'abord pensé seulement la femme comme symétrique de l'homme, a établi par exemple un parallélisme strict entre l'Œdipe du garçon et celui de la fille [4]. Ce point de départ « positiviste », comme toujours, l'a conduit à ériger en *telos* et en *archê* ce qui était un simple commencement épistémologique ; l'a conduit, de façon toute aristotélicienne et comtienne, à subordonner hiérarchiquement la femme à l'homme, à penser la femme, quant à son sexe, comme un moindre homme. C'est pourquoi il faut attendre les tout derniers textes pour qu'il reconnaisse à la femme une différence exclusive de tout parallélisme, de toute symétrie, pour qu'il aborde l'énigme « minœmycénienne » pour elle-même. Ce qui ne l'empêchera pourtant pas de continuer, même alors, à en appeler au modèle masculin. C'est ainsi qu'immédiatement après avoir comparé la découverte surprenante du préœdipien de la fille à la découverte de la civilisation minoémycienne, au moment même où l'on aurait pu s'attendre à une révolution méthodologique, Freud déclare que dans l'étude qu'il va maintenant poursuivre du développement sexuel féminin « la comparaison continuelle avec les faits masculins ne pourra que profiter à (l') exposé ». De façon encore plus paradoxale, dans *Le problème économique du masochisme* (1924), après avoir affirmé que le masochisme féminin est le plus acces-

---

4. Cf. par exemple *Quelques conséquences psychologiques de la différence anatomique entre les sexes :* « Lorsque nous avons étudié les premières configurations psychiques que prend la vie sexuelle chez l'enfant, nous avons toujours pris pour objet l'enfant de sexe masculin, le petit garçon. Nous pensions qu'il doit en aller de même pour les petites filles, quoique, d'une certaine manière, différemment. On ne pouvait alors clairement constater où se révèle cette différence au cours du développement. »

sible à l'observation, le moins énigmatique, qu'on peut le saisir dans toutes ses relations, qu'il va donc commencer par lui son exposé, il prend l'homme comme unique exemple de ce masochisme dit *féminin :* « Chez l'homme (auquel je me limiterai ici en raison du matériel dont je dispose), nous avons une connaissance suffisante de cette sorte de masochisme [5]. »

Privilège donc de l'homme [6] pris à titre d'*exemple* ou de point de *comparaison* même lorsqu'est reconnue la spécificité irréductible de la sexualité féminine. Car celle-ci n'en continue pas moins d'être obscure, étrange, incompréhensible, plus lacunaire, plus difficile à pénétrer que celle de l'homme, beaucoup plus « logique », plus facile à interpréter [7]. Bref la sexualité de la femme reste recouverte encore « d'un voile épais ». Ainsi, à propos de la disparition du complexe d'Œdipe : « Comment s'accomplit le développement correspondant chez la petite fille ? Ici, notre matériel devient d'une façon incompréhensible beaucoup plus obscur et lacunaire [8]. »

De même lorsqu'il érige en loi générale le primat du phallus (le fait que dans l'organisation génitale infantile des deux sexes un seul organe génital joue un rôle, l'organe mâle), Freud regrette de ne pouvoir décrire cet état de chose que chez l'enfant mâle : « Malheureusement (...) la connaissance des processus correspondants chez la petite fille nous fait défaut. »

Bref, « dans l'ensemble, on doit avouer que notre

---

5. Nous verrons plus loin comment ce privilège accordé à l'exemple de l'homme peut être aussi interprété tout autrement.

6. Cf. aussi *Les théories sexuelles infantiles :* « Des circonstances externes et internes défavorables font que les informations dont je vais faire état portent principalement sur l'évolution sexuelle d'un seul sexe, à savoir le sexe masculin. »

7. Cf. *Les trois essais sur la théorie de la sexualité* (1905).

8. *La disparition du complexe d'Œdipe* (1923).

intelligence des processus de développement chez la fille est peu satisfaisante, pleine de lacunes et d'ombre [9] ».

L'inaccessibilité de la femme

Freud donne plusieurs motifs, de nature hétérogène, à ce retard de la psychanalyse à pénétrer la femme ; outre le fait que la sexualité féminine est plus complexe que celle de l'homme (elle doit résoudre deux problèmes supplémentaires : réaliser un changement de zone érogène, opérer un changement d'investissement d'objet), elle « résiste » davantage au viol de la science, elle est moins accessible aux recherches, et ceci pour plusieurs motifs : la femme a une vie sexuelle moins *importante,* elle est en quelque sorte comme atrophiée à cause de la « civilisation ». A cause de son éducation et de la répression culturelle, la femme *parle moins librement* de sa sexualité que l'homme. La société fait de la pudeur la vertu fondamentale de la femme, la contraint à une « réserve » de parole nuisible à la science : tout l'effort de Freud consiste précisément, par l'analyse, à tenter de faire sortir les femmes de leur réserve en leur donnant le droit, voire l'obligation, de parler : de tout ce qui leur passe par la tête, y compris de ce qui a toujours été, depuis leur plus tendre enfance, objet d'interdit ; la curiosité sexuelle des filles, en effet, a toujours été plus réprimée que celle des garçons [10], et c'est une telle répression qui

9. *Ibid.*

10. Cf., par exemple, *Les théories sexuelles infantiles* (1908). Ce texte montre comment les parents répondent de manière évasive aux questions que posent les enfants sur leur origine, les réprimandent (surtout quand il s'agit des filles) à cause de leur désir de savoir, se débarrassent de leur curiosité en donnant des informations à portée mythologique. Les enfants soupçonnent alors qu'il y a eu quelque chose d'interdit que les grandes per-

est à l'origine de leur inhibition intellectuelle, de leur prétendue infériorité intellectuelle, native et indélébile.

Parce que la femme a été réduite au silence, parce que sa sexualité a été nécessairement moins « tapageuse » que celle de l'homme, elle a été « négligée » par la recherche ou a été l'objet de contre-sens. Ceci, Freud ne cesse de le répéter :

« L'importance de la surestimation sexuelle peut être étudiée particulièrement bien chez l'homme qui seul présente une vie érotique accessible aux recherches, tandis que la vie érotique de la femme, en raison d'une atrophie provenant de la civilisation, en partie à cause des réserves conventionnelles et d'un certain manque de sincérité, est encore entourée d'un voile épais [11]. »

« L'homosexualité féminine qui assurément n'est pas moins fréquente que la masculine, mais qui cependant est considérablement moins tapageuse (*lärmend*) que celle--ci, n'a pas seulement échappé à la loi pénale, elle a aussi été négligée par la recherche psychanalytique [12]. »

« L'éducation interdit aux femmes de s'occuper intellectuellement des problèmes sexuels pour lesquels elles ont pourtant la plus vive curiosité, elle les effraye en leur enseignant que cette curiosité est antiféminine et le signe d'une disposition au péché. Par là on leur fait avant tout peur de penser, et le savoir perd de la valeur à leurs yeux. L'interdiction de penser s'étend au-delà de la sphère sexuelle en partie par suite d'associations inévitables, en

---

sonnes gardent pour elles et pour cette raison ils enveloppent de secret leurs recherches ultérieures. Ils sont conduits aussi par là à produire des choses fausses dans le but de contredire une connaissance plus ancienne, meilleure, mais devenue inconsciente et refoulée.

11. *Les trois essais sur la théorie de la sexualité.*

12. *Sur la psychogénèse d'un cas d'homosexualité féminine* (1920).

partie inévitablement tout comme l'interdiction de penser d'origine religieuse faite à l'homme crée la loyauté aveugle de braves sujets. L'infériorité intellectuelle de tant de femmes qui est une réalité indiscutable doit être attribuée à l'inhibition de la pensée, inhibition requise par la répression sexuelle [13]. »

Quant à cette éducation répressive des femmes et à ses conséquences désastreuses, Freud connaissait-il ce beau texte de Nietzsche — estimé par d'aucun être misogyne [14] comme Freud est jugé « phallocrate » ; dans un cas comme dans l'autre, ce n'est peut-être pas aussi simple... « *De la chasteté féminine* : Il y a quelque chose de tout à fait étonnant et de monstrueux dans l'éducation des femmes distinguées, et peut-être n'y a-t-il rien de plus paradoxal. Tout le monde est d'accord pour les éduquer dans la plus grande ignorance possible *in eroticis,* pour inculquer à leur âme une profonde pudeur à l'égard de ces questions en même temps qu'une extrême impatience et comme un besoin de fuir, dès qu'on fait allusion à pareilles choses. Somme toute, c'est uniquement là que tout l'honneur des femmes se trouve mis en jeu : que ne leur pardonnerait-on pas autrement ! Mais on tient à ce qu'elles restent inconscientes à cet égard jusqu'au tréfonds de leur cœur : elles ne doivent avoir ni yeux, ni oreilles, ni paroles, ni pensées pour ce " mal " qui leur serait propre : le simple fait de savoir est déjà le mal proprement dit. Et dès lors, être projetée comme par un affreux coup de foudre dans la réalité et la conscience de la réalité, au moment du mariage (...), le moyen de surprendre la flagrante contradiction de l'amour et de la pudeur, d'éprou-

13. *La morale sexuelle civilisée et la maladie nerveuse des temps modernes* (1908).

14. Sur ce problème, voir *Eperons* de J. Derrida (Flammarion, Champs) et S. Kofman, *Baûbo* in *Nietzsche et la scène philosophique* (10-18) (1979).

ver tout à la fois le ravissement, l'offrande de soi, le devoir, la pitié et l'effroi causé par l'inconcevable voisinage de Dieu et de la bête, et je ne sais quoi d'autre encore ! A-t-on jamais noué de nœud plus inextricable dans l'âme ? (...) Après quoi, c'est le même profond silence qu'auparavant, et souvent un silence, une manière de fermer les yeux sur soi-même (...). Bref, on ne saurait être assez tendre envers les femmes [15]. »

La langue suspendue

Ce « profond silence » des femmes qu'il compare à « une porte verrouillée », ou encore à un « mur bouchant toute perspective [16] », Freud s'efforce d'y mettre fin, sinon par « tendresse » envers les femmes, du moins au moyen d'une cure qui ne peut se passer d'un simulacre de tendresse, dans le transfert, « levier le plus puissant » pour lever le verrou, faire sauter le mur, étouffer les résistances, faire apparaître au grand jour le *secret* enfoui dans les profondeurs.

Parce que la femme, en effet, n'a pas le droit à la parole, elle peut seulement avoir des « secrets », des « secrets d'amour », qui la rendent malade : et c'est cela l'hystérie. « Dès le début, je soupçonnais que Fr. Elisabeth devait connaître les motifs de sa maladie, donc qu'elle renfermait dans son conscient non point un corps étranger mais seulement un secret. En la regardant, on pensait aux paroles du poète : " Ce petit masque-là fait augurer un sens caché ". Il s'agit surtout pour moi de deviner le secret du patient et de le lui lancer au visage [17]. » Dora est malade parce qu'elle aime « secrètement » un homme,

15. *Gai Savoir,* 72 trad. Klossowski.
16. *Etudes sur l'Hystérie.*
17. *Ibid.*

qu'elle ne livre ses « secrets » qu'à sa cousine et à Mme K., fait confiance seulement à un médecin : celui qui ne saura pas « deviner son secret », comme elle se trouve angoissée devant tout autre de peur qu'il ne « devine », ne lui « arrache son secret », secret honteux, cause de la maladie : la masturbation.

Parce que la femme n'a pas le *droit* à la parole, elle finit par ne plus *pouvoir ni vouloir parler,* par « garder » tout pour elle, par créer, comme par revanche, à des fins de maîtrise, un supplément de mystère et d'obscurité : la femme *manque de sincérité* [18], dissimule, transforme toute parole en une *énigme* indéchiffrable. C'est pourquoi le récit des « malades » est toujours lacunaire, tronqué, défectueux, décousu, incomplet, il y manque des « chaînes », il est désordonné, comparable « à un courant qui ne serait pas navigable, dont le lit serait tantôt obstrué par les rochers, tantôt divisé et obstrué par des bancs de sable [19]. Tout se passe encore comme si les matériaux pathogènes formaient une masse spatialement étendue, traversaient, tel un chameau qui passe par un trou d'aiguille, une fente étroite pour arriver comme fragmentée et étirée dans le conscient [20].

« L'imperfection du récit de la maladie, son caractère énigmatique résulte donc de plusieurs motifs : 1) la malade garde pour elle une partie de ce qui lui est bien connu et qu'elle devrait raconter, ceci consciemment, à dessein, pour des motifs de timidité et de pudeur qu'elle n'a pas encore surmonté. Telle est la part de l'insincérité consciente. 2) une partie de son savoir anamnésique (...) fait défaut pendant le récit sans que la malade ait l'intention de faire cette réserve. Il s'agit d'une non-sincérité

---

18. Cf. le texte précité des *Trois essais sur la théorie de la sexualité.*

19. *Le cas Dora.*

20. Cf. *Les études sur l'Hystérie.*

inconsciente. 3) Ne manquent jamais les amnésies véritables, les lacunes de la mémoire auxquelles sont sujet même des souvenirs tout récents, pas plus que les illusions de la mémoire édifiées secondairement pour en combler les lacunes. Cet état de la mémoire est un corrélat nécessaire des symptômes hystériques. Au cours du traitement, le malade complète ce qu'il a retenu ou ce qui ne lui est pas venu à l'esprit quoiqu'il l'ait toujours su [21]. »

Ne reste plus au psychothérapeute qu'à se livrer à un véritable jeu de patience pour tenter de déchiffrer une énigme qui pourrait paraître insoluble si, malgré son silence, la malade ne finissait pourtant pas par *trahir* son secret :

« Quand je m'imposai de ramener au jour tout ce que les hommes cachent, sans utiliser pour cela la contrainte qu'exerce l'hypnose et en me servant simplement de ce que les êtres disent et laissent entrevoir, je croyais cette tâche plus malaisée qu'elle ne l'est réellement. Celui qui a des yeux pour voir et des oreilles pour entendre constate que les mortels ne peuvent cacher aucun secret. Celui dont les lèvres se taisent bavarde avec le bout des doigts ; il se trahit par tous les pores. C'est pourquoi la tâche de rendre conscientes les parties les plus dissimulées de l'âme est parfaitement réalisable [22] ».

Parce que l'« insincérité » de la malade n'est pas seulement inconsciente, mais parce qu'elle garde aussi, volontairement, pour elle ce qui lui est bien connu, la cure analytique ne saurait être envisagée comme une simple restitution aux femmes de leur droit à la parole ; elle est aussi tentative pour leur « arracher » leur secret, leur faire « avouer », les faire se « confesser », bref une tentative, non pour leur donner, mais pour leur extorquer la parole : la femme n'est pas seulement une malade,

---

21. *Le cas Dora.*
22. *Ibid.*

une hystérique ; parce qu'elle dissimule, elle est toujours aussi une criminelle, et le psychanalyste est un policier aux aguets des moindres traces qui pourraient la trahir, tout au mieux un *confesseur* qui, « grâce à la persistance de sa sympathie et de son estime, une fois l'aveu fait, donne une sorte d'absolution [23] ». Et s'il n'opère plus par la contrainte de l'hypnose, c'est bien par une autre contrainte, affective cette fois (celle du transfert), qu'il peut parvenir à extorquer les aveux, étouffer les résistances, remplacer les motifs de la défense par d'autres plus puissants et, le cas échéant, jouer le rôle d'instructeur là où l'ignorance a provoqué quelque crainte, ou celui de professeur, « de représentant d'une conception du monde libre, élevée et mûrement réfléchie [24] ». Instruire la malade en substituant à son « manque de sincérité » la franchise, en appelant les choses par leur nom, « un chat un chat », quitte à passer auprès de ses collègues, lui, pour un criminel, un pervers lubrique d'oser de pareilles conversations avec de toutes jeunes filles. Mais on « ne saurait faire une omelette sans casser les œufs [25] »...

En revanche, il garantit à la malade qu'il saura garder pour lui seul le secret extorqué et qu'au cas où, pour le bénéfice de la science, il serait conduit à publier son cas, *il changera son nom,* afin de ne mettre aucun lecteur profane sur la trace ; il ne la livrera ni à la police ni ne l'exposera à la curiosité malsaine de ces médecins qui lisent à tort ses observations de malades comme des romans à clef [26], même s'il est vrai que ses exposés de cas ne peuvent, par nature, « se lire autrement que comme des romans et ne semblent pas porter ce cachet sérieux propre aux écrits des savants [27] ».

---

23. *Les études sur l'hystérie.*
24. *Ibid.*
25. Cf. *Le cas Dora.*
26. *Ibid.*
27. *Les études sur l'hystérie.*

Freud se fait donc complice de l'hystérique, de la criminelle, en dissimulant à son tour, en gardant le secret... professionnel, mais à condition que la femme ait d'abord consenti, elle, à être sa complice. Accepter d'avouer son secret, « renoncer à nier [28] », c'est accepter de collaborer avec le médecin et reconnaître *sa* parole comme parole de vérité :

« Elle avoue brusquement d'une manière spontanée qu'elle ne m'a pas dit la vérité et que ce n'est pas *colour* mais *incarnation* qui lui est venu à l'esprit. *C'est le mot que j'avais attendu* (...). Cette insincérité montre que c'est en ce point qu'il y avait le plus de résistance [29]. »

« Toute résistance longtemps constituée ne peut être liquidée que lentement, pas à pas, et il faut s'armer de patience. (...) Nous spéculons sur l'intérêt intellectuel que suscite chez ce malade ce travail. En lui fournissant des explications, en lui révélant le monde merveilleux des processus psychiques (...), nous transformerons notre patient en collaborateur. » « Après avoir quelque temps travaillé de cette façon, on voit ordinairement le malade participer au travail. Une foule de réminiscences surgissent en lui sans qu'il soit nécessaire de lui poser des questions ou de lui imposer des tâches [30]. » Accepter de collaborer avec le médecin, c'est en définitive ce qui distingue l'hystérique d'un véritable criminel [31]. Aussi, gare à la malade, à la femme, qui refuserait la collaboration, de se laisser imposer la « vérité » ! Gare à celle qui, par son « suspense » de parole, gâcherait le plaisir policier du psychothérapeute, analogue à celui d'un lecteur de feuilleton qui se trouve exaspéré quand « immédiatement

---

28. *Ibid.*
29. *L'interprétation des rêves*, p. 373. Je souligne.
30. *Etudes sur l'hystérie.*
31. Cf. *La psychanalyse et l'établissement des faits en matière judiciaire par une méthode diagnostique* (1906).

après le discours décisif de l'héroïne, après le déclic de l'arme à feu, vient « la suite au prochain numéro » [31 bis].

Les femmes irréductibles qui refusent d'ouvrir la bouche, « cette cavité pleine de pus [32] », parce qu'elles n'acceptent pas la « solution » pernicieuse de leur psychanalyste, seraient, sinon livrées à la police, telles des criminelles, du moins abandonnées par lui, remplacées bien vite par celui qui n'accorde sa tendresse qu'aux femmes « sympathiques », à celles qui savent bien ouvrir la bouche, à celles qu'il trouve « plus intelligentes » parce qu'elles savent mieux suivre ses conseils, accepter ses solutions. Freud, dans le fameux *rêve d'Irma,* substitue à Irma son amie : « Je trouve Irma sotte parce qu'elle n'a pas accepté ma solution. L'autre serait plus intelligente, elle suivrait donc mieux mes conseils. *La bouche s'ouvre bien alors.* Elle me dirait plus qu'Irma. » « Je reproche à Irma de n'avoir pas encore accepté la solution ; je lui dis : " Si tu as encore des douleurs, c'est de ta faute "... Je croyais alors (j'ai reconnu depuis que je m'étais trompé) que ma tâche devait se borner à communiquer aux malades la signification cachée de leurs symptômes morbides, que je n'avais pas à me préoccuper de l'attitude du malade, acceptation ou refus de ma solution, dont dépendait le succès du traitement. »

C'est toujours de la faute aux dames. Moi, Freud, je suis irréprochable. Le rêve est un véritable plaidoyer en faveur de l'innocence de Freud : il cumule les raisons pour le disculper, et il fait penser à la défense de l'homme que son voisin accusait de lui avoir rendu un chaudron en mauvais état. « Je ne suis pas responsable de la per-

31 *bis. Les études sur l'hystérie.*

32. *Les études sur l'hystérie* : « J'ai souvent comparé la psychologie cathartique aux interventions chirurgicales et je qualifie mes cures d'opérations psychothérapeutiques en les comparant à l'ouverture d'une cavité pleine de pus, au grattage d'une carie, etc. »

sistance des souffrances d'Irma ; la faute en est *ou bien* à sa résistance à la solution, *ou bien* au fait qu'elle vit dans de mauvaises conditions sexuelles que je ne peux transformer, *ou bien* même au fait que ses douleurs ne sont pas de nature hystérique mais organique. Le rêve présente toutes ces possibilités bien qu'elles s'excluent presque mutuellement, et y ajoute une quatrième solution qui reflète mon désir profond. »

Si Freud éprouve tant le besoin de se disculper, c'est qu'il sait bien qu'il est, lui, le criminel. Non seulement parce qu'il n'a pas encore guéri Irma, mais, comme l'indique une autre partie du rêve, parce qu'il l'a lui-même (faute reportée dans le rêve et dans l'interprétation sur l'ami Otto) rendue malade, l'a infectée par sa « solution » symbolico-spermatique de... Triméthylamine injectée au moyen d'une seringue malpropre. *Triméthylamine,* ce terme évoque les solutions savantes jetées à la tête de ses malades : si Irma et toutes les femmes irréductibles refusent d'ouvrir la bouche et le sexe, c'est que toujours déjà Freud a transformé l'une et l'autre en une « cavité pleine de pus [33] », leur a lui-même fermé la bouche, les a rendues frigides, en leur injectant une docte, mâle et maligne solution. Qu'auraient-elles encore à dire, à révéler, sinon qu'elles ont été infectées par celui qui prétend qu'elles sont des malades, et qu'elles ont été contaminées par celui qui, sous prétexte de les guérir,

---

33. Par cette comparaison, Freud savait pourtant qu'il ne pouvait que fortement humilier le sexe féminin : « La femme est fière de ses organes génitaux et l'amour-propre joue là un rôle particulièrement important. Lorsque ces organes sont atteints de quelque affection propre, croit-on, à provoquer de la répugnance et du dégoût, l'amour-propre féminin en est blessé et humilié à un degré incroyable. Les femmes deviennent alors irritables, susceptibles et méfiantes. Les secrétions anormales de la muqueuse vaginale sont considérées comme capables de provoquer du dégoût. » (*Le cas Dora.*)

les contraint à collaborer, parce qu'il a besoin de leur complicité pour croire lui-même en la valeur de sa « solution », parce qu'il sait bien qu'elles sont les seules à connaître leur propre secret et qu'une solution injectée de l'extérieur ne saurait être qu'impropre, « malpropre [34] », pernicieuse ?

Si donc la psychanalyse s'élève contre la répression sexuelle subie par les femmes, les invite à sortir de leur réserve, leur rend le droit à la parole, le remède qu'elle leur propose est en même temps un poison puisqu'il ne peut guérir les femmes qu'en les contaminant, qu'en les forçant à « collaborer », à épouser le point de vue de l'autre, de l'homme censé posséder la vérité. La solution psychanalytique ne rend à la femme sa parole que pour mieux la lui ravir, que pour mieux la subordonner à celle du maître.

C'est pourquoi il n'est pire crime que le silence, car il recouvre de son « voile épais » le sexe de la femme, la rend inaccessible, irréductible, implacable : *ef-frayante* au sens de Blanchot. La femme énigmatique ni ne parle ni ne « se trahit » par aucun de ses pores. Peu lui importe que le psychanalyste lui refuse sa tendresse, elle n'en a cure, elle se suffit à elle-même.

La pudeur

Et c'est cette autosuffisance qui est insupportable : parce qu'il « envie » cette position libidinale inattaquable, l'homme projette sur la femme sa propre insuffisance, sa propre « envie » : si la femme se tait, si elle

34. Pour l'interprétation du rêve d'Irma, cf. aussi Monique Schneider, *Œdipe et la solution-dissolution* (Critique, mai 1979) à propos de la lecture qu'en fait Lacan (*Séminaire,* Livre II, p. 196 et C. Stein (*La mort d'Œdipe*).

maintient sur elle-même et son sexe un « voile épais », c'est qu'elle aurait des raisons et de bonnes raisons pour vouloir rester énigmatique : elle doit cacher cette « cavité pleine de pus », elle doit cacher qu'elle n'a « rien » à cacher. En cherchant à se rendre énigmatique, la femme continuerait seulement l'œuvre commencée par la nature qui a recouvert son sexe des poils pubiens. La femme, en inventant le tissage, a seulement « imité » la nature. Ainsi Freud ne craint pas, à la fin de sa conférence *La féminité,* d'attribuer l'invention du tissage à l'envie du pénis (quitte à se faire passer pour un fou poursuivi par une idée fixe) :

« La pudeur, vertu qui passe pour être spécifiquement féminine et qui est, en réalité, bien plus conventionnelle qu'on pourrait croire, a eu pour but primitif, écrivions-nous, de dissimuler la défectuosité des organes génitaux. N'oublions pas que plus tard elle a assumé d'autres fonctions encore. On pense que les femmes n'ont que faiblement contribué aux découvertes et aux inventions de l'histoire de la civilisation. Peut-être ont-elles cependant trouvé une technique, celle du tissage, du tressage. S'il en est vraiment ainsi, on est tenté de deviner le motif inconscient de cette invention. La nature elle-même aurait fourni le modèle (*Vorbild*) d'une semblable imitation en faisant pousser sur les organes génitaux les poils qui les masquent. Le progrès qui restait à faire était d'enlacer les fibres plantées dans la peau et qui ne formaient qu'une sorte de feutrage. »

Dans un geste pour le moins ambigu, Freud affirme que la pudeur est à la fois une vertu *conventionnelle* (liée plus ou moins à la répression culturelle) et *naturelle,* puisque, dans son invention du tissage, la femme « imiterait » seulement la nature : la pudeur serait l'artifice naturel/conventionnel des femmes pour masquer la défectuosité naturelle trop naturelle de leurs organes génitaux. Grâce à cet artifice, elles peuvent exciter, charmer les hommes qui sans cela, reculeraient d'horreur devant cette béance infectée qui risque de les contaminer, et seraient condamnés à l'homosexualité. La pudeur féminine est donc une ruse de la nature qui permet à l'espèce humaine de se conserver [35], elle est le corollaire du fétichisme de l'homme, de ce fétichisme spontané du petit garçon qui, par angoisse de castration, quand il perçoit pour la première fois le sexe de la petite fille, jette un voile sur le manque de pénis en disant : « Elle en a un, mais il est petit ; on le lui a coupé, il repoussera. »

La vanité corporelle de la femme aurait elle aussi sa source dans l'envie du pénis : quand la nature est assez bonne pour octroyer à la femme, outre des poils pubiens, un supplément de beauté, alors elle a toute chance de séduire les hommes, car cette prime de plaisir, de *séduction* qu'offre la beauté, détourne de l'horreur que procurent les organes génitaux (dont la laideur serait incontestable) et permet d'assurer le plaisir terminal. La beauté concilie seule l'horreur et le plaisir. La femme touche elle aussi une prime : elle trouve dans ses « charmes, ses attraits, (*ihre Reize*) un dédommagement tardif et d'autant plus précieux à sa native (*ursprüngliche*) infériorité (*Minderwertigkeit*) sexuelle [36]. »

Les bonnes raisons qu'auraient les femmes à se « voiler » communiqueraient donc toutes avec la nécessité pour l'homme d'un certain fétichisme. Si la femme se fait sa complice, c'est qu'elle y trouverait elle aussi son intérêt : hommes et femmes auraient tout bénéfice à ce que « l'énigme » féminine ne soit pas résolue. La « raison de derrière la tête » des femmes serait toujours : envie du pénis, castration, fétichisme. Tel est du moins le discours le plus massif de Freud.

35. Cf. *Le fétichisme* (1927).
36. *La féminité.*

Un texte pourtant ouvre une toute autre voie. Il est écrit, et ce n'est peut-être pas par hasard, à une époque où Freud était particulièrement séduit par Lou Andréas Salomé.

Il s'agit d'un passage de *Pour introduire le narcissisme* de 1913. Freud est en train de montrer qu'il y a entre l'homme et la femme des différences fondamentales quant au type de choix d'objet : caractériserait l'homme l'amour d'objet selon le type par étayage marqué par une surestimation sexuelle de l'objet ; celle-ci aurait sa source dans le narcissisme originaire transféré par la suite sur l'objet sexuel : l'amour, en particulier la passion, aurait comme effet un appauvrissement du moi de l'homme en libido au profit de l'objet.

Il en irait tout autrement du développement du *type féminin* « le plus fréquent et vraisemblablement le plus pur et le plus authentique. Dans ce cas, il semble que, lors du développement pubertaire, la formation des organes sexuels féminins (...) provoque une augmentation du narcissisme originaire, défavorable à un amour d'objet régulier s'accompagnant de surestimation sexuelle. Il s'installe, en particulier, dans le cas d'un développement vers la beauté, un état où la femme se suffit à elle-même (*eine Selbstgenugsamkeit*), ce qui la dédommage de la liberté de choix d'objet que lui conteste la société. De telles femmes n'aimeraient, à strictement parler, qu'elles-mêmes, à peu près aussi intensément que l'homme les aime. Leur besoin ne les fait pas tendre à aimer mais à être aimés, et leur plaît l'homme qui remplit cette condition. On ne saurait surestimer l'importance de ce type de femme pour la vie amoureuse de l'être humain.

« De telles femmes exercent le plus grand charme (*Reiz*) sur les hommes, non seulement pour des raisons esthétiques, car elles sont habituellement les plus belles, mais aussi en raison de constellations psychologiques intéressantes. Il apparaît en effet avec évidence que le narcissisme d'une personne déploie un grand attrait sur ceux qui se sont déssaisis de toute la mesure de leur propre narcissisme et sont en quête de l'amour d'objet ; le charme (*Reiz*) de l'enfant repose en bonne partie sur son narcissisme, son auto-suffisance (*Selbstgenugsamkeit*), son inaccessibilité (*Unzugänglichkeit*) de même le charme (*Reiz*) de certains animaux qui semblent ne pas se soucier de nous, comme les chats et les grands animaux de proie ; et même le grand criminel et l'humoriste, dans leur présentation littéraire, forcent notre intérêt par le narcissisme conséquent qu'ils savent montrer en tenant à distance de leur moi tout ce qui le diminuerait. C'est comme si nous les envions (*beneideten*) pour l'état psychique bienheureux qu'ils maintiennent, pour une position libidinale insaisissable que nous avons nous-mêmes abandonnée par la suite. Mais le grand charme (*Reiz*) de la femme narcissique ne manque pas d'avoir son revers : l'insatisfaction de l'homme amoureux, le doute sur l'amour de la femme, les plaintes sur sa nature énigmatique (*die Rätsel im Wesen*) ont pour une bonne part leur racine dans cette non-concordance (*Incongruenz*) des types de choix d'objet ».

Ce qui rendrait la femme énigmatique, ce ne serait plus quelque « défectuosité native », un manque quelconque, mais au contraire son autosuffisance narcissique et son indifférence ; ce n'est plus elle qui envierait l'homme pour son pénis, c'est lui qui l'envierait pour sa position libidinale insaisissable, pour avoir su garder en réserve son narcissisme, alors que lui homme — on peut se demander pourquoi — s'est appauvri, s'est vidé de ce narcissisme originaire au profit de l'objet aimé.

Ce qui attirerait, ferait tout le charme de cette femme narcissique, ce ne serait pas tant sa beauté, encore que cette beauté (qui n'est plus conçue cette fois comme une couverture ni comme un dédommagement pour une défectuosité naturelle, mais comme une compensation aux dommages sociaux) ne saurait manquer à une femme pour qu'elle puisse ainsi jouir narcissiquement d'elle-même [37] ; ce qui attirerait en elle, c'est qu'elle aurait su conserver ce que l'homme a perdu, ce narcissisme originaire dont il garde une éternelle nostalgie : on peut donc dire que l'homme envie et recherche cette femme narcissique comme le paradis perdu de l'enfance (ce qu'il fantasme comme tel [38]), et est voué au malheur : car, si une telle femme aime être aimée, elle n'aime que soi, se suffit à elle-même et laisse insatisfait l'homme amoureux ; elle garde toujours « une réserve énigmatique », se donne sans s'abandonner et, quand elle se donne, « le fruit de son don reste dans son giron », comme dit Goethe cité par Lou Salomé dans une page de son *Journal* au moment où elle indique que lorsqu'un névrosé désire devenir femme, c'est là un signe de guérison, car c'est un désir d'être heureux :

37. La beauté n'est-elle pas selon Kant, par exemple, ce qui se suffit à soi, est indépendant, jouit de sa propre complétude sans manquer de rien, est coupée de toute fin extérieure à elle-même ? Finalité sans fin ? c'est pourquoi une belle femme ne saurait être comparable à cet engin déterré dont parle Kant, à cette concavité privée de son manche qui paraît incomplète mais qui renvoie au concept de l'outil correspondant qui vient toujours déjà la compléter. La belle femme serait plutôt comparable à la belle tulipe. La femme, envieuse de pénis, ne saurait être belle, en tout cas pas d'une « beauté libre », le comble de la beauté selon Kant, car elle adhère, en tant que trou, béance, au pénis qui toujours déjà la complète, qui est toujours déjà là dans son absence même. La « coupure » du sexe féminin telle que l'opère Freud ne saurait être une coupure « pure ». Pour beauté libre et beauté adhérente selon Kant, cf. J. Derrida, *le parergon* in *La vérité en peinture*, p. 127 et sq.

38. Les hommes subissent « le charme magique de leur enfance qui leur est reflétée par un souvenir non dépourvu de partialité comme une époque de félicité sans trouble ». *Moïse et le monothéisme* (N.R.F.).

chez la femme seule, la sexualité ne serait pas un renoncement [39].

Par cette position libidinale inattaquable, la femme est comparable à l'enfant, aux grands animaux de proie et aux chats, au grand criminel tel que le représente la littérature, et à l'humoriste ; tous ont ceci de commun : ils attirent les hommes et sont enviés par eux pour avoir su sauvegarder leur narcissisme, leur inaccessibilité effrayante, leur indépendance, leur insouciance, la haute estime qu'ils ont d'eux-mêmes en éloignant tout ce qui serait susceptible de les rabaisser. Bref ils fascinent à cause de leur narcissisme qui constitue le fond de tout désir.

Comparer la femme à l'enfant ou au chat [40] est chose banale (même si Freud ne le fait pas pour les raisons les plus habituelles) ; moins commune est la comparaison avec l'oiseau de proie [41], le grand criminel et l'humoriste.

Ces rapprochements peu ordinaires donnent à ce texte une connotation nietzschéenne, et l'on peut se demander si la femme narcissique, telle qu'elle a été décrite ici, ne trouve pas son modèle dans Nietzsche (même si c'est seulement par la médiation de Lou Salomé [42]), dans ce que Nietzsche appellerait la femme affirmative [43].

---

39. Cf. *Le journal,* 14 mars 1913.

40. Cf. notre *Autobiogriffures* p. 36 et sq. (Christian Bourgois, 1976).

41. L'allemand dit *Raubtiere* ce qui comprend aussi bien les grands félins que les oiseaux de proie. Nous faisons allusion à l'oiseau de proie parce que Girard dont nous critiquons plus loin la lecture de ce texte, traduit ce terme par oiseau de proie, ce qui lui permet un rapprochement avec Proust.

42. Parlant de Lou, Nietzsche écrit à Gast (13 juil. 1882) : « Elle est aussi clairvoyante qu'un aigle, aussi courageuse qu'un lion et pourtant c'est une enfant très ingénue. »

43. Affirmatif, terme nietzschéen, et narcissique, terme freudien, ne sont peut-être pas deux termes inconciliables puisqu'il s'agit d'un texte de 1913 et Freud n'a pas encore mis en rapport le narcissisme avec l'hypothèse de la pulsion de mort.

On trouve, en effet, dans de multiples textes de Nietzsche la comparaison de la femme avec le chat, et pour les mêmes raisons que Freud : le chat est un animal indépendant, peu soucieux de l'homme, essentiellement affirmatif, un animal dionysiaque comme les tigres et les panthères. Par exemple :

« Le chat jouit de soi-même avec un voluptueux sentiment de sa force : il n'accorde rien en retour [44]. »

« Ce qui dans la femme inspire le respect et bien souvent la crainte, c'est sa nature plus naturelle que celle de l'homme, sa souplesse féline et rusée, sa griffe de tigresse sous le gant de velours, la naïveté de son égoïsme, son irréductibilité et sa sauvagerie foncière, le caractère insaisissable, démesuré et flottant de ses désirs et de ses vertus [45]. »

« L'homme souhaite la femme paisible ; mais la femme comme le chat est essentiellement le contraire, si soigneusement se fût-elle exercée à donner l'apparence d'un être paisible [46]. »

Et si (à ma connaissance) Nietzsche ne compare pas la femme à un grand oiseau de proie mais bien à un animal de proie en général, l'oiseau de proie est bien un animal « nietzschéen » par excellence, le symbole même de la force affirmative, par exemple des maîtres qui ne craignent pas de ravir les petits agneaux, dans *La Généalogie de la Morale* (I, 13). (Animal plus « viril » que « féminin » dira-t-on ; certes, au sens où la « virilité » est chez Nietzsche la métaphore même de la force affirmative : mais en ce sens, les femmes peuvent être au moins aussi « viriles » que les hommes).

Quant au grand criminel à la Dostoievski, il est le modèle du véritable esprit libre, de celui qui, appartenant

44. *Gai savoir,* Fragments posthumes 23 (20). (Gallimard).
45. *Par delà le bien et le mal,* 23.
46. *Ibid.*

à l'ordre invincible des Assassins, a su recevoir en dépôt ce principe essentiel, cet ultime secret : « Rien n'est vrai, tout est permis [47] », et a donc su mettre en question la foi même en la vérité. Or la femme est bien en ce sens une grande criminelle, car il n'est pire sceptique que la femme : le scepticisme est sa philosophie [48], « elle ne veut pas la vérité — qu'importe la vérité à une femme ! Rien n'est d'emblée aussi étranger à la femme, rien ne lui est aussi odieux, aussi contraire, que la vérité [49] », la vérité est un véritable attentat contre sa pudeur [50].

Le grand criminel est bien aussi celui qui a un narcissisme conséquent, « qui tient à distance de son moi tout ce qui pourrait le diminuer » : « Voyez le pâle criminel a hoché la tête, dans ses yeux parle le grand mépris. Mon *moi* est quelque chose qui doit être surmonté : mon *moi,* c'est mon grand mépris des hommes. » Ainsi parlent les yeux du criminel.

« Ce fut son moment suprême, celui où il s'est *jugé* lui-même, ne laissez pas le sublime redescendre dans sa bassesse (...). C'est une image qui fit pâlir cet homme pâle. Il était à la hauteur de son acte lorsqu'il commit son acte : mais il ne supporta pas son image après l'avoir accompli.

« (...) Il se vit toujours comme l'auteur d'un seul acte. J'appelle cela de la folie, car l'exception est devenue la règle de son être. (...) Chez vous hommes bons, il y a bien des choses qui me dégoûtent et ce n'est vraiment pas le mal. Je voudrais qu'ils aient une folie dont ils périssent comme ce pâle criminel [51]. »

Quant à la comparaison de la femme et de l'humoriste, elle semble plus spécifiquement « freudienne » ; l'humo-

47. *Généalogie,* III, 24.
48. *Gai savoir,* 72.
49. *Par delà le bien et le mal,* 232.
50. *Crépuscule des idoles, maximes et pointes.*
51. *Ainsi parlait Zarathoustra — le pâle criminel.*

riste aurait ceci de commun avec le grand criminel : il aurait su surmonter et mépriser son moi, grâce à son surmoi, et aurait donc su tenir à distance de lui tout ce qui pourrait le rabaisser, l'entamer par exemple la peur ou l'épouvante : l'humour est particulièrement apte à libérer et à exalter le moi.

« Regarde, voici le monde qui te semble si dangereux ! Un jeu d'enfant ! Le mieux est donc de plaisanter[52]. » Or cette intention que sert l'humour « exalter le moi » —, la comparaison du monde à « un jeu d'enfant », le rire final auquel invitent l'humoriste et Freud, ne sont pas, là non plus, sans évoquer Nietzsche.

Ce texte est encore nietzschéen d'un autre point de vue : comme Nietzsche, Freud établit une *typologie différentielle*[53] : la femme narcissique qui fascine l'homme par sa beauté et son indifférence est seulement un *type* de femme, même s'il s'agit du type « le plus fréquent et vraisemblablement le plus pur et le plus authentique ». Certes ce type est fantasmé par les hommes comme « l'essence » même de la femme, comme l'éternel féminin : c'est qu'il correspond le mieux, malgré son « incongruence », aux désirs des hommes, puisqu'il représente la part perdue de leur propre narcissisme, projeté pour ainsi dire à l'extérieur : la fascination par cet éternel féminin n'est rien d'autre que la fascination par leur propre double et le sentiment d'*Unhemlichkeit* que les hommes éprouvent est le même que celui que l'on ressent devant tout double, tout revenant, devant la réapparition brutale de ce que l'on croyait avoir surmonté ou perdu à jamais.

Tout le texte s'efforce de distinguer des *types différentiels* — comme, contre le monisme jungien, il ne cesse d'opposer amour objectal et amour narcissique. Et pour-

---

52. *L'humour,* 1928, appendice au *Mot d'esprit...* (N.R.F.).
53. Cf. Derrida, *Eperons,* et S. Kofman, *Baûbo,* in *Nietzsche et la scène philosophique* (10/18, 1979).

tant, par delà les déclarations ouvertes de dualisme, le texte tend aussi à réduire l'amour objectal à l'amour narcissique, puisque l'amour objectal est un simple transfert du narcissisme originaire, que la surestimation sexuelle de l'objet résulte du simple transfert sur la femme de la surestimation de soi-même, et que cette surestimation de l'objet, caractéristique de l'amour objectal, est un véritable stigmate narcissique.

Que le narcissisme soit bien le fond de l'amour objectal, donc de tout désir, Freud pourtant ne l'affirme pas ouvertement, car ce serait reconnaître le caractère profondément « immoral » de tout amour : aussi, contre toute attente, après avoir montré que « nous » les hommes envions et admirons les femmes pour leur narcissisme intact, Freud fait marche arrière comme s'il redoutait d'être par trop fasciné, et porte, ou feint de porter, un jugement de condamnation morale contre la vie amoureuse de la femme : il suggère que le lecteur pourrait s'imaginer que dans cette description qu'il vient d'en donner, il était dominé par « le parti-pris de rabaisser la femme ».

Au nom de quoi le narcissisme de la femme serait-il susceptible de la rabaisser ? Au nom de quoi si ce n'est d'une certaine éthique qui identifie le narcissisme à un égoïsme qui doit être surmonté et pas seulement parce qu'il serait fixation ou régression à un stade libidinal infantile ?

Du point de vue des forces réactives de la morale, toutes les comparaisons « nietzschéennes » destinées à rehausser la femme pourraient en effet être réévaluées, réinterprétées en un sens péjoratif susceptible de la « rabaisser » : de ce point de vue, si la femme est un enfant, c'est qu'elle est incapable de surmonter son « égoïsme », c'est que, tel l'animal, elle cherche seulement à se satisfaire, est, par son « immoralisme », une véritable criminelle qui refuse tout amour d'autrui, l'amour par étayage, le seul valorisé, qui lui ferait jouer envers l'homme le rôle de mère nourricière. Pour l'homme moral du « ressentiment », la femme n'aurait plus rien d'enviable, et l'avoir admirée, fût-ce un instant, ne saurait qu'éveiller la culpabilité.

Aussi mettant fin à ce qui pouvait sembler être une complicité avec Nietzsche ou Lou Salomé, comme pris de panique devant ce double fascinant, *unheimlich*, devant la réapparition de ce qu'il croyait avoir surmonté en lui, le narcissisme et la féminité, à ce tournant du texte, brutalement Freud prend la fuite, comme à Gênes lorsqu'il eut croisé à quelque tournant de ruelle, de façon répétitive, les prostituées qu'il s'efforçait précisément d'éviter [54].

Il fuit entraînant avec lui les femmes dans sa retraite : il les dirige sur une voie salvatrice, celle qui, malgré leur narcissisme foncier, peut les conduire au plein amour d'objet : la voie de la grossesse. Celle-ci, dans ce texte, n'est pas pensée comme fruit de l'envie du pénis. La femme narcissique ne saurait être envieuse ; l'enfant est conçu comme une partie du propre soi de la femme ; la ruse de la nature ou de l'éthique consiste à diriger la femme vers l'amour d'objet en dépit de son narcissisme, au moyen de ce narcissisme même : la femme peut aimer un autre qu'elle-même à condition qu'il représente une partie de son propre moi ou ce qu'elle a été elle-même autrefois : « Dans l'enfant qu'elles mettent au monde, c'est une partie de leur propre corps qui se présente à elles comme un objet étranger auquel elles peuvent maintenant, en partant du narcissisme, vouer le plein amour d'objet. D'autres femmes encore n'ont pas besoin d'attendre la venue d'un enfant pour s'engager dans le développement qui va du narcissisme

---

54. Cf. *Die Unheimlichkeit* in *Essais de psychanalyse appliquée* (N.R.F.).

(secondaire) à l'amour d'objet. Avant la puberté, elles se sont senties masculines et ont fait un bout de développement dans le sens masculin ; après que la survenue de la maturité féminine a coupé court à ces tendances, il leur reste la faculté d'aspirer à un idéal masculin qui est précisément la continuation de cet être garçonnier qu'elles étaient elles-mêmes autrefois. »

Aimer l'autre, surestimer l'objet, c'est pour la femme aimer selon le type masculin, devenir homme. Mais aussi bien elle ne peut le devenir que par déplacement de son narcissisme purement féminin, comme l'homme lui-même ne peut aimer autrui que par transfert de son narcissisme. Le fond de tout amour est donc bien le narcissisme. Freud, malgré ses réticences éthiques (ou celles du lecteur éventuel), ne craint pas de l'avouer à propos de cet amour qui semble le plus moral de tous par les « sacrifices » qu'il occasionne : l'amour des parents pour leurs enfants. « L'enfant... sera réellement le centre et le cœur de la création, *His Majesty the Baby,* comme on s'imaginait jadis. Il accomplira des rêves de désir que les parents n'ont pas mis à exécution, il sera un grand homme, un héros à la place du père ; elle épousera un prince, dédommagement tardif pour la mère. Le point le plus épineux du système narcissique, cette immortalité du moi que la réalité bat en brèche, a retrouvé un lieu sûr en se réfugiant chez l'enfant. L'amour des parents, si touchant et, au fond, si enfantin, n'est rien d'autre que leur narcissisme qui vient de renaître et qui, malgré sa *métamorphose en amour d'objet,* manifeste à ne pas s'y tromper son ancienne nature [55]. »

---

55. Je souligne. Dans *Le banquet* de Platon, Socrate en définissant l'amour comme désir d'immortalité, y inscrit aussi le narcissisme et s'oppose par là à tous les autres interlocuteurs, notamment à Phèdre et Agathon qui avaient insisté dans leurs éloges sur les bienfaits moraux de l'amour, capable de susciter les sacrifices les plus élevés.

Si on y regarde donc de près, si on voit ce que *fait* Freud par delà ses déclarations principielles, celles d'un dualisme d'autant plus affiché qu'il s'agit de s'opposer au monisme du rival, Jung, *Pour introduire le narcissisme* affirme donc bien le caractère indépassable du narcissisme, même si dans le même texte, pour des raisons « éthiques », l'amour dit objectal se trouve avoir la préférence, même si Freud continue à distinguer, à l'intérieur de l'amour objectal, un choix d'objet selon le type narcissique et un choix d'objet selon le type par étayage, comme si aimer la femme qui nourrit ou l'homme qui protège, amour nécessaire à la conservation de soi, échappait au narcissisme : il est vrai, un tel narcissisme n'est plus susceptible du moindre rapprochement avec l'affirmation de soi au sens nietzschéen qui implique non la conservation mais le dépassement de soi.

Nous ne saurions donc souscrire à l'analyse que mène Girard de ce texte [56] où il fait comme si Freud méconnaissait de façon simple le narcissisme de tout amour et déniait que le véritable objet du désir de tout homme soit le narcissisme intact toujours déjà perdu. Girard est contraint, pour ce faire, d'interpréter tout autrement que nous la partie du texte où Freud attire l'attention sur ces femmes autosuffisantes, énigmatiques, comparables aux enfants, aux animaux, aux criminels et à l'humoriste. Pour Girard, Freud aurait été dans cette description « piégé » par les femmes : car une femme autosuffisante, cela ne saurait être, et le penser, c'est être sacrilège.

---

56. Cf. *Des choses cachées depuis la fondation du monde*, p. 391 et sq (Grasset). Quand ce livre a paru, nous avions déjà saisi toute l'importance de cette partie du texte, citée par Girard également, où Freud compare la femme à l'enfant, l'animal, le criminel, et qui ne semblait pas jusqu'alors avoir beaucoup attiré l'attention. Nous soulignons ici cette rencontre avec Girard malgré notre désaccord sur l'interprétation à donner à ce texte.

La femme ne pourrait que « faire semblant » de se suffire à elle-même, par stratégie, pour pouvoir continuer à charmer, conquérir les hommes. Freud aurait été dupe de cette stratégie, de la *coquetterie* des femmes. Or « la coquette en sait plus long que Freud sur le désir. Elle n'ignore pas que le désir attire le désir. Pour se faire désirer donc, il faut convaincre les autres qu'on se désire soi-même. C'est bien ainsi que Freud définit le désir narcissique, un désir de soi par soi. Si la femme narcissique excite le désir, c'est qu'en prétendant se désirer elle-même, en proposant à Freud ce désir circulaire qui ne sort jamais de lui-même, elle présente à la *mimesis* des autres une tentation irrésistible. Freud prend pour une description objective le piège dans lequel il tombe. Ce qu'il appelle l'auto-suffisance de la coquette, son état psychologique bienheureux, sa position libidinale inexpugnable, c'est en réalité la transfiguration métaphysique du modèle-rival. (...) Si la coquette cherche à se faire désirer, c'est parce qu'elle a besoin des désirs masculins dirigés vers elle pour alimenter sa propre coquetterie (...). Elle n'a pas plus d'autosuffisance que l'homme qui la désire (...) mais la réussite de sa stratégie lui permet d'en soutenir l'apparence, en lui offrant, à elle aussi, un désir qu'elle peut copier. Si le désir dirigé sur elle lui est précieux, c'est parce qu'il fournit son aliment nécessaire à une autosuffisance qui s'effondrerait si elle était totalement privée d'admiration ».

Autrement dit, si Freud s'est laissé piéger par les femmes, c'est qu'il a méconnu l'essence mimétique du désir. Il a distingué à tort désir objectal et désir narcissique parce qu'il n'a pas saisi leur fondement commun : le mimétisme, la rivalité mimétique originaire. Celle-ci implique que l'autosuffisance est nécessairement mensongère, qu'elle ne saurait faire partie que d'une stratégie du désir : il s'agirait seulement de convaincre autrui de notre autosuffisance pour pouvoir y croire nous-même.

Girard, comme Jung, de façon pour le moins aussi spéculative, ne cesse d'affirmer une position moniste. C'est pourquoi Freud en saurait bien moins que la coquette sur la nature du désir, et moins que Proust qui « révélerait, lui, admirablement, l'unité mimétique de tous les désirs que Freud s'efforce de répartir entre ces catégories menteuses que sont le désir objectal et le désir narcissique. Proust sait qu'il n'existe qu'un seul désir et qu'il est le même chez tous les hommes : Proust sait parfaitement qu'il n'y a de désir que de la différence absolue et que le sujet manque toujours absolument de cette Différence (...). La description proustienne dénonce le caractère mythique du narcissisme ».

Et Girard de montrer comment dans *A la Recherche du temps perdu* on peut retrouver toutes les métaphores du texte sur le narcissisme (celles de l'enfant, de l'animal, du criminel, de l'humoriste). Mais évidemment, « l'explication de ces métaphores est poussée beaucoup plus loin que chez Freud. Proust, on ne le répétera jamais assez, sait que l'autosuffisance dont son désir auréole la petite bande (les jeunes filles en fleur) n'est absolument pas réelle, elle n'a rien à voir avec une quelconque régression vers le narcissisme instact au moment de la puberté. Proust ne pontifie pas sur ce qui a pu arriver à ce moment-là aux *Sexualorgane* de toutes ces fillettes ».

A propos de ces « métaphores », à aucun moment Girard n'évoque Nietzsche, mais seulement Proust[57] auquel Freud n'a certes pas songé. Et l'on comprend pourquoi. Rapprocher Freud de Nietzsche, comme nous l'avons fait, c'est souligner que dans ce texte Freud pense la femme précisément *tout autrement que comme une coquette :* si ce n'est tout à fait comme affirmative, ou dionysiaque du moins comme échappant au ressenti-

57. Et il ne peut invoquer Proust qu'en traduisant *Raubtier* par oiseau de proie.

ment, à l'envie du pénis, à l'hystérie, au besoin du désir de l'homme pour se complaire, se désirer elle-même. Comme une femme n'ayant besoin ni des mensonges ni des stratégies de la coquette pour charmer l'homme : l'énigme de la femme, pour une fois, peut être pensée sans les catégories de l'apparence, du voile, du fétichisme et de la castration auxquelles la description de Girard à son insu la ramène inévitablement. La coquette n'est en rien effrayante ni énigmatique puisqu'il est très aisé, Freud ne s'en est pas privé, de réduire son désir à l'envie du pénis de l'homme qu'elle cherche à séduire. L'effrayant, c'est l'indifférence de la femme au désir de l'homme, c'est son auto-suffisance (même si celle-ci renvoie à un fantasme : ce qui n'est pas la même chose qu'une stratégie ou un mensonge [58]) : réelle ou supposée telle, c'est cette autosuffisance qui la rend énigmatique, inaccessible, impénétrable. Et d'autant plus qu'elle ne simule ni ne dissimule rien, exhibe sa platitude ou plutôt la beauté de ses seins. Ce sont les hommes tel Girard (ou Freud — dans la plupart de ses autres textes —), qui, parce que l'autosuffisance de la femme leur est insupportable, s'imaginent que celle-ci est un pur stratagème, une apparence, que sa coquetterie, sa beauté est une parure supplémentaire destinée à piéger les hommes, que la « platitude » elle-même

58. L'autosuffisance dans la mesure où elle relève du narcissisme est fantasmatique. L'idée d'une autosuffisance absolue, d'un narcissisme absolu, est pour Freud une pure fiction théorique : l'illustration de ce que pourrait bien être un tel narcissisme est offerte non par la femme mais par l'enfant dans le ventre de la mère, ou par ce mythe qu'est le père originel de la horde primitive. Mais du point de vue psychique *croire* se suffire à soi-même ou se suffire à soi-même revient au même. Girard feint de penser que Freud ignore le caractère fantasmatique de l'autosuffisance et il fait alors de la « réalité » supposée de celle-ci et un fantasme de Freud et l'effet d'une stratégie et d'un mensonge de la « coquette » (même si plus loin Girard ajoute que « stratégie » et « coquette » sont de pures « étiquettes » à ne pas trop prendre à la lettre).

dissimule au fond toujours quelque... envie du pénis, quelque « désir de l'autre ».

C'est pourquoi, aux yeux abusés de Girard, Proust en sait bien plus long que Nietzsche, en tout cas que Freud. Mais jamais Girard ne se demande d'où Proust tient tout ce savoir. Cela ne l'intéresse pas : « C'est parce qu'il en est ainsi et pas autrement » ! (p. 411.) L'intéresse seulement de faire de Proust son complice contre Freud, de Proust l'homosexuel (mais cela aussi n'aurait aucune importance, ne différerait en rien car « l'homosexualité proustienne n'a pas d'objet à proprement parler, elle porte toujours sur le modèle et ce modèle est choisi en tant que tel parce qu'il est hors de portée (...) dans une transcendance quasi religieuse ») qui aurait parfaitement saisi la nature mimétique du désir et servirait de « modèle » pour interpréter le texte de Freud : l'autosuffisance supposée de la femme serait un pur et simple fantasme de Freud que celui-ci n'aurait pas perçu comme tel aveuglé qu'il aurait été par son propre désir pour les coquettes : désir proprement incongru chez un tel homme du « Devoir », chez « ce héros de la conscience morale, le dur de l'impératif catégorique ».

« D'après des sources dignes de foi, Freud avait interrompu toutes relations sexuelles avec son épouse à un âge très précoce. *Zur Einführung des Narzicissmus* contient l'aveu ingénu de la fascination qu'exerce sur lui un certain type de femme. Ce texte me fait irrésistiblement songer à l'innocence égarée du vieux professeur barbu dans le film *l'Ange bleu :* en gros plan, les longues jambes de Marlène Dietrich, toutes gainées de noir... »

Girard déchaîne toute sa verve et sa violence contre Freud confondu sans la moindre précaution avec Kant — comme si cela allait parfaitement de soi — et, ce qui est plus grave, sans que soit tenu compte du caractère retors et complexe du texte, et même de sa simple littéralité : Freud, selon lui, qualifierait d'*incongrue* l'attirance que l'homme, et lui Freud, éprouveraient pour les coquettes. Or, ni Freud n'est fasciné par des « coquettes », des Célimène (mais simplement, on l'a vu, par l'image projetée de son double, par le narcissisme intact de la femme image du bonheur toujours déjà perdu de l'enfance), ni, surtout, il ne qualifie d' « incongrue » une telle attirance qui lui semble, au contraire, parfaitement explicable sinon légitime. Freud parle seulement de l'*Incongruenz* des types de choix d'objet, c'est-à-dire de leur non-concordance, chez l'homme et chez la femme, *Incongruenz* à l'origine du malheur de toute passion.

Si incongruité il y a, elle me semble plutôt résider dans cette critique menée par Girard contre Freud, dans ces soupçons qu'il porte contre « le grand maître moderne du soupçon », contre « cet inventeur de la psychanalyse » qui selon lui n'aurait pas dû « passer légèrement sur une incongruité (!) de cette taille ». Elle est de taille, en effet, l'incongruité de René Girard qui n'a pourtant pas inventé la psychanalyse et qui prétend la retourner contre Freud, contre celui qui, troublé et aveuglé par ses désirs, n'aurait pas vu que l'autosuffisance féminine était purement et simplement un de ses fantasmes : « Il faut que le désir trouble fort le regard de Freud en vérité pour qu'il croit tout à fait réelle cette *Selbstgenugsamkeit* dont lui paraît jouir la coquette postérieurement à la *Pubertätsentwidlung* de ses *weiblichen Sexualorgane*. »

On pourrait peut-être se demander pourquoi Girard, quant à lui, a tellement peur de l'autosuffisance féminine, de ces *weiblichen Sexualorgane ;* car c'est cela qui semble bien être l'enjeu de toute cette polémique contre Freud : « Cette autosuffisance n'est pas terrestre, c'est le dernier miroitement du *sacré* » (je souligne). Freud en se montrant fasciné de façon si suspecte par l'autosuffisance supposée de la coquette, révèlerait son plus profond fantasme : devenir « cet être absolu et indestructible qui fait violence à tout ce qui l'entoure », et qui attire sur lui

« tous les désirs comme des aimants ». C'est pourquoi chez Freud, « le narcissisme c'est la libido elle-même qui est la même chose que l'énergie et la puissance, *energeia* et *dunamis*. Tout cela fonctionne exactement comme le mana polynésien ».

Le narcissisme serait mythique, car derrière le miroir du narcissisme, de ce mythe solipsiste, se dissimulerait le modèle mimétique et la lutte des doubles. « Le respect que nous devons à Freud ne doit pas nous empêcher de regarder son texte bien en face et de dire jusqu'au bout ce qui se laisse déchiffrer de son désir à lui, une fois repéré le caractère factice et artificiel du narcissisme, le caractère complètement illusoire en somme, de cette pseudo-découverte. »

En dernière analyse (celle de Girard qui en sait plus long que Freud), le texte serait symptomatique de l'érotisme de rivalité de Freud fixé sur la femme. Malgré les dénégations explicites, tout ce texte serait « profondément anti-féminin ». Certes ! Mais pour ce qui est de « l'antiféminisme », Girard semble bien en tout cas rivaliser avec Freud, lui qui, comme par quelque précaution rituelle, ne désigne les organes génitaux de la femme *qu'en allemand*, qui félicite Proust de s'être détourné des *Sexualorgane* de toutes ces fillettes, et d'avoir su si bien transposer dans son œuvre son homosexualité en hétérosexualité puisque de toute façon cela revient au même, que le désir est par nature indifférencié — et la différence sexuelle nulle par rapport à la logique indifférenciatrice du désir mimétique.

Ce que Girard ne pardonne pas à Freud, cet homme d'un autre âge, si naïf, c'est d'une façon générale son dualisme, mais plus particulièrement d'avoir de façon irréductible insisté sur la *différence sexuelle* : « Ce qui fait le charme du texte sur le narcissisme, la vivacité de son observation, l'espèce de jeunesse qui se dégage de lui, c'est ce qui reste en lui des croyances d'un autre âge et d'une foi presque naïve en la différence du sexe féminin. »

Ce qu'il ne lui pardonne pas, c'est d'avoir osé affirmer ce que lui Girard appelle « l'insolente inaccessibilité » des femmes. Supplément non innocent de ce petit mot *insolent* qui permet à Girard de substituer au terme d' « envie » utilisé par Freud, celui de *rancune intense* (qu'éprouverait l'homme à l'égard de la femme qu'il désire) et donc d'affirmer, grâce à ces divers ajouts qui gauchissent le texte, que Freud, et non lui Girard, fait de la femme un obstacle et une rivale.

Il peut sembler étonnant que jamais Girard ne fasse allusion au discours le plus massif de Freud, à la fameuse « envie du pénis » qui, dans d'autres textes, transforme effectivement la femme en une « coquette », et sa pudeur, sa beauté, en des voiles destinés à masquer la défectuosité de ses organes génitaux afin de pouvoir susciter le désir de l'homme. Mais, il est vrai, la femme, envieuse de pénis, ne saurait éveiller la rivalité mimétique de l'homme.

Criminelle ou hystérique

Le problème, pour moi, est le suivant : pourquoi Freud a-t-il seulement de façon exceptionnelle pensé la femme comme autosuffisante ? Pourquoi, comme pris de panique, n'a-t-il pas supporté la vue de son « double », a-t-il détourné son regard de cette femme inaccessible et du même coup s'est-il détourné de l'avancée la plus forte de son discours, de la voie qui le conduisait à une tout autre conception de la femme et de son énigme ? *Pour introduire le narcissisme* ouvrait une possibilité négligée par les textes antérieurs et ultérieurs : penser l'énigme de la femme sur le modèle de celle d'un grand criminel et non sur celui de l'hystérique (même si l'hystérique, pour Freud, a toujours, elle aussi, quelque chose du criminel). *La psychanalyse et l'établissement des faits en matière judiciaire par une méthode diagnostique* compare, en effet, et distingue ces deux types d'énigmes et corrélativement la méthode psychanalytique et l'enquête judiciaire. Dans les deux cas, il s'agit de découvrir un matériel dissimulé, un « secret ». Mais alors que le criminel connaît son secret et s'efforce de le cacher, l'hystérique détient un secret qu' « il » ignore et se cache à lui-même. Et pourtant la tâche du thérapeute est la même que celle du juge d'instruction : « Nous devons découvrir ce qui dans le psychisme est caché et nous avons inventé dans ce but une série de procédés de détective dont les juristes imiteront certes quelques-uns ».

Dans la recherche de la « solution » de l'énigme, la tâche du thérapeute se trouve facilitée par « les aides » que lui apporte le malade, par ses efforts conscients contre la résistance, car il espère ainsi guérir (même si — Freud ne le dit pas dans ce texte — sur le plan inconscient, la résistance se trouve au contraire accrue par le bénéfice escompté de la maladie) ; au contraire, le criminel ne collabore pas avec la justice, car « ce serait travailler à l'encontre de tout son moi ». En revanche, dans l'examen judiciaire, il suffit que l'enquêteur acquiert la conviction objective du crime, alors que « dans la thérapeutique, il est indispensable que le malade lui-même arrive à acquérir la même conviction ».

Le problème est bien de savoir si en menant son enquête sur l'énigme féminine Freud, nouvel Œdipe, ignorant tout de sa propre criminalité, de sa propre féminité, opère comme s'il avait affaire à une criminelle ou comme s'il s'agissait d'une hystérique : c'est-à-dire s'il admet que la femme est la seule à connaître son secret, à connaître le fin mot de l'énigme et ne veut surtout pas le partager, car elle se suffit ou croit se suffire à elle-même et n'a besoin d'aucune complicité : c'est la voie ouverte par *Pour introduire le narcissisme,* voie pénible pour l'homme qui se plaint alors de l'inaccessibilité de la femme, de sa froideur, de son caractère « énigmatique », indéchiffrable. Ou bien, au contraire, si Freud fait comme si la femme ignorait tout de son propre secret, était disposée à aider l'enquêteur, à collaborer avec lui, persuadée qu'elle serait, qu'elle est « malade », qu'elle ne saurait se passer de l'homme pour « guérir » : cette voie, rassurante pour le narcissisme de l'homme, semble avoir été celle suivie par Freud. Tout se passe comme si Freud (et les hommes en général) « savait », comme en rêve, que la femme est « une grande criminelle » et qu'il s'efforçait pourtant, grâce à une opération de renversement de type onirique, de la faire passer pour une hystérique, car il y a tout intérêt pour les hommes à ce que les femmes partagent leurs propres convictions, se fassent les complices de leurs crimes : en échange d'une pseudo-guérison, d'un remède-poison, d'une « solution » qui ne saurait être que pernicieuse puisqu'elle ne rend la parole aux femmes que pour l'aligner sur celle des hommes, pour faire taire seulement leurs « revendications ».

Et si Freud dans son enquête peut ainsi transformer la femme en une hystérique, en déniant toute spéculation, en faisant appel, dit-il, à la seule observation, c'est qu'au cours de l'histoire la plupart des femmes ont été effectivement complices des hommes : la plupart des mères ne cherchent-elles pas avant tout à faire de leur fils des héros, des grands hommes, à être complices de leurs crimes, au risque d'encourir la mort ? La plupart des femmes sont donc bien effectivement des « hystériques ». C'est pourquoi Freud, tout en travaillant sur un matériel restreint, celui livré par ses malades hystériques, peut, en toute bonne foi (?), étendre ses « résultats » aux femmes dites « normales » : entre les unes et les autres, il ne saurait y avoir qu'une simple différence graduelle. C'est pourquoi, après avoir dans la conférence *La féminité* dégagé trois voies possibles d'évolution de la fillette après la découverte de sa castration, celle de la névrose, celle de la revendication virile, celle de la normalité, il ne dira rien en définitive de cette dernière voie car elle ne différerait de la première que par un degré moindre de refoulement.

Tout se passe donc comme si Freud avait « recouvert » une certaine connaissance, une certaine solution par une autre plus réjouissante pour les hommes si ce n'est pour les femmes : la fin de la *Conférence* souligne le caractère peu « amical » de l'exposé qui vient d'être fait (*es klingt auch nicht immer freundlich*) : exactement comme les enfants lorsqu'ils s'interrogent sur leur origine, question fondamentale, dont on trouve l'écho dans un grand nombre d'énigmes, notamment dans celle posée par la sphynge, inventent de fausses « théories » qui recouvrent une connaissance antérieure bien plus conforme à la « vérité [59] ». C'est qu'il y va dans le cas de Freud comme dans celui des enfants de tout autres intérêts que « théoriques » : la tâche assignée à la pensée, dans les deux cas, semble bien d'avoir à prévenir quelque danger redoutable. Pour l'enfant la question et la réponse sont « un produit de l'urgence de la vie » : il s'agit de pallier le danger de l'arrivée de nouveaux venus susceptibles de s'emparer de l'affection maternelle. Quelle urgence vitale peut bien exiger que les hommes se posent la question de la femme et y apportent telle ou telle « solution » ? « L'urgence de la vie » n'exige-t-elle pas ici à la fois que l'homme tente de répondre à pareille énigme, et en même temps qu'il ne puisse « vraiment » y répondre, qu'il ne puisse donc qu'apporter de fausses solutions (tout en connaissant le fin mot de l'énigme, s'il est vrai, comme le déclare Hegel, qu'à la différence du symbole, une énigme a toujours une solution et que celui qui pose l'énigme connaît la réponse même si quelque profond intérêt l'engage à ne pas la livrer) ?

59. Cf., par exemple, *Les théories sexuelles infantiles.*

Les hommes pas plus que les enfants, en effet, ne s'interrogent sur la femme par intérêt théorique : ils s'interrogent sur elle parce qu'elle les inquiète, leur fait peur, leur donne une impression d'inquiétante étrangeté. Ce qui développe cette crainte, c'est qu'elle leur paraît autre, incompréhensible, pleine de secrets, étrangère, et pour cela ennemie : « *das Weib anders ist als der Mann, ewig unverständlich und geheimnisvoll fremdartig und darum feindselig erscheint* », écrit Freud à propos du primitif qui pose le tabou de la virginité [60] car là où le primitif pose un tabou, c'est qu'il redoute un danger et toutes les prescriptions d'évitement des femmes, qui peuvent aller jusqu'à interdire de prononcer le nom des personnes de l'autre sexe, « trahissent une crainte essentielle à l'égard de la femme ». Ce qui vaut pour le primitif vaut aussi pour le civilisé : « Dans tout ceci, il n'est rien qui aurait vieilli, rien qui ne soit valable de nos jours encore. »

Ce que l'homme redoute toujours, « c'est d'être affaibli par la femme, d'être contaminé par sa féminité et de se montrer alors impuissant », le prototype de cette inquiétude étant « l'effet détendant du coït », « l'influence que la femme acquiert sur l'homme par les rapports sexuels, la considération qu'elle commande alors ».

La femme apparaît donc comme une ennemie, elle met le primitif dans une disposition anxieuse comme le fait tout ce qui est nouveau, incompréhensible et *unheimlich*. En particulier ce sont les « petites différences » dans ce qui par ailleurs se ressemble le plus, qui suscitent le sentiment d'étrangeté et d'hostilité : d'où un certain nombre de tabous qui écartent la femme et notamment

---

60. Cf. *Le tabou de la virginité* (1918).

le tabou de la virginité, comme si la femme était le plus redoutable lors de ses premières relations sexuelles, lors de sa « nuit de noces ».

Ce tabou de la virginité qui pouvait paraître aux civilisés bien énigmatique, semble donc s'expliquer aisément : la femme est redoutable, elle représente le « sexe fort », l'homme le « sexe faible ». C'est elle qui exerce l' « influence », le « pouvoir » et dépossède les hommes de leurs forces ; c'est pour éviter cette maîtrise des femmes et renverser, comme le fait le rêve, les rôles en leur faveur que les hommes poseraient toute une série de tabous.

Et pourtant en rester là, serait en rester à une couche bien superficielle du tabou. Exactement comme dans le texte sur le narcissisme, Freud, comme pris de panique et de désir devant l'insupportable puissance du sexe féminin qu'il vient d'exhiber, opère un véritable renversement, en proposant une « tout autre solution ».

Le motif le plus profond du tabou de la virginité — celui qui se rapporte aux couches les plus profondes du psychisme — résiderait dans l'envie du pénis de la femme qui renvoie à son complexe de castration : c'est cette « envie » que redoute l'homme, car elle déclencherait chez la femme une amertume hostile ; parce que la femme se sent « lésée » par la nature ou par sa mère pour avoir été moins bien servie que l'homme, elle se vengerait de lui la nuit de ses noces... en le castrant à son tour. « *La sexualité incomplète* de la femme se décharge sur l'homme qui lui fait connaître le premier acte sexuel. Ainsi le tabou de la virginité prend tout son sens et nous comprenons la prescription qui cherche à éviter de tels dangers à l'homme qui doit entrer dans une vie commune durable avec cette femme. »

Or ce tabou de la virginité n'a pas complètement disparu de la vie civilisée : la preuve ? les rêves d'une malade jeune mariée « qui trahissait sans contrainte le désir qu'avait la femme de châtrer son jeune époux et de conserver pour elle le pénis de ce dernier [61] ». Autre preuve, la littérature, que ce soit une tragédie, la *Judith* de Hebbel (la décapitation d'Holopherne est interprétée comme castration : « Judith est la femme qui châtre l'homme qui l'a déflorée [62] »), ou une comédie d'Anzengruber dont le titre, *Le venin de la pucelle,* « nous rappelle que les charmeurs de serpents laissent d'abord les serpents venimeux mordre dans un mouchoir pour pouvoir ensuite les manipuler sans danger ». Ce sont là les seules preuves données par Freud...

En faisant de « l'envie du pénis » le motif essentiel du tabou, Freud apporte une « solution » nécessaire à « l'urgence de la vie » car elle permet effectivement aux hommes de se livrer sans danger à leurs manipulations : toute l'opération de ce texte consiste à ôter à la femme-serpent sa puissance redoutable, en la dotant d'une simple « sexualité incomplète ». Le nom de cette opération est castration : Freud s'y livre au moment même où il prétend révéler les désirs qu'auraient les femmes de châtrer leurs jeunes époux pour se saisir de leur pénis. Tout se passe comme si les hommes et Freud tentaient de maîtriser le serpent venimeux qu'a toujours été pour eux la femme, de s'emparer de sa puissance en projetant sur elle leur propre faiblesse : c'est la femme qui aurait une sexualité incomplète, qui aurait l'envie du pénis, qui serait le sexe faible ; c'est l'homme qui serait le sexe fort, qui n'aurait rien à envier à la femme, qui aurait simplement à se préserver de son « ressentiment ».

On peut se demander, dès lors, si le désir de vengeance des femmes vient bien d'un ressentiment envers

61. Freud se limite à donner l'interprétation de ce rêve : il eût été fondamental de connaître le texte manifeste de ce rêve.

62. Cf. notre *Judith* in *Quatre romans analytiques* (Galilée, 1974).

la nature, cette marâtre ingrate, ou si elle ne vient pas plutôt d'un ressentiment envers les hommes et leur culture qui les a toujours détrônées de leur pouvoir. Car si l'homme redoute tant les femmes, prend tant de précautions rituelles à leur égard, n'est-ce pas parce qu'il se sait coupable ? et s'il craint tant la castration, n'est-ce pas parce qu'il a commencé d'abord par les châtrer, elles ?

Lou Andréas Salomé ne s'y est pas trompée. A propos du *Tabou de la Virginité,* elle écrit à Freud[63] : « Je me suis dit que si, à un moment donné la femme a été l'autorité suprême (matriarcat), ce fait vient renforcer ce tabou : cela étant, elle devait, semblable aux divinités vaincues devenir démoniaque et être crainte parce qu'elle était prête à la vengeance. De plus sa défloration par des dieux, des prêtres, etc., renvoie à des temps où elle n'était pas « au service personnel » de l'homme et devait pour cela commencer par se racheter de son passé grandiose, ce qui peut être la raison la plus primitive de sa survivance dans les mesures de précaution de l'homme. »

La relève des mères

> « Le jugement le plus humiliant qui puisse être porté sur un être raisonnable : "tu es poussière et tu dois devenir poussière". »
>
> KANT, *Le conflit des facultés*

Ces conclusions restent valables même si historiquement (contrairement à ce que pensaient Freud et Lou Salomé, Nietzsche et tous ceux qui au XIXe siècle avaient lu Bachofen) le matriarcat n'a jamais existé comme tel et si, au niveau symbolique, c'est toujours le père qui a possédé le pouvoir : la maternité ne faisant jamais l'ombre

63. *Lettre du 30/01/1919.*

d'un doute, elle n'a pas eu besoin de la garantie sociale que requiert au contraire la paternité toujours objet de croyance, de déduction, toujours susceptible d'être remise en question [64]. La « paternité est une relation purement sociale » ; parce qu'elle est désimpliquée de la procréation, elle a dû nécessairement, dès l'origine être renforcée par la société qui, au fur et à mesure de ses « progrès », n'a fait que grandir la figure du père et accroître ses pouvoirs [65]. Si, pour cette raison, la mère n'a jamais été réellement l'autorité suprême, elle l'a pourtant toujours été au niveau fantasmatique, elle a toujours été cette divinité redoutable ayant sur l'homme pouvoir de vie et de mort. Doter la femme d'une sexualité incomplète, c'est bien châtrer la Mère, celle qui pour l'enfant est mère *phallique,* androgyne, comme l'était cette déesse égyptienne, Mout, à la tête de vautour : « son corps que les seins caractérisaient comme féminin portait aussi un membre viril en état d'érection [66]. »

La « solution » freudienne, qui confère, dans sa théorie, à l'homme et au père le pénis et le phallus, est l'envers de la toute-puissance fantasmatique accordée par l'enfant à la mère : elle est ce qui *devrait* permettre de couper le cordon ombilical, de triompher de l'immédiate

64. Cf. *Moïse et le monothéisme :* « Une organisation patriarcale de la société succéda à l'organisation matriarcale, ce qui naturellement provoqua un grand bouleversement des lois en vigueur. Il nous semble percevoir comme un écho de cette révolution dans l'*Orestie* d'Eschyle. Mais ce bouleversement, ce passage de la mère au père, a un autre sens encore : il marque une victoire de la spiritualité sur la sensualité et par là un progrès de la civilisation. En effet, la maternité est révélée par les sens, tandis que la paternité est une conjecture basée sur des déductions et des hypothèses. Le fait de donner ainsi le pas au processus cogitatif sur la perception sensorielle fut lourd de conséquences. »

65. Cf. Jean-Joseph Goux, *Matière, différence des sexes* in *Matière et pulsion de mort* (10/18, 1975).

66. *Un souvenir d'enfance de Léonard de Vinci* (N.R.F.).

croyance aux sens, d'effectuer à la fois le passage de la mère au père et celui des sens à la raison, et d'accomplir par là le « progrès » de la civilisation, dût-il s'en suivre la mort de la mère, (tout au mieux sa castration.)

Deux rêves de Freud corroborent qu'au niveau fantasmatique de Sigmund Freud, la mère est bien la figure de la femme inaccessible, redoutable et toute-puissante : interdite. Le rêve de mort de la mère l'associe à un dieu égyptien à tête d'épervier, ce peut être aussi bien *Mout* la *déesse vautour* androgyne, *Mout*, la mère phallique, *die Mutter*.

Le rêve des *Trois Parques* [67] l'assimile à l'une des trois Parques qui filent les destinées humaines : c'est la mère qui donne la vie et la première nourriture au vivant. C'est elle qui est l'objet de son premier désir : « Le sein de la femme évoque à la fois la faim et l'amour. On sait l'anecdote du jeune homme, grand admirateur de la beauté féminine, qui un jour où on parlait de la belle nourrice qu'il avait eue étant petit, regretta de n'avoir pas mieux profité de l'occasion. » Le sein maternel est une véritable « auberge » et aubaine [68], comme le confirme le rêve associé à la *Sapho* de Daudet [69], mais, parce qu'il suscite un désir interdit, incestueux, il est aussi le suprême danger : avoir des relations sexuelles avec la mère est aussi redoutable que d'en avoir avec une putain (qui n'est d'ailleurs qu'un substitut de la mère) ; la figure de la mère représente de façon ambivalente l'extrême sécurité et le risque suprême, la vie et la mort, la tendresse et la sensualité, la vierge et la putain. C'est seulement sous l'effet du clivage que chacun de ses attributs est séparé de son contraire ; mais le rêve réassocie ce qui avait été

---

67. *L'interprétation des rêves,* p. 181 et sq.

68. Du moins est-il « rêvé » ainsi dans le temps de *l'après-coup ;* « J'ai coutume d'expliquer par cette anecdote "l'après-coup" dans le mécanisme des psychonévroses. »

69. *Ibid.*, p. 250 et sq et p. 204.

dissocié sous l'effet du refoulement ou de la dénégation. Ainsi le rêve lié à *Sapho,* associé par Freud dans une note à celui des *Trois Parques,* « a trait au danger que présentent les relations sexuelles avec des personnes de basse classe ou au passé douteux » qui, dans l'interprétation, sont associées à la nourrice et à la mère : « Il semble que l'on puisse placer à côté de l'avertissement que Daudet donne au jeune homme (il veut l'empêcher de s'attacher sérieusement à des filles au passé douteux), un avertissement analogue destiné au nourrisson. » Le *rêve des Trois Parques* qui, au niveau manifeste, est « un rêve de faim » (Freud après un voyage s'est couché fatiguée et affamé, ce qui expliquerait que « les grandes nécessités de la vie se soient faites sentir pendant le sommeil »), ramène le besoin de nourriture à la nostalgie de l'enfant pour le sein maternel et il utilise un penchant innocent pour en couvrir un plus grand qui, lui, ne peut s'extérioriser franchement. Une des pensées qui commande le rêve est la nostalgie d'avoir laissé échapper une bonne *occasion,* la mère (bonne occasion qui n'est telle que dans le fantasme de l'après-coup), et celle de n'avoir pas, par culpabilité et angoisse de castration, joui en tous les sens, de la vie. La morale du rêve est celle du *carpe diem :* « Il ne faut rien laisser échapper, il faut prendre ce que l'on peut avoir, alors même que cela devrait entraîner quelque faute ; il ne faut manquer aucune occasion, la vie est trop courte, la mort inévitable [69 bis]. »

A ce *carpe diem* rêvé, la mère, de fait, s'est toujours déjà opposée, enseignant au contraire à son fils à *différer*

---

69 *bis.* On trouve également cette leçon morale dans *She,* ce roman dont parle Freud dans la *Traumdeutung :* « Il y a là pour tous un bon enseignement : ne pas se fier à l'avenir. Qui sait, en effet, ce que l'avenir réserve ? Vivre au jour le jour, ne pas se torturer sans cesse en vue d'échapper à cette misérable poussière qui est la destinée de tous les êtres. »

la réalisation de ses désirs : la « mère » n'a jamais été *présente,* ne s'est jamais prêtée aux désirs de son fils, n'a jamais été une « bonne occasion » ; une jouissance pure, originaire, est un pur songe, un mythe, projeté dans le passé, dans le temps de l'après-coup, comme est mythique l'idée d'une nature comme spontanéité sans interdit. La mère demande à son fils *d'attendre* que le déjeuner soit prêt. Loin d'être la figure d'une spontanéité sans interdit, elle représente la loi et la nécessité : celle du temps, de la Mort, de la *différence.*

Figure de la nécessité, *Parque, Moïra* ou *Anangkê,* muette comme la mort, elle est celle qui enseigne silencieusement à se résigner à l'inévitable, à l'inacceptable et stupéfiante nécessité de la Mort : « Quand j'avais six ans et que ma mère me donnait mes premières leçons, elle m'enseignait que nous avions été faits de terre et que nous devions revenir à la terre. Cela ne me convenait pas, j'en doutais. Ma mère frotta alors les paumes de sa main (tout à fait comme pour faire des Knödel, mais elle n'avait pas pris de pâte), et elle me montra les petits fragments d'*épiderme* noirâtres qui s'en étaient détachés comme une preuve que nous étions faits de terre. Je fus stupéfait par cette démonstration *ad oculos* et je me résignai à ce que plus tard j'appris à formuler : « Tu dois rendre ta vie à la nature [70]. » Ce que la mère,

---

70. « On pouvait croire que nous étions naturellement convaincus que la mort était le couronnement nécessaire de toute vie, que chacun de nous avait à l'égard de la nature une dette dont il ne pouvait s'acquitter que par la mort, que nous devions être prêts à payer cette dette, que la mort était un phénomène naturel, irrésistible et inévitable. Mais en réalité, nous avions l'habitude de nous comporter comme s'il en était autrement. Nous tendions de toutes nos forces à écarter la mort, à l'éliminer de notre vie (...). Le fait est qu'il nous est absolument impossible de nous représenter notre propre mort, et toutes les fois que nous l'essayons, nous nous apercevons que nous y assistons en spectateurs (...). Au fond personne ne croit à sa propre

la *Moïra* apprend, c'est que tout *don*, toute part de vie, doit être restitué, que le don de vie est toujours en même temps don de mort, que la mère-nature ne (se) donne jamais sans réserve, que « le fruit de son don reste toujours dans son giron ».

Le rêve des *Trois Parques* identifie donc la Mère à la Nourrice, à la Séductrice et à la Mort, ce que *Le motif des trois coffrets*, bien plus tard (en 1913) appellera les « trois inévitables relations de l'homme à la femme : la génératrice, la compagne et la destructrice. Ou bien les trois formes sous lesquelles se présente, au cours de la vie, l'image même de la mère : la mère elle-même, l'amante que l'homme choisit à l'image de celle-ci, et finalement la Terre-Mère qui le reprend à nouveau ».

Le motif des trois coffrets, c'est le « retour » dans la théorie de ce qui s'était manifesté *en image, ad oculos*,

---

mort, ou, ce qui revient au même, dans son inconscient chacun est persuadé de sa propre immortalité. » (*Considérations actuelles sur la guerre et la mort*) in *Essais de psychanalyse* (Payot), p. 253 et sq.

La démonstration *ad oculos* faite par la mère n'est-elle pas ce *spectacle de la mort* qu'offre la mère au fils parce qu'il est impossible de regarder la mort en face, sa propre mort, et que son idée n'en est soutenable qu'en *re/présentation?* D'où la nécessité de passer par la mère ou le mythe, celui des Parques, de passer par la théâtralité ou l'art en général : « Nous sommes amenés tout naturellement à chercher dans le monde de la fiction, dans la littérature, au théâtre, ce que nous sommes obligés de nous refuser dans la vie réelle (...). Là seulement se trouve remplie la condition à la faveur de laquelle nous pourrions nous réconcilier avec la mort. »

C'est là la fonction économique et cathartique de la *Mimesis*. Cf. à ce propos les textes de Philippe Lacoue-Labarthe, *La césure du spéculatif* (Christian Bourgois, 1977) et *Le sujet de la philosophie* (Flammarion, 1979), notamment les chapitres « La scène est primitive » et « L'écho du sujet ». Cf. aussi le film *Que le spectacle commence* de B. Fosse, où seule la mise en scène de la mort permet au mourant de dire à la mort/la mère : « Viens. »

dans le rêve. Le fils a eu seulement à mettre en formules générales et savantes (« Tu dois rendre ta vie à la nature ») ce que sa mère, dès l'enfance, lui avait déjà mis sous les yeux.

Dans *Le motif des trois coffrets,* Freud restitue à sa mère ce qu'elle lui avait prêté ; ce texte est une dette de reconnaissance envers elle. Freud y paye son tribut à la nature, il y meurt en quelque sorte pour « sauver » la Mère, lui laisser la toute première place : en effet, la sagesse éternelle qu'il dégage de son analyse (notamment de celle du *Roi Lear*), à savoir : il faut renoncer à l'amour, choisir la mort, se familiariser avec la nécessité de mourir, c'est cette sagesse-là précisément que lui a enseignée, « représentée *ad oculos* », sa mère de façon imagée, et elle est déclarée textuellement être un simple retour à la sagesse du *mythe originaire,* plus ou moins camouflée dans les mythes ultérieurs et dans la littérature, même si ce mythe originaire est lui-même une construction après-coup à partir de la littérature.

Affirmer la priorité du mythe et de sa vérité, c'est reconnaître tout ce que le spéculatif, la théorie rationnelle, masculine, celle de la psychanalyse, doit à la *démonstration spéculaire* (*ad oculos*) menée par une femme, la mère ; c'est reconnaître que ce fameux « progrès de la civilisation » n'aurait pu se réaliser sans la médiation sensible de la mère. L'ordre pédagogique est aussi rigoureux que l'ordre naturel, il commande le passage nécessaire par les sens et par le mythe, par l'*éducation maternelle* [71] : celle-ci anticipe sur la science à

71. Que toute éducation commence nécessairement par le mythe et que ce mythe est raconté par les femmes, les mères, c'est déjà ce qu'enseigne Platon dans *La république* (Livre III). Et même lorsque Platon substitue à un contenu mensonger, poétique, du mythe un contenu « vrai », philosophique, une bonne théologie à une mauvaise théologie, il n'en reste pas moins que la toute première éducation des gardiens de la cité continue de

venir, simple mise en formule par les hommes de ce que les femmes ont toujours déjà su même si elles n'ont pu le dire mais seulement le montrer, réduites qu'elles ont été au mutisme (dans le rêve, la mère ne parle pas), à occuper dans la culture la place du mort. Vouloir échapper à cet ordre pédagogique, faire l'économie du *passage* par la mère, les sens et le mythe, est aussi vain que de prétendre échapper à la naissance par le canal maternel ; et cela est aussi absurde que la mort la plus absurde, celle qui échappe à l'ordre naturel des générations : ce serait en effet vouloir une autoconception, et donc faire mourir la mère avant terme, ou encore faire naître le fils avant la mère : ce bouleversement absurde dans l'ordre des générations, s'il était possible, ne saurait qu'entraîner un sentiment de culpabilité irrémédiable et laisser inconsolable, comme la perturbation de l'ordre naturel de la mort (qu'un fils par exemple puisse mourir avant la mère ou une fille avant le père) est insupportable pour le survivant, car si l'on peut se résigner à l'inéluctabilité de la mort en général, à l'une des *Moïra, Atropos,* l'on ne peut se soumettre à la seconde des trois sœurs, à *Lachesis,* celle qui désigne « le hasard au dedans des lois régissant le destin ». Car ce hasard, par son absurdité et son injustice, échappe à toute maîtrise, à toute sagesse, à toute formulation « relevante » ou formule de consolation. Et c'est cela que Freud n'a jamais supporté, et sa mère, la première des Trois Parques, ne lui a jamais appris à s'y résigner : l'idée qu'il puisse, lui, mourir avant sa mère lui était intolérable comme l'a été la réalité de la mort d'une de ses filles et, pis encore, celle de son petit-fils : si l'on peut être éduqué à se plier au lot commun, à l'inéluctabilité de la mort, l'absurdité dans la

---

passer par les femmes, même si elles sont chargées cette fois de transmettre un « contenu » réfléchi par les philosophes (qui, en toute rigueur, dans la cité idéale peuvent être aussi bien des femmes que des hommes).

mort résiste, elle, à toute éducation, à toute relève maîtrisante.

Prétendre se passer de la mère, accomplir son « meurtre », est donc absurde et cela ne pourrait que précipiter la mort du fils, rendre nulle et non advenue toute sa science. Freud ne pouvait le tolérer.

Le motif des trois coffrets, contemporain de *Pour introduire le narcissisme* (et ce n'est pas là un hasard) reconnaît donc toute la dette que la science du fils doit à la mère, exhibe sa toute-puissance irremplaçable, fascinante, au sens de Blanchot, la compare à celle des grandes déesses des peuples orientaux qui « semblent aussi toutes avoir été aussi bien procréatrices que destructrices, déesses de la Vie et de la Génération aussi bien que déesses de la Mort ».

Corrélativement, à la manière de Nietzsche, du Nietzsche de *La naissance de la tragédie,* est reconnu le caractère irremplaçable du mythe, source de toute vérité, de celle de la littérature comme de celle de la psychanalyse. Certes, la plupart des autres textes affirment eux aussi que le savoir psychanalytique se trouve « anticipé » par le mythe ou la poésie. Mais, en un geste aristotélicien (et non plus nietzschéen), Freud met alors en avant l'anticipation pour mieux la maîtriser [72] : le mythe sait bien mais seulement de façon balbutiante, enfantine, confuse, imagée, obscure, inarticulée, inconsciente, et doit être relevé par et dans la clarté du savoir analytique adulte pour accéder à *proprement parler* à la Vérité : le mythe détient la vérité *en puissance,* mais cette puissance mythique ne prend sens que grâce au passage à l'acte par la mise en forme et en formules de la science psychanalytique.

Entre *Le motif des trois coffrets* et les autres textes,

72. Cf. S. Kofman, *Quatre romans analytiques.*

il y va d'un renversement d'accent. Le premier texte met l'accent sur la toute-puissance anticipatrice du mythe, celle de la mère, source unique et originaire de toute vérité, et la science est un simple *retour* de ce qui a toujours été « enseigné » par elle. Les autres textes, au contraire, insistent sur la nécessaire « relève » des mères (toujours déjà perdues telles Eurydice) et des mythes par le savoir des fils qu'elles anticipent confusément. Dans un cas l'on restitue à la mère tous ses dons, l'on *retourne* dans son sein comme à la seule source fécondante : le rêve des *Trois Parques* rappelle que l'Université où Freud a passé « l'époque la plus heureuse de sa vie d'élève encore sans besoins », est cette *Alma Mater* qui dispense les nourritures spirituelles [73]. Dans cette Université, il n'a fait que réapprendre d'un professeur qui accusait une personne (*Knödel*) d'avoir plagié ses œuvres, ce que sa mère la Parque, en pétrissant des *Knödel,* lui avait déjà « montré » : des connaissances histologiques concernant l'épiderme. Dans ce premier cas, c'est la mère qui porte et soutient son fils tel un nourrisson, comme dans le rêve associé à *Sapho*. Dans l'autre cas, le fils devenu adulte, « relève » la mère, c'est lui cette fois qui la porte de toute la puissance de ses bras, de sa raison, comme dans le *roman* de Daudet, *Sapho,* plus élaboré que le rêve qui lui est associé, c'est l'homme qui porte la femme de basse extraction avec laquelle il a eu des relations sexuelles ; comme également Lear porte Cordelia. Dans ce cas a lieu une véritable inversion maîtrisante de type onirique : le *rêve* de Freud, c'est que la puissance du théorique domine le mythe, maîtrise la toute-puissance de la mère et de la Mort, donne au fils et au père un supplément de puissance — qui ne saurait être que symbolique — afin d'échapper à la né-

73. Freud cite Gœthe : « Et chaque jour au sein de la sagesse vous trouverez plus de volupté. »

cessaire et originaire domination de la mère/la mort. Mais la mère/la mort est-elle relevable ?

Cette « relève » qu'a toujours aussi rêvé toute la philosophie ne saurait être qu'un beau rêve. Dans celui des *Trois Parques,* la deuxième partie du rêve accomplit ce désir de maîtrise, il opère un véritable renversement de pouvoir. Le père, absent dans toute la première partie, y apparaît comme le rival du fils qui tente de « s'approprier » son bien en revêtant ses costumes, en se parant de ses plumes. Toute une chaîne d'association conduit à l'idée de *plagiat*. Pour se concilier les bonnes grâces de celui dont il aurait pu redouter quelque castration vengeresse, le fils paye cette fois sa dette au père, lui restitue ses plumes, et, en guise de dommages et intérêts, lui accorde en prime un phallus supplémentaire, celui de la mère qu'il abandonne (elle qui dans cette opération a perdu des plumes) à sa triste « envie du pénis ». La fin du rêve se termine, en effet, par la réconciliation des deux rivaux : « nous sommes ensuite très amis ». La complicité finale entre le père et le fils répète et sert de contrepoids à la complicité initiale de la mère et du fils. Et de même que celle-ci seule a rendu possible « le meurtre du père », et donc l'investigation sexuelle infantile et l'investigation intellectuelle, de même celle-là devrait permettre le « meurtre de la mère » (si cela était possible) et le triomphe d'une science qui aurait « coupé » avec ses origines mythiques, qui aurait coupé son cordon ombilical : c'est cela la coupure épistémologique rêvée par Freud...

Le fils et le père Freud, réconciliés, se livrent ensemble à leurs manipulations castratrices. Mais cela ne se passe peut-être pas dans la plus parfaite des joies (*Die Freude*). Un détail du rêve, en effet, signifie que leur puissance symbolique est peut-être aussi fragile que les parcelles d'épiderme qui se détachent de la peau et qui sont la preuve de notre terrestre mortalité. Le « nom du père », symbole du symbolique, s'effrite en poussière : la susceptibilité à l'égard du nom propre souligne que sa permanence et sa pérennité sont seulement nominales et conventionnelles, l'envers de la castration, comme la joie qu'exhibe le nom de Freud (*Freude*) masque et révèle à la fois l'amertume d'appartenir à la « race » terrestre, trop terrestre, des circoncis : « *Der Jude ist für die Freude und Freude ist für den Juden* » (*23 juillet 1882 Lettre à Martha*). « Ce nom nous a été un nombre incalculable de fois l'objet de (...) plaisanteries médiocrement spirituelles. Gœthe remarqua un jour combien on est susceptible pour son nom, on a grandi avec lui comme avec sa peau. Ce fut quand Herder construisit sur le nom de Gœthe les vers :

« Toi qui naquis des dieux, des Goths ou de la boue...
« Ainsi vous-mêmes, images des dieux, n'êtes que poussière. »

« *Der du von Göttern abstammt, von Goten oder vom Kote...* »
« *So seid ihr Götterbilder auch zu Staub.*[74] »

Partout l'on peut repérer ce double geste de Freud : d'une part, la reconnaisance de la toute-puissance (fantasmatique) maternelle érigée en Parque ou en grande déesse ; d'autre part, un rêve de détournement de cette puissance au profit de l'homme qui se heurte à la « résistance » réelle de la mère (sa médiation est irremplaçable et elle est irrelevable) et à la fragilité du symbolique qui rend fictive et simplement « théorique » la solution maîtrisante de Freud.

74. La Standard Ed. signale que le premier vers est bien de Herder mais que le second est une association libre de Freud ; il est extrait en réalité de *L'Iphigénie en Tauride* de Gœthe. Je remercie Cynthia Chase de m'avoir signalé cette note.

A propos d'un autre de ses rêves (*Autodidasker*), Freud rappelle que le professeur Breslau lui avait demandé un jour combien il avait d'enfants et de quel sexe : « Trois filles et trois garçons, ils sont ma fierté et ma richesse » — « Eh bien, prenez garde ; avec les filles tout est simple, mais les garçons sont difficiles à élever. »

Or cette remarque rejoignait les inquiétudes de sa propre femme sur l'éducation de leurs fils. « ... assurément, ce diagnostic sur l'avenir de mes fils me fut aussi peu agréable que le précédent sur la névrose de mon malade (...). En introduisant dans le rêve l'histoire de la névrose, je ne fais que remplacer par elle notre conversation sur l'éducation, beaucoup plus proche de la pensée du rêve puisqu'elle touche de près aux préoccupations exprimées ultérieurement par ma femme. »

Ce rêve trahit le désir de Freud d'avoir tort de craindre pour ses fils, le désir que le professeur Breslau ait prononcé un faux diagnostic et sur sa malade et sur ses fils : or, qu'y a-t-il pour ses fils de si redoutable, si ce n'est la *vie sexuelle* qui, à cause de la femme, ne laisserait à l'homme qu'une alternative : trouble organique ou fonctionnel, paralysie générale ou névrose ? Ce que redoute Freud, c'est *la ruine de ses fils par la femme*. Il aimerait avoir tort, que le professeur et sa femme aient tort, mais c'est là seulement le *désir du rêve*. Il *sait* cependant que tous ont bel et bien raison.

Trois filles et trois garçons, comme dans un conte, trois Parques, trois fées redoutables et fascinantes pour « qui tout est simple » (!) et qui, en véritables sorcières, risqueraient bien de dominer et de contaminer leurs trois frères si leur père ne s'en mêlait, ne s'efforçait d'expurger par ses analyses, sa catharsis, le mal inhérent au sexe féminin [75], s'il ne tentait, d'un coup de sa baguette ma-

75. Cf. à ce propos Monique Schneider. *Le féminin expurgé* (Retz, 1979).

gique[76], d'amenuiser un tant soit peu leur puissance, si, pour « sauver » ses fils, il ne prenait, malgré ses dénégations, « le parti-pris de rabaisser » les femmes. N'est-ce pas seulement au prix de ce parti-pris que l'homme civilisé peut accéder à la joie et à sa pleine puissance sexuelle ? « Dans la mesure où est remplie la condition du rabaissement, la sensualité peut se manifester librement, aboutir à des réussites sexuelles et à un haut degré de plaisir (...). La domestication de la vie amoureuse par la civilisation entraîne un rabaissement général des objets sexuels[77]. »

L'envieuse de pénis, la putain, l'homosexuel, le fétichiste

Comment l'opération castratrice qui dote la femme d'une sexualité incomplète et renverse le pouvoir en faveur de l'homme, comment peut-elle être assimilée à celle qui rabaisse les femmes afin de rendre à l'homme toute sa puissance sexuelle ? Autrement dit, peut-on identifier la femme envieuse du pénis telle que la décrit la théorie-fiction de Freud à la putain ? Et si oui, la putain qui facilite les rapports sexuels des hommes civilisés n'est-elle pas précisément le grand danger que Freud redoute pour ses fils ? Freud peut-il donc proposer cela comme solution à la vie sexuelle des hommes civilisés (puisqu'un certain degré d'impuissance psychique caractérise la vie amoureuse de tout homme civilisé) ?

A première vue, « l'envieuse de pénis » ne saurait être assimilée à la putain : si l'une attire les hommes, l'autre au contraire les repousse. En effet, l'horreur que

76. Cf. *Le motif des trois coffrets* (N.R.F.) où Freud identifie la psychanalyse à une opération magique.

77. *Sur le plus général des rabaissements de la vie amoureuse* (1912).

provoquent les organes génitaux de la femme, ceux de la mère, est liée précisément à l'aperception d'une sexualité incomplète, à l'aperception d'un manque de pénis : les textes ne cessent de le répéter clairement, même si celui sur *Die Unheimlichkeit* (1919) est légèrement équivoque puisqu'il attribue l'inquiétante étrangeté au retour du refoulé, à la réapparition de ce qui avait été autrefois *heimlich,* de ce lieu où chacun a commencé par séjourner en toute quiétude et *Heimlichkeit :* « Il arrive souvent que les hommes névrosés déclarent que les organes génitaux féminins représentent pour eux quelque chose d'étrangement inquiétant. Cet étrangement inquiétant est cependant l'orée de l'antique patrie des enfants et des hommes, de l'endroit où chacun a dû séjourner en son temps d'abord. Le préfixe *un* devant ce mot est la marque du refoulement. »

Partout ailleurs, que ce soit dans *L'organisation génitale infantile* (1923) ou dans *Le fétichisme* (1927), l'horreur (*Grauen*) que provoque la femme, la misogynie, la dépréciation en général du sexe féminin sont attribuées à l'angoisse de castration qui naît lors de l'aperception du manque de pénis, notamment lors de la découverte que la mère elle-même ne possède pas cet organe si précieux. Cette horreur est comparable à celle que suscite la tête de Méduse, symbole grec de l'effroi (cette émotion la plus archaïque qui soit), figure même du sexe terrifiant de la mère, d'autant plus effroyable qu'elle isole l'effet d'horreur de l'effet de plaisir. Freud qui doit à Ferenczi le rapprochement du sexe féminin et de la tête de Méduse [78] apporte comme contribution personnelle l'idée que c'est le sexe de la Mère qui dans ce symbole se trouve exhibé. Dans *L'organisation génitale infantile,* au moment où il cite Ferenczi, il ajoute en note : « Dans le

78. Dans *La révision de la science du rêve,* ce motif d'effroi est rapproché de celui de l'araignée, symbole de la mère phallique selon, cette fois non plus Ferenczi, mais Abraham.

mythe, c'est l'organe génital de la mère qui est en question. Athéna qui porte la tête de Méduse sur la cuirasse est de ce fait même la femme qu'on ne peut approcher, celle dont la vue étouffe toute idée de rapprochement sexuel. » Et dans *La tête de Méduse*[79] : « L'effroi de la Méduse est aussi l'effroi de la castration qui se rattache à cette vision. Nous connaissons par de nombreuses analyses le surgissement de celui-ci ; il se produit quand un garçon qui n'a pas voulu croire jusqu'alors à cette menace voit un organe génital féminin, vraisemblablement, celui d'une femme adulte, couvert de poils, généralement celui de sa mère (...). Ce symbole d'effroi est porté sur son vêtement par la jeune déesse vierge Athéna. Comme de juste, elle devient, par ce moyen, inabordable et repousse tout désir sexuel. Elle exhibe le sexe terrifiant de la mère. »

La dépréciation de la femme, son « rabaissement » sexuel, loin de faciliter l'acte, étouffe au contraire toute idée de rapprochement ; la femme, en général, devient inabordable, une Mère interdite qui repousse tout désir : l'effroi que provoquent les organes génitaux est toujours lié au désir et à la crainte des relations incestueuses, car si le père a déjà châtré la mère, sa complice, il pourrait aussi bien châtrer le fils « ce contre quoi se hérisse ce morceau de narcissisme dont la Nature prévoyante a justement doté cet organe » (*Le Fétichisme*) ; l'effroi n'est

79. Ce texte n'a jamais été publié par Freud. Peut-être parce qu'il n'osait pas soutenir cette interprétation d'un symbole *isolé* sans en avoir fait ni une genèse « sérieuse » (le texte l'attribue seulement à la « forte tendance homosexuelle des Grecs »), ni avoir pu établir un parallèle avec d'autres mythes, selon cette fois une méthode non plus génétique mais comparative, structurale. Le texte se termine en effet ainsi : « Pour soutenir sérieusement cette interprétation, on devrait rechercher la génèse de ce symbole d'horreur isolé dans la mythologie grecque et ses parallèles dans d'autres mythologies ». Moi Freud, je suis plus sérieux que Ferenczi.

jamais simplement provoqué par la castration de l'autre, de la mère, il est toujours aussi angoisse de castration pour soi-même, (ne serait-ce que par identification à la mère). La conviction que la femme/la mère n'a pas de pénis éloigne donc l'homme de la femme et le prédispose à l'homosexualité : ce n'est pas par hasard si, selon Freud, l'on doit aux Grecs le symbole de la tête de Méduse : « De par leur forte tendance homosexuelle, ils ne pouvaient manquer d'avoir une représentation (*Darstellung*) de la femme marquée de la castration, source d'horreur [80]. »

Il semble, en effet, que, face à cette horreur, l'homme ait seulement deux solutions : ou l'homosexualité ou le fétichisme ; l'un et l'autre, dans ces conditions, loin d'être « pathologiques », seraient le destin *normal* de la libido masculine. Dans ces conditions, ce qui devient *anormal,* c'est l'hétérosexualité. Il s'agit alors de comprendre comment beaucoup d'hommes sinon tous arrivent à surmonter leur horreur et éprouvent même du plaisir aux relations sexuelles avec une femme. Parce que cela le conduirait peut-être à douter de la conception qu'il vient d'exposer, Freud refuse sans plus de répondre à ce problème. « Il n'est probablement épargné à aucun être masculin de ressentir la terreur de la castration lorsqu'il voit l'organe génital féminin. Pour quelles raisons cette impression conduit certains à devenir homosexuels et d'autres à se défendre par la création d'un fétiche, tandis que l'énorme majorité surmonte cet effroi, cela, certes, nous ne pouvons pas le dire. Il se peut que parmi le nombre de conditions qui agissent simultanément nous ne connaissions pas encore celles qui régissent les rares dénouements pathologiques. Au reste, nous devons nous

80. *La tête de méduse.* On peut se demander ce que peut bien signifier « une *tendance homosexuelle* », alors que partout ailleurs Freud montre que l'homosexualité n'est pas une tendance spécifique, mais un des destins possibles d'une libido bisexuelle.

contenter de pouvoir expliquer ce qui s'est passé et nous devons écarter provisoirement la tâche d'expliquer pourquoi quelque chose n'est pas arrivé [81]. »

Il ne répond pas, du moins « provisoirement » dit-il. On peut se demander, en effet, si Freud n'apporte pas, sans le dire, une « réponse » et si la croyance en « l'envie du pénis » n'est pas la solution proposée à cette énigme : car si cette envie implique l'absence de pénis et la castration de la femme, elle est aussi affirmation que le pénis de l'homme est resté intact. L'envie du pénis de la femme rassurerait donc aussi l'homme contre son angoisse de castration ; l'horreur devant la tête de Méduse est toujours accompagnée d'une sidération (*Starrwerden*) qui signifie l'érection. « Il a encore un pénis et il s'en assure lui-même par sa sidération [82]. » Ce qui provoque l'horreur en soi-même « favorise en réalité une *atténuation* de l'horreur » : l'envie du pénis, pourrait-on dire, joue le même rôle que la chevelure de la tête de Méduse représentée souvent par ces serpents qui se substituent au pénis dont l'absence est la cause essentielle de l'horreur. L'envie du pénis serait en quelque sorte l'équivalent de la multiplication symbolique du pénis de l'homme. Et si l'horreur devant les organes génitaux de la femme a toujours comme contre-partie apotropaïque l'érection de l'organe mâle, l'exhibition de son pénis comme pour dire « Je ne te crains pas, je te défie, je possède un pénis [83] », l'on comprend dès lors comment ce qui *devait* éloigner l'homme de la femme est toujours aussi en même temps ce qui l'en rapproche : les organes génitaux de la femme suscitent indissociablement horreur et plaisir, éveillent et calment l'angoisse de castration.

L'envie du pénis de la femme, parce qu'elle signale

81. *Le fétichisme*, in *La vie sexuelle* (P. U. F.).
82. *La tête de méduse.*
83. *Ibid.*

que l'homme possède encore intact ce pénis que la femme n'a plus (elle en a eu un, mais le père le lui a coupé), parce qu'elle est le signe que la femme a perdu sa toute-puissance, multiplie la puissance de l'homme et lui permet de surmonter l'horreur inhibitrice : comme si « l'envie du pénis » restituait à la femme sa valeur comme objet sexuel en exhibant en quelque sorte, par la négative, la sexualité toujours intacte et complète de l'homme.

L'envie du pénis de la femme est bien pour Freud la meilleure solution ; elle est celle qui permet de faire l'économie de la solution dangereuse qu'est le recours à la prostituée, à cette femme de basse extraction suffisamment rabaissée pour rehausser le sexe de l'homme et éloigner toute association avec l'inceste bien que la figure de la putain résulte d'un simple clivage de la figure maternelle et que l'amour de la putain représente seulement l'une des issues d'une fixation toute particulière de la tendresse du garçon à sa mère, bien que ce choix d'objet apparemment si différent de l'objet maternel trahisse en fait indiscutablement un prototype maternel : la putain est un simple substitut de la mère et elle en conserve tous les caractères exactement comme « après un accouchement prolongé, le crâne de l'enfant doit se présenter comme un moulage du détroit inférieur du bassin maternel » [84].

L'envie du pénis permet de faire également l'économie de la solution homosexuelle qui, généralisée, conduirait à l'extinction de l'espèce humaine ; enfin, elle épargne à l'homme la solution fétichiste : solution qui triomphe de la menace de castration en se protégeant contre elle par un fétiche « substitut du phallus de la femme (la mère) auquel a cru le petit enfant et auquel nous savons pourquoi il ne veut pas renoncer [85] : cette

84. *Un type particulier de choix d'objet chez l'homme* (1910).
85. *Le fétichisme.*

solution, en effet, est une simple solution de compromis car si le fétichisme facilite la vie amoureuse en octroyant de façon fantasmatique à la femme un pénis, la nature même du fétiche laisse subsister un doute quant à la castration ou à la non-castration de la femme, et donc quant à l'éventuelle castration de l'homme. Le fétiche résulte, en effet, d'un véritable compromis et d'un clivage entre la dénégation et l'affirmation de la castration : le fétichiste, comme l'enfant, à la fois conserve et abandonne la croyance que la femme (la mère) a un phallus. « Dans le conflit entre le poids de la perception non souhaitée et la force du contre-désir, il en est arrivé à un compromis comme il n'en est de possible que sous la domination des lois de la pensée inconsciente. » Ce compromis est parfois visible dans « la construction même du fétiche », dans cette « colonne supplémentaire [86] » *par nature indécidable* [87], même si cette « indécidabilité » se

86. Cette expression est de Jacques Derrida. Cf. *Glas* p. 232 et sq. (Galilée).

87. Derrida dans *Glas* montre comment il y aurait peut-être chez Freud de « quoi reconstruire, à partir de sa généralisation, un « concept » de fétiche qui ne se laisserait plus contenir dans l'opposition traditionnelle *Ersatz/non Ersatz,* ou dans l'opposition tout court. Selon lui, le texte de Freud serait à ce propos hétérogène : il y aurait à la fois des énoncés décidables et des énoncés indécidables quant à la nature même du fétiche. Ce qu'il appelle « l'argument de la gaine » introduirait à l'intérieur d'énoncés déterminés des énoncés indécidables, alors que Freud présenterait tout ce développement comme une simple conséquence de sa définition du fétiche, comme substitut simple du pénis. En fait, il me semble que d'entrée de jeu, Freud affirme que « tous les cas de fétichisme ont une même solution générale » : quand Derrida affirme « que la moindre consistance du fétiche suppose déjà quelque liaison à des intérêts opposés », et s'inscrit donc dans une économie générale de l'indécidable, il me semble être pleinement en accord avec Freud : puisqu'il ne saurait y avoir de fétichisme sans compromis entre la castration et son déni et que le clivage fétichiste — c'est ce qui le distingue de la psychose — maintient toujours les deux courants, le fétiche en au-

révèle surtout quand le fétiche est « doublement noué à des contraires » et est par là particulièrement solide : « C'était le cas pour un homme dont le fétiche était une gaine pubienne qu'il pouvait aussi porter comme slip de bain. Cette pièce vestimentaire cachait absolument les

---

cun cas ne saurait être un *Ersatz* simple du pénis : si *décision* véritable il y avait en faveur d'un des deux courants, il n'y aurait plus besoin de construire un fétiche. « L'argument de la gaine » et les autres exemples cités par Freud en faveur de « *l'indécidabilité* » ne me semblent pas hétérogènes, ils sont d'ailleurs les *seuls* exemples cités, et aussi « raffinés et subtils » soient-ils ils ne sont pas présentés comme des exceptions à une règle mais comme des arguments de poids en faveur de l'attitude de clivage du fétichiste, clivage qui seul permet l'incompatible, l'affirmation *et* de la castration, *et* de son déni. Ces arguments de poids, de plus, ne sont pas destinés à « lester une hypothèse spéculative », comme dit Derrida, car Freud n'emprunte pas la voie spéculative à propos du clivage fétichiste, mais à propos de la distinction de la névrose et de la psychose. Freud rappelle qu'à ce sujet et ailleurs, il s'est aventuré à tort sur une telle voie : « J'eus bien vite lieu de regretter d'avoir osé m'aventurer si loin. » Cette voie spéculative bien regrettable, il la quitte précisément quand il *revient* à la description du fétichisme qui serait, elle, fondée de façon positive sur la seule observation : « Revenant à la description du fétichisme, je dois dire qu'il y a de nombreux arguments, et des arguments de poids, en faveur de l'attitude de clivage du fétichiste, quant à la question de la castration de la femme. » S'il est vrai qu''il y a « une spéculation économique sur l'indécidable », l'économie freudienne n'exigeait pas ici un recours à la spéculation. Est-ce par hasard que Derrida spécule donc dans *Glas* sur une pseudo-spéculation de Freud (du moins si on s'en tient au discours littéral de Freud) ? Cette analyse inscrite d'abord en petits caractères dans une colonne, reprise quelques pages plus loin en gros caractères dans la seconde colonne, me paraît essentielle à l'économie d'ensemble de *Glas*, à son fétichisme généralisé ; elle permet de distinguer l'érection à chaque page d'une « colonne supplémentaire » de celle d'un fétiche qu'elle parodie. Elle permet de mettre en relation le « fétiche » avec le *colossal*, d'entrée de jeu toujours déjà double. Sur le fétichisme généralisé de *Glas*, cf. notre *Ça cloche* à paraître dans les actes du colloque de Cerisy consacré à Jacques Derrida et aux fins de l'homme.

organes génitaux et donc la différence entre les organes génitaux. Selon les documents de l'analyse, cela signifiait aussi bien que la femme était châtrée ou qu'elle n'était pas châtrée, et cela permettait par surcroît de supposer la castration de l'homme, car toutes ces possibilités pouvaient parfaitement se dissimuler derrière la gaine dont l'ébauche était la feuille de vigne d'une statue vue dans l'enfance. »

Que le fétiche ne soit jamais un substitut simple du pénis, sans équivoque, tous les exemples donnés par Freud le montrent : le fétichiste qui « vénère » son fétiche (comme pénis), le traite souvent d'une manière qui équivaut manifestement à représenter la castration. C'est ce qui advient particulièrement lorsque s'est développée une très forte identification au père, dans le rôle du père, car c'est à lui que l'enfant a attribué la castration de la femme. Dans ce cas, le clivage apparaît dans la scission qu'établit le fétichiste entre sa conduite réelle (il vénère le fétiche) et sa conduite fantasmatique, *clivage* révélateur de l'ambivalence du fétiche.

Dans d'autres cas, le fétichiste mélange la tendresse et l'hostilité à l'égard de son fétiche, de telle sorte que le déni ou la reconnaisance de la castration sont plus ou moins facilement reconnaissables ; c'est le cas du coupeur de nattes : celui-ci « exécute la castration déniée », « son acte concilie deux affirmations *incompatibles :* la femme a conservé son pénis, et le père a châtré la femme. De même le Chinois commence par mutiler le pied de la femme, puis vénère comme un fétiche ce pied mutilé. On pourrait penser que le Chinois veut remercier la femme de s'être soumise à la castration ».

Parce que dans tous les cas le fétiche est bien un compromis indécidable, équivoque (analogue en cela à l'indécidabilité du symptôme hystérique bisexuel qui ne permet pas de trancher entre la masculinité et la féminité de l'hystérique, ce dont profite au mieux la résistance), parce que par-delà la logique de l'identité et de la contradiction des processus secondaires, il ne cesse de concilier des affirmations « incompatibles », le fétiche permet au fétichiste de jouer sur tous les tableaux selon les besoins plus ou moins complexes de son économie. Mais comme tout compromis, le fétiche ne peut jamais être totalement satisfaisant pour aucun des deux partis, que ce soit celui de la castration ou celui de son déni. Le *Glas* de Derrida l'a suffisamment fait retentir : à spéculer sur l'indécidable, on ne saurait être que perdant ; l'équivocité et l'ambivalence entraînent une oscillation permanente entre les deux hypothèses que seul pourrait faire cesser un clivage absolu entre les deux courants et la disparition complète de l'un d'eux, celui fondé sur la réalité de la castration : mais dans ce cas il n'y aurait plus fétichisme mais psychose. C'est dire que la solution fétichiste, pas plus que celle de la névrose ou de la psychose, ne saurait être une solution généralisable : la solution freudienne, octroyer à la femme une sexualité incomplète *envieuse* du pénis de l'homme, permet seule à la fois de reconnaître la castration de la femme et de surmonter sa propre angoisse de castration : tout se passe alors comme si le père avait châtré la femme et avait donné au fils le phallus de la mère, en guise de « colonne supplémentaire ». A toutes fins utiles. Grâce à ce supplément de colonne, à cette duplication de sa puissance sexuelle ou de ses organes génitaux, l'homme face au sexe de la femme ne devrait plus être pris de panique comme si « le trône et l'autel étaient en danger [88] » (panique à l'origine du fétichisme spontané de l'enfant et, plus tard, de celui de l'adulte).

88. *Le fétichisme.*

Panique redoutable non seulement par ses conséquences sexuelles, mais aussi parce qu'elle risque de maintenir l'adulte comme l'enfant dans un état de dépendance à l'égard du père, donc du trône et de l'autel, et l'empêcher à jamais de conquérir l'indépendance intellectuelle nécessaire à toutes les grandes découvertes, à tout progrès, à tout héroïsme : être héros, pouvoir résoudre les énigmes, implique d'abandonner toute foi et toute croyance, de « tuer » le père et de coucher avec la mère, sans crainte de la castration ou de la mort. C'est pourquoi Œdipe seul a été un véritable héros, a eu une passion de la connaissance sans limite, dionysiaque, car il n'a pas craint — au risque d'être lui-même aveuglé, castré — de connaître pleinement les « secrets de la nature », d'en violer toutes les lois.

Celui qui a besoin de l'appui d'une colonne supplémentaire, qui n'a pas surmonté la crainte de la castration et ne s'est pas familiarisé avec l'idée de l'inceste avec la mère, ne peut « en vérité » connaître les secrets de la nature, ne peut tuer le père et devenir un grand homme.

Le cas de Léonard de Vinci peut servir de contre-épreuve. Son amour pour sa mère l'a fait s'identifier à son père, l'a conduit à vouloir triompher de lui, à se révolter contre lui, ce qui lui a permis d'accomplir son imposante œuvre d'investigateur. Ainsi, celui qui prononça cette phrase audacieuse : « Qui *s'appuie* (je souligne) dans la controverse sur l'autorité ne travaille pas avec l'esprit mais avec la mémoire », « devint le premier investigateur moderne de la nature, et une multitude de connaissances et de pressentiments furent le trophée que lui valut le courage d'être le premier, depuis les Grecs, qui osât toucher aux secrets de la nature, armé de la seule observation et de son seul jugement ». Mais cette indépendance intellectuelle à l'égard du père est l'envers d'une soumission à la mère-Nature, source de toute vérité : « Mais quand il enseignait à dédaigner l'autorité et à rejeter l'imitation des " Anciens " et sans cesse désignait l'*étude de la nature comme la source de toute vérité,* il ne faisait que reproduire, sur le mode de la plus haute sublimation qui puisse atteindre l'homme, l'attitude qu'il avait déjà eue enfant, et qui s'était imposée à lui alors qu'il ouvrait sur le monde des yeux étonnés. Ramenés de l'abstraction scientifique à l'expérience individuelle concrète, les Anciens et l'autorité correspondaient au père et la Nature redevenait la bonne et tendre mère qui l'avait nourri. Tandis que chez la plupart des hommes, aujourd'hui comme autrefois, le besoin d'être *soutenu* (je souligne) par une autorité quelconque est si impérieux que, celle-ci vient-elle à être menacée, *le monde leur semble chanceler* (je souligne) Léonard seul pouvait se passer de ce soutien. Il ne l'aurait pas pu s'il n'avait appris dès l'enfance à renoncer au père. La hardiesse et l'indépendance de son investigation scientifique ultérieure présupposent une investigation sexuelle infantile que le père ne put entraver. » C'est parce que Léonard, dès l'enfance, n'a pas été intimidé par le père qu'il a su également se soustraire au joug de la religion dogmatique. La psychanalyse apprend que les « jeunes gens perdent la foi au moment même où le prestige de l'autorité paternelle pour eux s'écroule ». La sagesse profonde de Léonard, comme celle de Freud, réside en « la résignation d'un homme qui se soumet à l'*Anankê,* aux lois de la nature, et n'attend aucune pitié de la bonté ou de la grâce d'un dieu [89] ».

Et pourtant, Léonard n'a pas été aussi loin qu'Œdipe : il n'a tenté de percer les secrets de la nature

89. Tous ces textes sont extraits du *Souvenir d'enfance de Léonard de Vinci.*

que de façon « sublimée » : son investigation s'est poursuivie dans l'éloignement de toute sexualité, et alors qu'il a su se montrer si audacieux dans d'autres domaines, il a évité, preuve de son refoulement, tout sujet sexuel, et son « colossal instinct d'investigation » a échoué à représenter l'acte sexuel qu'il a figuré seulement de façon fort maladroite et erronée [90].

L'amour de et pour sa mère lui permit de s'éloigner de toute autorité hormis la sienne : la mère reste intouchable, la Nature source de toute vérité, et il s'agit seulement de *l'imiter :* comme le font les femmes. La règle de l'imitation de la Nature est la limite que rencontre le génie créateur de Léonard. S'il a su se défaire du prestige de l'autorité paternelle, il a conservé intacte sa croyance en la bienveillance et en la toute-puissance de la Nature, cette « sublimation grandiose » de la mère, de cette mère phallique-vautour, comme s'il n'avait pu se passer de l'appui paternel qu'en s'appuyant encore sur la colonne maternelle, comme s'il n'avait donc pas surmonté totalement l'angoisse de castration.

Le cas de Léonard est intermédiaire entre celui d'Œdipe et celui de Dostoïevski : celui-ci n'a qu'exceptionnellement su surmonter sa « panique » devant le trône et l'autel et n'a donc pas su être véritablement un grand homme méritant la gratitude de l'humanité : « Après les combats les plus violents pour concilier les demandes instinctuelles de l'individu avec les exigences de la communauté, Dostoïevski finit par reculer jusqu'à la position rétrograde de la soumission à la fois à l'autorité temporelle et spirituelle, de la vénération à la fois pour le Tsar et le dieu des chrétiens (...). Dostoïevski rejeta la chance d'être un maître et un libérateur pour

90. Ceci, Freud le dit seulement dans une note en citant le Dr R. Reitler.

l'humanité et se confondit avec ses geoliers. L'avenir de la civilisation humaine lui devra peu de gratitude [91]. » Dostoïevski, à cause de sa culpabilité œdipienne, s'est finalement soumis à son « petit-père » le tsar et dans le domaine religieux n'a cessé d'osciller entre la foi et l'athéisme, comme le fétichiste oscille entre le déni et l'affirmation de la castration de la mère, et pour les mêmes raisons : l'impossiblité narcissique de remettre en question la valeur et la seule valeur du phallus, de ce pénis dont la bienveillante et tendre Nature a su doter ses fils, suscitant « l'envie » de ses filles très « sensibles aux préjudices » qu'elle leur a causés.

Le roc

Dans cette série « héroïque », la place qu'occupe Freud semble être au plus près de celle de Léonard : comme pour lui, le meurtre du père est l'envers d'une soumission à la Mère Nature ; s'il abandonne toute croyance en l'illusion religieuse, il se résigne et se soumet à la Nécessité, à la grande déesse *Anankê* qui n'est pas seulement tendre et bienveillante, mais aussi destructrice et mortelle [92] : la mère tant vénérée et respectée est, comme pour Léonard, une *mère phallique*. Comme Léonard, Freud identifie sa mère à un vautour et inscrit

---

91. *Dostoïevski et le parricide.* Pour Léonard comme figure freudienne du héros, pour Dostoïevski comme héros manqué, cf. le bel article de Marie Moscovici *Mise en pièces du père dans la pensée freudienne* in *Confrontations* I, 1979, M. Moscovici, toutefois, ne met pas l'héroïsme en rapport avec le triomphe sur le fétichisme.

92. « Avec ses forces, la nature se dresse contre nous, sublime, cruelle, inexorable ; ainsi elle nous rappelle notre faiblesse, notre détresse auxquelles nous espérions nous soustraire grâce au labeur de notre civilisation. » (*Malaise dans la Civilisation.*)

dans sa théorie la croyance de tout enfant en une mère phallique ; et s'il sait bien que la femme n'a pas de pénis, il lui en donne « une envie » telle qu'elle équivaut à la reconnaissance par la femme de la toute-puissance phallique de l'homme ; il s'arrange pour que la femme se méprise elle-même, méprise sa mère, et toutes les femmes : « Son amour s'adressait à une mère phallique et non à une mère châtrée (...). Le manque de phallus de la femme dévalorise celle-ci aux yeux de la fillette comme à ceux du garçon et, peut-être même plus tard, à ceux de l'homme »[93]. Il s'arrange pour que la femme elle-même *rejette la féminité*. Ce rejet commun à la femme et à l'homme ne serait pas, comme le pensait Adler, une conséquence de la répression sociale, mais un *fait biologique insurmontable,* le *roc* auquel se heurte toute analyse, sa nécessaire limite. Il trahit chez les deux sexes, sous une expression différente (l'aspiration positive de la femme à posséder un organe génital mâle, l'envie du pénis, la révolte de l'homme contre toute attitude passive à l'égard d'un autre homme, la protestation mâle...) le même complexe de castration. De là émanent les principales résistances au transfert chez l'homme, et chez la femme des crises de dépression grave au cours desquelles elle est sûre que le traitement analytique ne lui servira à rien, qu'elle est immuable. Et en toute rigueur, elle n'a pas tort : « On n'est pas en droit de lui donner tort lorsqu'on apprend que c'est l'espoir d'acquérir malgré tout l'organe viril si douloureusement convoité qui fut pour elle le motif principal de la cure entreprise (...) On a souvent l'impression qu'en se heurtant au désir du pénis et à la protestation mâle, on croit frapper à travers toutes les couches psychologiques contre le roc et qu'on arrive ainsi au bout de ses possibilités. Cela doit être le cas, en

93. *La Féminité.*

effet, car pour le psychisme, le biologique joue vraiment le rôle du roc qui se trouve au-dessous de toutes les strates. Le refus de la féminité ne peut être qu'un fait biologique, une partie de la grande énigme de la sexualité [94]. »

L'énigme de la sexualité féminine en dernière analyse se ramène donc à la suivante : comment la vie/la nature a-t-elle pu vouloir un être comme la femme, un être châtré, un être abominable, qui fait également horreur aux deux sexes ? Comment la femme est-elle possible ? Un tel être, comme le pensait Aristote, saurait-il être autre chose qu'un pur « déchet » de la Nature ? Seule la Vie elle-même pourrait répondre à ces questions : le fin mot de l'énigme n'appartient pas à la psychanalyse mais à la biologie, tel est le dernier mot de la conférence *La féminité,* le dernier mot d'un des tout derniers textes de Freud : *Analyse terminée, analyse interminable.* Freud s'efface devant une autre instance, la Vie, la Nature, il s'efface devant la mère qui seule tiendrait en réserve le secret, le mot de l'énigme ; et seul celui qui ne craindrait pas de transgresser l'inceste pourrait aller l'y chercher. Œdipe seul a su répondre aux énigmes de la Sphynge, à l'énigme de la féminité, en allant dérober au sein même de la Mère Nature ses plus inviolables secrets : seul il a pris le risque du matricide (Jocaste se pend après l'inceste et la Sphynge choit dans l'abîme). Mais aussi bien Œdipe est-il un héros mythique car, de fait, ni la mort ni le sexe de la mère (peut-on distinguer l'un de l'autre ?) ne peuvent se regarder en face sans une quelconque médiation représentative.

Aussi, tel Léonard, Freud ne sera pas allé jusqu'à cet impossible, jusqu'au bout de son investigation ; la sexualité féminine est le « roc », la limite que rencontre

94. *Analyse terminée, analyse interminable* (1937).

toute l'analyse à cause même de l'interdit de l'inceste. Répondre « vraiment » à l'énigme de la sexualité féminine, c'eût été d'une manière ou de l'autre dé-couvrir la Mère, commettre l'inceste. Parce que Freud aimait trop sa mère, cette source de vie et de vérité, pour courir le risque de la faire mourir, parce qu'il était trop conscient aussi de ce risque pour être un véritable héros (Œdipe était inconscient [95]) il ne pouvait qu'abandonner à d'autres instances [96] le soin de répondre à l'énigme féminine. C'est pourquoi les seules réponses qu'il apporte lui-même sont de fausses solutions qui camouflent le sexe de la mère, qui dissimulent ce qu'il a toujours déjà su comme en rêve, qui masquent les relations rêvées avec la mère. « L'envie du pénis » est une de ces « solutions écrans » qui sert de couverture. Elle est comme ce masque supplémentaire que réclamait Œdipe après avoir osé jeter son regard dans les profondeurs insondables de la Nature : le masque même de l'*aveuglement*. C'est cette crainte de l'inceste et de ses conséquences matricides qui explique aussi bien le retard de Freud à publier sur la sexualité féminine, à exhiber au grand jour ses secrets, comme c'est elle, nous l'avons vu, qui explique essentiellement le retard de la parution de *L'Interprétation des rêves*. La double tradition grecque et juive se rejoignent ici dans leur commune mise en rapport de la découverte comme connaissance et de la découverte comme dévoilement. L'*Aletheia,* la vérité, est pour les Grecs un dévoilement et elle est figurée

95. « L'explication rationnelle de l'héroïsme prétend qu'il y a des biens abstraits et universels plus précieux que la vie. Mais, à mon avis, l'héroïsme, qui est le plus souvent instinctif et impulsif, ignore cette motivation et affronte le danger sans penser à ce qui peut en résulter. » (*Considérations actuelles sur la guerre et la mort*) in *Essais de psychanalyse* (Payot).

96. Cet abandon n'est pas sans évoquer l'abandon par Léonard de ses toiles restées pour la plupart inachevées.

comme une déesse nue. Mais aussi bien, parce que la Vérité est femme, elle reste intouchable, interdite, n'est jamais complètement dévoilée : plutôt que d'attenter à sa pudeur, les métaphysiciens préfèrent la reléguer dans un ciel intelligible où elle n'est plus susceptible d'être atteinte, voire contemplée ; tout ceci — au moins depuis Nietzsche — est bel et bien connu. La tradition juive du *Zohar* met tout péché sexuel en rapport avec le dévoilement de la nudité maternelle (*Binah*). Le même terme signifie aussi connaissance, compréhension : c'est *Binah* qui est utilisé pour dire « Adam *connut* Eve » : pécher, découvrir la mère, manger le fruit de l'arbre de la connaisance vont toujours de pair.

Résoudre une énigme (*Rätsel*), ce qui est la tâche même du psychanalyste, soit qu'il interprète un rêve, un symptôme, ou une œuvre d'art [97], c'est toujours faire apparaître ce qui était dissimulé à cause d'un interdit sexuel, c'est toujours découvrir (*Auf/decken*), dé/masquer (*Ent/larven*), défaire les fils qui recouvrent et qui séparent le désir de son expression directe. C'est *Ab-spinnen,* tâche inverse de celle de l'araignée, symbole de la mère phallique qui recouvre de sa toile phallique tous les « trous ». « Je ne réussis pas à défaire fil à fil tout ce tissu de revêtement imaginatif » écrit-il à propos d'un rêve de l'*Homme aux rats,* rêve comparé à un *poème épique,* dans lequel les désirs sexuels envers la mère et la sœur de même que la mort prématurée de cette dernière sont mis en rapport avec le châtiment par le père du petit *héros.* Le texte, quelqu'il soit, est toujours un tissu qui, par peur de la castration, dissimule une horrible et très tentante nudité : les *habits neufs de l'Empereur* d'Andersen sont pour Freud le paradigme de tout rêve ; le rêve est un tissu qui, tel un imposteur, recouvre d'un tissu précieux et invisible ce qui ne doit pas être perçu,

97. Cf. S. Kofman, *L'enfance de l'art,* p. 79 et sq.

la nudité du roi, le contenu latent. Seuls les « bons et loyaux sujets », ceux qui ne redoutent pas la castration, peuvent apercevoir sans être effrayés, la nudité, sont capables de démasquer, de faire apparaître dans le contenu manifeste un contenu latent interdit, d'exhiber sans horreur la nudité maternelle : l'énigme féminine est le paradigme de toute énigme.

C'est pourquoi si vous êtes jeune médecin et que, pour les besoins de votre science, vous êtes conduit à découvrir le cadavre d'une vieille femme, vous ne pouvez que vous sentir coupable, comme si vous transgressiez l'interdit de l'inceste et commettiez corrélativement parricide et matricide. C'est ainsi, en tout cas, que Freud explique qu'un doute religieux se soit emparé d'un jeune homme à la découverte du cadavre d'une vieille femme. Le cadavre lui aurait rappelé sa mère : « Telle est l'explication qui s'impose invinciblement sous l'impression des termes par lesquels il rappelle la vieille femme : *sweet faced dear old woman*. On peut se représenter les choses de la manière suivante ; la vue du corps nu (ou qui va être dénudé) d'une femme rappelant au jeune homme sa mère, éveille en lui la nostalgie maternelle émanée du complexe d'Œdipe, nostalgie à laquelle la révolte contre le père vient aussitôt s'adjoindre comme complément. Le père et Dieu ne sont pas encore chez lui écartés bien loin l'un de l'autre, la volonté d'anéantir le père peut devenir consciente sous la forme du doute de l'existence de Dieu et cherche à se légitimer aux yeux de la raison par l'indignation qu'excitent les mauvais traitements infligés à l'objet maternel. La pulsion nouvelle déplacée au domaine religieux n'est que la répétition de la situation œdipienne et c'est pourquoi elle subit bientôt après le même destin. Elle succombe à un puissant contre-courant [98]. »

98. *Un événement de la vie religieuse* (1927).

Cette interprétation semblait tellement « invincible » à Freud qu'il avait cru d'abord que dans sa lettre le jeune homme avait de lui-même affirmé que cette vieille femme lui avait rappelé sa mère : or il n'en était rien. Ce *sweet faced dear old woman,* on peut le penser légitimement, avait seulement rappelé à Freud sa propre mère chérie que, dans son rêve infantile, à l'âge de sept/huit ans, il avait vue « avec une expression de visage particulièrement tranquille et endormie » et qui avait éveillé indissolublement en lui, pour elle, et désir sexuel et angoisse de mort.

C'est peut-être ce rêve infantile qui explique au mieux et que Freud ait sublimé son désir incestueux en désir d'investigation sexuelle, en désir d'investigation portant essentiellement sur la sexualité, *et* qu'il ait laissé comme en suspens toute réponse, qu'il ait gardé en définitive *intacte* l'énigme féminine.

Non sans s'y être quelque peu frotté, non sans avoir auparavant mené, tel Œdipe et armé de son Œdipe, une enquête qui pouvait seulement se retourner contre lui, le mener sur une voie de garage, celle de la spéculation. Car, malgré ses dénégations, c'est bel et bien la voie spéculative qu'il emprunte, la seule possible, la seule qui puisse faire passer pour raison sa déraison, qui puisse faire triompher comme vérité « l'idée fixe » qui le poursuit.

DEUXIEME PARTIE

freud mène l'enquête

1. l'intérêt pour l'énigme de la femme

Cette enquête, Freud la mène particulièrement dans sa *Nouvelle conférence sur la féminité*[1] : elle se trouve encadrée par un appel à la poésie, au début et à la fin du texte, double appel qui mérite d'être interrogé. Après avoir énoncé une vérité générale telle qu'on en trouve au début des dissertations d'élèves de classes terminales : « Les hommes (*Menschen*) ont de tout temps médité sur l'énigme de la féminité », Freud cite comme témoin le poète Heine :

« Têtes à bonnets couverts d'hiéroglyphes,
Têtes à perruques ou mille autres encore,
Têtes à turbans ou bien à barrettes noires,
Pauvres têtes suantes des hommes... »
(*La mer du Nord*.)

A la fin du texte le lecteur est renvoyé à la poésie comme à un complément éventuel destiné à suppléer aux déficiences de l'enquête psychanalytique. Dans ce

1. Luce Irigaray, la première, a attiré l'attention sur le caractère phallocratique de ce texte. Nous aboutirons à une conclusion semblable, tout en proposant une autre lecture, qui souligne la complexité de la démarche freudienne.

rôle de suppléance, elle est mise sur le même plan que la science (biologique) et l'expérience personnelle : « Si vous voulez en apprendre davantage sur la féminité, interrogez votre propre expérience, adressez-vous aux poètes (*Dichter*) ou bien attendez que la science soit en état de vous donner des renseignements plus approfondis et plus coordonnés. »

La psychanalyse a besoin d'être suppléée car les résultats qu'elle apporte sont incomplets, fragmentaires, et pas toujours faciles à accepter : « Voilà tout ce que j'avais à vous dire touchant la féminité. *Es ist gewiss unvollständig und fragmentarisch, klingt auch nicht immer freundlich.* » *Incomplets* puisque Freud a mené son enquête à partir d'observations recueillies sur le divan, s'est fondé sur des propos de femmes plus ou moins réservées, plus ou moins sincères, plus ou moins hystériques. *Fragmentaires,* puisque cette enquête a porté seulement sur un objet théorique, la sexualité féminine, qui ne saurait être le tout de la femme.

Enfin ces résultats ne sont pas toujours *faciles à accepter* car ils sont peu tendres envers les femmes, notamment en ce qui concerne la question de leur surmoi.

Si, ô femmes, vous n'êtes pas satisfaites par les réponses que vous apporte la psychanalyse qui vise seulement à la vérité et non pas à vous complaire, vous pouvez toujours vous consoler en lisant les poètes qui cherchent, eux, avant tout non à connaître mais à vous faire plaisir : « Nous avons jusqu'ici laissé aux poètes le soin de nous dépeindre les " conditions déterminant l'amour " d'après lesquelles les hommes font leur choix d'objet et la façon dont ils accordent les exigences de leurs fantasmes avec la réalité. Et de fait, les poètes ont des qualités leur permettant de venir à bout d'une telle tâche : avant tout une fine sensibilité qui leur fait percevoir les mouvements cachés de l'âme d'autrui et le courage de laisser parler leur propre inconscient. Mais du point de vue de la connaissance, quelque chose vient diminuer la valeur de ce qu'ils nous communiquent. Les poètes sont tenus de provoquer un plaisir intellectuel et esthétique ainsi que certains sentiments déterminés ; aussi ne peuvent-ils représenter la réalité telle quelle, sans l'avoir modifiée : ils doivent en isoler certains fragments, détruire des rapports gênants, tempérer l'ensemble et combler les lacunes. Tels sont les privilèges de ce qu'on appelle la " liberté poétique ". (...) Dès lors, n'est-il pas inévitable que la science, avec sa main plus lourde et pour un plaisir esthétique moindre, s'occupe de ces sujets qui, élaborés par les poètes, enchantent l'humanité depuis des millénaires ? Ces remarques peuvent servir à justifier notre intention de soumettre la vie amoureuse elle-même à un traitement rigoureusement scientifique. La science ne constitue-t-elle pas le plus parfait renoncement au principe de plaisir dont notre travail psychique soit capable ? [2]. »

Dès lors, si la poésie vise avant tout à plaire et non à dire la vérité, comment peut-elle « suppléer » aux déficiences de la psychanalyse ? Comment peut-elle combler ses lacunes si elle cherche fondamentalement à camoufler et à « détruire les rapports gênants » ? La poésie ne saurait être « supérieure » à la psychanalyse et à son traitement « scientifique » de la vie amoureuse que pour ceux qui cherchent non la connaissance mais le plaisir et le leurre, sont dominés par le seul principe de plaisir.

C'est dire que le double appel à la poésie, dans la conférence *La féminité,* doit être interprété comme faisant partie d'une stratégie : Freud déclare ouvertement les limites de la psychanalyse pour mieux maîtriser les instances qui jusque-là avaient la prétention de détenir

---

2. *Un type particulier de choix d'objet chez l'homme* in *La vie sexuelle* (P.U.F.).

le fin mot de l'énigme féminine : par delà les déclarations, ce que *fait le texte* montre au contraire les insuffisances de l'expérience personnelle, de la poésie et de la biologie. Le texte révèle que la poésie est fondamentalement une puissance de leurre qui « opère pour la connaissance » à condition d'être réappropriée par la psychanalyse et subordonnée à sa vérité. Et si Freud affirme en toute modestie que les résultats qu'il apporte sont peu de choses (*Das ist alles*), qu'ils sont fragmentaires et incomplets, il montre aussi que ce point de vue fragmentaire, celui de la sexualité, a une énorme « influence » sur tout le reste, et que ce reste — qui rattache la femme au genre humain — dépend lui aussi, en dernière analyse, de la sexualité ; le « fragment » semble bien, de fait, englober la totalité et le recours à des instances destinées à suppléer aux déficiences de la psychanalyse, être superflu, la modestie de Freud feinte et stratégique : comme toujours [3], Freud fait seulement semblant de s'incliner devant les spécialistes (ici ceux de la sexualité féminine) dont il exhibe les « vérités » pour mieux les critiquer ou les déconstruire. Entre ces deux appels, purement stratégiques, à des instances extérieures à la psychanalyse, Freud mène l'enquête, tente de poser et de résoudre l'énigme de la femme.

Après avoir affirmé que l'humanité en général (*die Menschen*) a toujours médité sur l'énigme (*die Rätsel*) de la féminité, il distingue les *hommes* (*die Männer*) qui, ne sauraient pas ne pas être préoccupés par une telle énigme (il y va pour eux d'un intérêt autre qu'intellectuel à résoudre cette question) ; et les *femmes* (*die Frauen*) qui, parce qu'elles constituent elles-mêmes cette énigme, ne sauraient pas ne pas s'y intéresser : il relève de l'évi-

3. Nous avons montré ce geste de Freud à propos de l'art dans *L'enfance de l'art* (Payot, 1970).

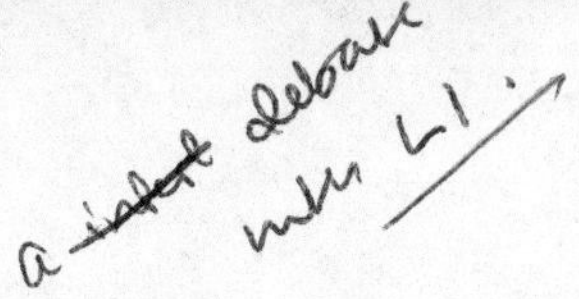

dence commune que tous, hommes et femmes, sont préoccupés par cette énigme, et c'est pourquoi Freud, en s'adressant à un public mixte : *Meine Dame und Herren !*, est assuré de captiver son auditoire. Loin d'exclure d'emblée une partie de celui-ci — les femmes — pour parler seulement « entre hommes », comme le prétend Luce Irigaray, il cherche, au contraire, à établir avec les psychanalystes femmes une complicité destinée à le laver du soupçon « d'antiféminisme ». Et si, Freud le montre, il y va d'un intérêt autre que théorique, et pour les hommes et pour les femmes, à poser la femme comme une énigme, il va de soi que les femmes ne sauraient être exclues. Enfin, exclure les « femmes », serait admettre qu'elles sont purement et simplement les opposées des hommes, alors que toute la conférence a comme but de biffer cette opposition au profit de l'affirmation de la bisexualité, bisexualité qui ferait toute l'énigme de ce que les hommes appellent « l'énigme de la femme » : « Ce que nous autres, les hommes, appelons l'énigme féminine relève peut-être de cette bisexualité dans la vie féminine. »

Rien dans le texte ne justifie donc la lecture de L. Irigaray : (Freud, comme Aristote, ôterait aux femmes le droit et au logos et au phallus) Nous avons vu que cela n'était pas si simple. A supposer d'ailleurs que Freud ait voulu parler « entre hommes » de l'énigme de la femme (ce qui n'est pas le cas), cela ne suffirait pas à le condamner comme « métaphysicien ». On pourrait interpréter, ce geste, en effet, en un sens nietzschéen : parler d'une énigme de la femme et tenter de résoudre cette énigme est un point de vue strictement masculin, les femmes, elles, ne se soucient pas de la Vérité, elles sont profondément sceptiques ; elles savent bien qu'il n'y a pas de « vérité », que derrière leurs voiles il y a encore un voile, et qu'on aura beau les enlever les uns après les autres, n'apparaîtra jamais, telle une déesse, la vérité dans sa « nudité ». Les femmes vraiment femmes sont parfaitement « plates ». *Mulier taceat de muliere !*. Car la « vérité », ce leurre métaphysique d'une profondeur, d'un phallus dissimulé derrière les voiles, ce leurre est une illusion fétichiste de l'homme : une femme qui se mêle de vérité, de résoudre les énigmes, est une femme « dégénérée » et réactive, hystérique. Mais ce mot d'ordre, *Mulier taceat de Muliere,* n'est pas celui de Freud ; il s'adresse, lui, aux femmes, justement parce qu'il sait que la plupart d'entre elles sont plus ou moins hystériques, et par là complices du discours masculin. Et parce qu'il a besoin de cette complicité.

2. la certitude immédiate de la différence

S'adressant donc aux « hommes » et aux « femmes », Freud fait résonner toute l'étrangeté de cette formule banale et conventionnelle : *Mesdames, Messieurs.* Dans ce qui paraît à tous familier — l'opposition des deux sexes — il introduit de l'énigmatique, de l'étrangement inquiétant ; il fait bouger les catégories du masculin et du féminin qui reposent sur l'évidence commune, sur une assurance que rien ne semblait pouvoir ébranler. Suivant une démarche de type cartésien, il met en doute les évidences premières et dérange les certitudes spontanées. Spontanément en effet, les hommes admettent comme allant de soi l'opposition hommes/femmes, et l'habitude d'opérer une telle distinction fait croire en sa nécessité. « Féminin ou masculin est la première distinction (*Unterscheidung*) que vous faites quand vous rencontrez un être humain et vous êtes habitués à faire cette distinction en toute assurance ! » (La traduction française dit à tort : « En rencontrant un être humain, vous *voyez* immédiatement s'il est homme ou femme. »). S'emparant du mot « voir » qui n'est pas dans le texte allemand (*Männlich oder weiblich ist die erste Unterscheidung die Sie machen, wenn Sie mit anderen menschlichen Wesen zusammentreffen*), Luce Irigaray s'exclame sur ce mot, se demande à quoi l'on peut bien *voir* cette différence, et attribue à

Freud la croyance en cette « évidence » au moment même où il est en train de la critiquer...)

Cette opinion commune, populaire [1], Freud la déconstruit en montrant que l'évidence « première » *n'est précisément pas première* : seule l'*habitude* d'opérer cette distinction fait oublier ou refouler que pendant l'enfance aucune différence n'est faite entre les « deux » sexes : l'enfant, en tout cas le petit garçon, ne met pas en doute, alors, que toutes les personnes qu'il rencontre ont un appareil génital semblable au sien. « Le premier problème qui préoccupe l'enfant en conformité avec son développement n'est pas de savoir en quoi consiste la différence des sexes mais la grande énigme : d'où viennent les enfants [2] ». « Si nous pouvions renoncer à notre condition corporelle et nous, êtes pensants, venant par exemple d'une autre planète, saisir des choses de cette terre d'un regard neuf, rien ne frapperait peut-être plus notre attention que l'existence de deux sexes parmi les êtres humains qui, par ailleurs si semblables, accentuent pourtant leurs différences par les signes les plus extérieurs. Or il ne semble pas que les enfants choisissent, eux aussi, ce fait fondamental comme point de départ sur les problèmes sexuels. Ce n'est pas du tout de façon spontanée, comme s'il s'agissait d'un besoin inné de causalité, que s'éveille en ce cas la poussée de savoir des enfants. La première des théories sexuelles est liée au fait que sont négligées les différences entre les sexes [3]. »

---

1. « D'après l'opinion populaire, l'être humain doit être soit un homme soit une femme. » (*Trois essais sur la théorie de la sexualité.*)

2. *Ibid.*

3. *Les théories sexuelles infantiles.* Plus tard, nous verrons pour quelles raisons stratégiques, en particulier dans *Quelques conséquences psychologiques de la différence anatomique entre les sexes* (1927) Freud se montre « plus hésitant » sur l'ordre à établir entre les questions que se posent les enfants. Dans une

Et c'est bien parce que dans l'enfance la différence sexuelle est ignorée que les symboles sexuels dans les rêves, par exemple, sont en général ambivalents, ont un double sens [4]. L'opposition du masculin et du féminin n'est donc pas première, et si, pour l'opinion commune, ces concepts ne sont pas équivoques [5], de fait, ils sont très complexes : c'est cette complexité que Freud s'efforce de mettre au jour en faisant appel, contre l'extrême assurance du sens commun, à la science anatomique.

---

note, il écrit : « Voici l'occasion de vérifier une affirmation que j'ai énoncée il y a des années. Je pensais que l'intérêt sexuel des enfants n'est pas éveillé comme celui de ceux qui approchent de la maturité par la différence entre les sexes, mais plutôt qu'il est excité par le problème de l'origine des enfants. Cela pour la petite fille tout au moins n'est sûrement pas pertinent ; chez le garçon, il en ira parfois ainsi, parfois autrement ; ou bien pour les deux sexes, ce seront les occasions dues au hasard qui décideront. »

4. Cf. *L'interprétation des rêves* (P.U.F., p. 308).

5. Cf. une note ajoutée en 1915 aux *Trois essais*.

3. l'indécision et l'aporie introduites par la science anatomique

La science, en effet, permet d'ébranler cette assurance car elle est beaucoup moins affirmative. Elle partage la certitude commune sur un seul point seulement : ce qui est mâle (*Männlich*) est le produit sexuel mâle, le spermatozoïde, et celui qui en est porteur ; ce qui est féminin (*weiblich*) est l'ovule et l'organisme qui l'abrite. Pour tout le reste, il est impossible de trancher de façon catégorique ; on trouve en effet, chez les deux sexes des organes analogues qui représentent deux formes d'une seule disposition ; les caractères sexuels dits *secondaires* sont inconstants et existent chez les deux sexes dans des proportions variables ; un certain degré d'hermaphrodisme est normal : il existe chez chacun des deux sexes des traces (*Spüren*) de l'organe génital du sexe « opposé », à l'état rudimentaire ou privées de toute fonction ou encore adaptées à une fonction différente : la science en conclut à une bisexualité originaire qui s'orienterait ultérieurement vers la monosexualité avec des restes, des traces du sexe « contraire » à l'état atrophié ou rabougri [1]. Comme

1. Après « certaines parties de l'appareil sexuel mâle se trouvent aussi chez la femme et inversement », la traduction française omet de traduire *wenn gleich in verkümmertem Zustand,* c'est-à-dire « même si c'est à l'état rabougri ». L. Irigaray traduit elle

contre-épreuve ailleurs, Freud cite des cas pathologiques ; dans l'*hermaphrodisme* la détermination sexuelle est malaisée : les organes génitaux sont à la fois mâle et femelle, dans quelques cas exceptionnels, les organes des deux sexes coexistent côte à côte. Et parce qu'il n'y a qu'une différence graduelle entre le pathologique et le normal, « ces anomalies jettent une lumière inattendue sur l'anatomie normale [2] ».

La science anatomique, grâce à ses observations, permet de remettre en cause l'opinion commune, la certitude immédiate d'une opposition tranchée entre les sexes : parce qu'elle mêle les sexes et les genres, elle trouble. Elle fait perdre à chacun des deux sexes la certitude de son identité et de sa pureté. Elle force à un tout autre point de vue. En mettant le doigt sur la *confusion,* elle jette dans la confusion ceux qui pensent les deux sexes comme deux espèces opposées, introduisent une différence de nature là où il y a une simple différence quantitative, du plus ou moins, différence graduelle qui interdit de faire des deux sexes deux substances radicalement distinctes et opposées. L'individu n'est ni mâle ni femelle mais, dans des proportions variables, les deux à la fois, est doué d'une sexualité équivoque, double. Et parce que le masculin et le féminin ne sont pas deux « espèces » distinctes, l'homosexuel ne saurait plus être pensé, à son tour, comme une troisième espèce distincte. (Alors que Freud

---

par « bien qu'en état de dégénérescence », ce qui lui permet de souligner le caractère péjoratif du discours de Freud : la femme serait un homme « dégénéré », oubliant que le terme de *verkümmertem* s'applique aussi à l'homme, puisque Freud dit « et inversement ».

2. *Les trois essais sur la théorie de la sexualité.* Cf. aussi *Malaise dans la civilisation.* « L'homme est un animal doué d'une disposition équivoque à la bisexualité : l'individu correspond à une fusion de deux moitiés symétriques dont l'une purement masculine, l'autre féminine. Il est possible qu'à l'origine chacune d'elles fut hermaphrodite. »

a recours au mythe d'Aristophane du *Banquet*[3] pour confirmer la thèse de la bisexualité, sa conception de fait, s'oppose radicalement à celle du poète qui fonde mythiquement une distinction radicale entre trois espèces sexuelles et trois types de relations d'objets : hétérosexuelles, homosexuelles masculines, homosexuelles féminines. Freud avait-il vraiment lu *Le banquet* ou ne le connaissait-il qu'à travers Stuart Mill ?)

A ce niveau de la conférence il établit une véritable symétrie entre l'homme et la femme : la bisexualité est affirmée valoir également pour des deux sexes, la différence entre les individus est déclarée quantitative, la proportion de masculinité et de féminité être dans chaque individu éminemment variable. Par la suite pourtant, et aussi dans d'autres textes, cette symétrie est rompue en faveur (au détriment ?) de la femme : à aucun moment Freud ne s'interroge sur les conséquences de la bisexualité dans le développement du garçon ; il est affirmé que la bisexualité est plus accentuée chez les femmes que chez les hommes ; que l'hermaphrodisme psychique est chez la femme plus que chez l'homme sous la dépendance de l'hermaphrodisme physique : chez la femme, « les marques corporelles et psychiques du caractère sexuel opposé coïncident plus régulièrement[4] ». L'inversion n'est accompagnée d'une transformation des autres qualités de l'esprit, des pulsions et des traits de caractère propres à l'autre sexe, que chez la femme ; chez l'homme « les caractères de la virilité sont compatibles avec l'inversion[5] ».

Cette différence entre la femme et l'homme viendrait du fait que l'homme possède une seule zone génitale prédominante alors que la femme en possède deux, que l'es-

3. Cf. *Les trois essais sur la théorie de la sexualité.*
4. *Sur la psychogenèse d'un cas d'homosexualité féminine.*
5. *Les trois essais sur la théorie de la sexualité.*

sentiel de la sexualité féminine infantile a régulièrement un caractère masculin, alors que la sexualité infantile masculine n'a pas, de façon symétrique, un caractère féminin : « S'il y a bisexualité de la constitution des êtres humains, cette bisexualité est plus accentuée chez la femme que chez l'homme. L'homme n'a qu'une seule zone génitale prédominante alors que la femme en possède deux : le vagin qui est proprement féminin et le clitoris analogue au membre viril. Le vagin n'est pour ainsi dire pas présent pendant de nombreuses années, dans l'enfance l'essentiel de la génitalité se déroule en relation avec le clitoris. La vie sexuelle de la femme a donc régulièrement deux phases et la première a régulièrement un caractère masculin : chez la femme il y a procès de transport d'une phase à l'autre [6]. »

L'affirmation de la bisexualité revient donc à affirmer la prédominance originaire de la masculinité (chez les deux sexes) ; devient énigmatique alors — et c'est cela l'énigme de la femme — le devenir femme d'une petite fille qui a d'abord été un petit garçon. Devient problématique, jamais vraiment assuré le passage d'une zone prédominante à une autre.

La thèse de la bisexualité, quand elle est affirmée valoir pour les deux sexes, permet d'établir entre eux une simple différence graduelle mais les restrictions formulées conduisent, de fait, à établir une hiérarchie en faveur de l'homme qui possède le degré le plus élevé de masculinité et devient par là même le canon et la mesure de l'autre sexe, est seul apte à recevoir des déterminations ontologiques : la différence graduelle comme l'opposition de nature joue toujours en défaveur de la femme.

Cependant pour des raisons stratégiques, au début du texte, afin de dissiper l'évidence immédiate d'une opposition tranchée entre les sexes, Freud met l'accent sur

6. *Sur la sexualité féminine.*

une bisexualité originaire commune aux deux sexes. L'appel à la science n'est pas son dernier mot : la science n'apporte pas une solution à l'énigme, elle introduit seulement le doute et l'aporie car elle affirme de façon contradictoire à la fois la bisexualité *et* la production par chacun des sexes d'un produit sexuel spécifique : « Sauf exception, il n'y a chez chaque être qu'une seule sorte de produit sexuel : ovule ou sperme. » Les différences dans les proportions de masculinité et de féminité ne jouent plus ici aucun rôle : quelles que soient les variations quantitatives individuelles, il n'y a, dans chaque cas, qu'une seule espèce de produit sexuel.

Est-ce dire, avec L. Irigaray, que pour Freud comme pour la science c'est cela qui importerait, ce processus de « reproduction/production » du même ? Que, par rapport à la thèse de la bisexualité qui ébranle l'assurance d'une identité sexuelle simple, cette fabrication d'un seul produit serait rassurante, serait comme ce point fixe auquel Descartes se raccroche au moment de son doute hyperbolique ? Cette affirmation va à l'encontre de tout le texte : loin de chercher certitude et décision, Freud fait ici appel à la science afin de faire éclater les pseudo-certitudes de l'opinion commune et la mettre dans l'embarras. Le recours à la science n'a pas comme fin une recherche de sécurité, elle vise, au contraire, à plonger dans l'aporie : « Tout cela, certes, est bien embarrassant et vous allez être amenés à conclure que la virilité ou la féminité sont attribuables à un caractère inconnu que l'anatomie ne parvient pas à saisir. »

Aussi bien, parce que la science anatomique ne saurait avoir le dernier mot, Freud poursuit-il son enquête en s'adressant à une autre instance, la psychologie.

4. la psychologie : sa stérilité, son impuissance

La psychologie commune est, elle aussi, impuissante à résoudre l'énigme. De manière toute positiviste, tel Auguste Comte, Freud lui reproche fondamentalement sa stérilité ; elle n'apporte rien de nouveau ; elle répète, d'une part, les conventions communes, d'autre part, elle raisonne par analogie avec l'anatomie qui lui sert de modèle. Calquant ses réponses sur les habitudes de pensée conventionnelles, elle distingue un comportement « féminin » et un comportement « masculin », et transfère la bisexualité dans le domaine psychique puisqu'elle admet que tel sexe peut, dans telle circonstance, se comporter taille autre, virilement. Mais se faisant, elle n'établit pas une distinction d'ordre psychologique ; *elle est incapable de donner un contenu nouveau aux concepts de féminin et de masculin. Sie können den Begriffen männlich und weiblich keinen neuen Inhalt geben*, membre de phrase non traduit par Anne Berman (ni par L. Irigaray), essentiel pourtant puisqu'il implique que la psychologie commune donne aux mots *féminin* et *masculin* un sens purement conventionnel qui prend, à tort comme modèle l'anatomie. Tout l'effort de Freud consiste à donner, lui, à ces concepts un sens purement psychique et à substituer aux déterminations conventionnelles et répétitives de la psychologie une détermination neuve, parfaitement originale et féconde : psychanalytique. Il garde toujours les vieux mots mais il leur donne une acception inédite; parce qu'il n'introduit pas un mot nouveau, technique, Freud peut être entendu et avoir une prise sur l'ancienne signification : il garde le mot, mais il opère des déplacements de sens, il modifie le concept. Mais par là même, il prend le risque d'être mal entendu, de se faire reprocher (L. Irigaray n'y a pas manqué) d'avoir conservé aux vieux mots de féminin et de masculin leur sens le plus traditionnel, le plus métaphysique, au moment même où il s'efforce de les réévaluer, au moment où il complique sérieusement le schéma conventionnel qui identifie masculin à *actif* et féminin à *passif* : c'est cette assimilation que Freud s'efforce de déconstruire pour proposer de tout autres déterminations proprement psychanalytiques. La traduction française ici est des plus défectueuses et est peut-être responsable des énormités que l'on prête à Freud. Elle suggère, en effet, que celui-ci donne *raison* aux habitudes de pensée communes qui identifie masculin à actif et féminin à passif. « Vous employez le mot « viril » dans le sens d' « actif » et le mot « féminin » dans le sens de « passif », *non sans raison d'ailleurs.* » Le texte allemand, lui, dit : « *Nun, es ist richtig, dass eine solche Bezeihung besteht* » (Certes, il est juste qu'existe une telle relation). Le *Nun* (certes) annonce un *aber damit* (mais cependant) qui quelques lignes plus loin apporte de sérieuses restrictions à la justesse de l'affirmation populaire. Certes donc, une telle relation existe ; elle existe *au niveau anatomique cellulaire* : la cellule sexuelle mâle est mobile et active, l'ovule est immobile et passif. De plus, ce comportement sexuel des organismes élémentaires sert de modèle (*vorbildlich*) aux comportements des individus des deux sexes lors des rapports sexuels : « Le mâle pourchasse la femelle qu'il convoite, il la saisit et pénètre en elle. » Certes, ce *vorbildlich* n'est guère clair : s'agit-il d'un modèle biologique inscrit dans le corps et qui fonctionne inconsciemment ? Freud ne s'explique guère là-dessus : lui importe seulement de montrer le caractère *inessentiel* d'une telle relation. En effet, si, en se fondant sur l'anatomie, on assimile, à tort, comme le fait la psychologie commune, le masculin à l'actif, on réduit le caractère de la *masculinité* (du point de vue psychique) au moment de l'agression. « Or il est douteux qu'on ait trouvé là quelque chose d'essentiel. » La méthode comparative — c'était aussi l'arme essentielle de Comte dans sa polémique contre la psychologie — permet en effet d'affirmer que chez la plupart des espèces animales « les femelles sont plus fortes et plus agressives que les mâles, ceux-ci ne se montrant actifs que durant le seul acte de l'union sexuelle ». Inversant l'opinion la plus commune, de façon paradoxale, Freud souligne que loin d'être la marque du mâle, l'activité, chez lui, serait seulement un phénomène ponctuel lié au moment de l'agression sexuelle, et elle caractériserait plutôt — en général — les femelles. Par exemple, les araignées. L. Irigaray ne manque pas de souligner la complaisance de Freud à évoquer l'agressivité des femmes comparable à celle de l'araignée, cet animal répugnant entre tous, indigne de figurer à titre d'exemple alors qu'elle ne craint pas simultanément (cf. le raisonnement du chaudron) de reprocher à Freud d'identifier le féminin et le passif, assimilation que l'exemple de l'araignée est précisément destiné à gommer. Il peut, en revanche, (si l'activité et l'agressivité sont caractéristiques des femmes) paraître curieux que l'araignée soit un symbole de la mère *phallique*. Est-ce que Freud se plie dans ce cas à la convention commune qui identifie l'actif au masculin ? Ou bien, en attribuant à la femme un caractère phallique, ne veut-il pas précisément rompre avec les catégories communes et rendre indécises les limites qui séparent le masculin et le féminin ? brouiller tous les genres ?

C'est en tout cas l'opération qu'il s'efforce d'accomplir en recourant à la méthode comparative ; celle-ci permet d'inverser tous les rôles : si la femelle dans le monde animal se montre « phallique », plus agressive que le mâle, celui-ci à son tour remplit des fonctions qui nous semblent à tort spécifiquement féminines (*so exquisit weiblich erscheinen*) : couver, soigner les petits ne sont pas régulièrement l'apanage du sexe féminin, le mâle parfois s'y consacre seul, tout au plus y a-t-il partage de ces fonctions.

Si vous passez maintenant de l'animal à l'homme, vous pouvez observer des phénomènes analogues ; dans le domaine de la sexualité humaine, vous ne pouvez que remarquer combien il est insuffisant de confondre le comportement masculin avec l'activité, le comportement féminin avec la passivité. Par exemple, la mère est à tous égards active vis-à-vis de l'enfant : on peut dire indifférement qu'elle *fait* téter l'enfant ou que l'enfant la tète : exemple qui vous paraîtra étrange si vous confondez, à tort, sexualité et génitalité. Vous pourrez alors accuser Freud de confondre la question de la différence sexuelle et celle de la fonction parentale, d'identifier la femme à la mère, et d'exclure toute considération de plaisir, comme si la succion du sein ne provoquait aucune jouissance... De toute façon, il ne s'agit pas ici de montrer que la femme est active seulement dans la vie sexuelle, mais de façon plus générale, en tous domaines, et par conséquent que le modèle anatomique, celui sur lequel se fonde la psychologie commune, est un bien piètre modèle capable seulement d'induire des raisonnements analogiques erronés, des *Uberdeckungsfehler ;* le raisonnement par analogie qui prend comme modèle (*Vorbild*) le comportement sexuel des organismes élémentaires vaut d'autant moins qu'on s'éloigne du domaine sexuel à proprement parler : dans des buts très divers, certaines femmes sont capables de déployer une grande activité (*grosse Aktivität*) ; « grande » activité et non activité *débordante* comme dit la traduction dont s'autorise L. Irigaray (quand elle ne peut plus dénier que Freud reconnaît à la femme l'activité) pour affirmer que celui-ci tourne en dérision « l'activisme » de certaines femmes qui s'exercerait seulement à la faveur d'une docilité soumise de la part de l'homme, et que ce serait là un curieux choix d'exemple de bisexualité. Or, il est vrai, Freud souligne que seuls des hommes capables de déployer une haute dose de passivité (*ein hohes Mass von passiven Gefügigkeit entwickeln*) peuvent supporter de vivre avec de telles femmes, mais c'est seulement pour, une fois de plus, *inverser* les positions communes : c'est l'homme qui est pourvu d'une haute dose de passivité et la femme d'une *grosse Aktivität,* et l'un est le pendant symétrique de l'autre : si dérision il y avait à l'égard de la femme, il y aurait parallèlement dérision à l'égard de l'homme. Mais surtout, *il ne s'agit pas là d'un exemple de bisexualité :* vous ne peuvez le croire que parce que précisément *vous* êtes convaincue déjà, et non Freud, que la passivité coïncide avec la féminité et l'activité avec la virilité. Ce en quoi vous avez tort : ce n'est pas moi, c'est Freud qui le dit : « Peut-être me ferez-vous observer que ces faits prouvent justement la bisexualité psychique des hommes et des femmes ; c'est qu'alors vous êtes fermement convaincus de ce que la passivité coïncide avec la féminité et l'activité avec la virilité. Or je crois que vous avez tort. Cela me semble erroné et n'apporte aucune connaissance nouvelle [1]. » La thèse de la

1. L. Irigaray, défaisant l'ordre de l'argumentation de Freud, soutient que, malgré tout, malgré « l'activisme » qu'il soulignerait chez la femme, l'activité serait pourtant laissée pour l'essentiel à l'homme : pendant le coït ; au moment même où Freud insiste sur le caractère ponctuel de l'activité du mâle, elle fait de cette activité minimale l'Activité même. On peut résumer ainsi le « raisonnement » de L. Irigaray démenti par tout le texte :

bisexualité n'est pas là pour reconduire purement et simplement la position métaphysique qui, distinguant de façon spéculative deux sexes radicalement opposés, attribue à l'un, l'activité (au mâle), à l'autre, la passivité (à la femelle) ; se fondant sur la méthode comparative et l'observation, elle brouille au contraire toutes les oppositions et dénonce la thèse classique comme reposant sur un raisonnement analogique erroné et stérile car purement spéculatif. Avancerait-on dans la solution de l'énigme en caractérisant du point de vue psychologique la femme, non plus, certes, par la passivité (puisque l'observation l'infirme), mais par un penchant vers des buts passifs (*Bevorzugung passiver Ziele*) ? On pourrait le penser : dans ce cas la pseudo-activité de la femme serait seulement un moyen pour atteindre un *but passif*. Faut-il voir dans l'intervention de cette notion nouvelle une tentative de Freud pour « sauver », malgré tout, l'enjeu de l'opposition de l'actif et du passif comme caractéristique de celle du masculin et du féminin ? Dans ce cas Freud « compliquerait seulement » l'économie des rapports actif/passif sans rien changer à l'essentiel et tendrait, une fois de plus, à mettre l'accent sur le fait que l'homme est le procréateur, que la production/reproduction sexuelle est référable à la seule activité et que la femme est un simple réceptacle [2]. Mais pourquoi Freud voudrait-il « sauver » l'enjeu d'une opposition qu'il s'efforce précisément de déconstruire ? Pourquoi vouloir à tout prix, une fois de plus, le confondre avec Aristote (et un Aristote lui-même simplifié) en dépit de la littéralité d'un

---

ô Freud, tel que j'aimerais que tu sois pour mieux pouvoir te critiquer :

— tu supprimes aux femmes toute activité,

— tu donnes aux femmes une hyperactivité,

— de toute façon, c'est l'homme qui serait actif pour l'essentiel, selon toi.

2. Cf. *Speculum*.

texte à ce niveau sans équivoque ? Car cette notion de « tendance à but passif » n'est proposée que pour être critiquée : elle est celle de la psychologie commune qui se fonde sur le modèle anatomique ; elle n'est pas proposée comme solution. En effet, si le modèle anatomique, et celui de la vie sexuelle (*Vorbildlichkeit des Sexuallebens*) qui en est la réplique plus ou moins parfaite, donnent, à des degrés divers, aux femmes une tendance plus ou moins marquée à des comportements et à des buts passifs, ils ne sont pas seuls à intervenir : l'organisation sociale tend elle aussi à placer la femme dans des situations passives et il ne faut pas sous-estimer son influence.

Est-ce dire que Freud, tributaire de l'opposition métaphysique de la nature et de la culture, du biologique et du social, détermine doublement la femme quant à ses buts passifs ? « Nous ne voulons pas négliger (*übersehen*) le rapport particulièrement constant entre la féminité et la vie pulsionnelle. Les règles sociales et sa constitution propre contraignent la femme à la répression de son agressivité. » Il me semble plutôt que l'appel à l'organisation sociale — de façon vague et générale, certes — est là pour compliquer le schéma simple de la psychologie commune d'un déterminisme strictement biologique ; c'est pourquoi l'appel, en fin de conférence, à la « biologie » pour suppléer aux lacunes de la psychanalyse ne saurait être lu de façon simple ; c'est pourquoi aussi *Analyse terminée, analyse interminable,* qui met l'accent sur le refus de la féminité comme *fait biologique* indépassable, comme le roc que l'on trouve sous toutes les strates, n'assimile pas purement et simplement ce refus à celui de la passivité. Une note très importante à propos de l'expression d'Adler : « protestation mâle » souligne que ce terme ne doit pas porter à croire que « le refus de l'homme concerne l'attitude passive, ce qu'on pourrait *appeler l'aspect social de la fémi-*

nité (je souligne). L'observation courante montre que de pareils hommes ont souvent à l'égard de la femme un comportement masochiste et témoignent envers elle d'appartenance sexuelle. *L'homme se défend d'être passif devant l'homme, mais il admet la passivité en général* » (je souligne).

En faisant intervenir l'organisation sociale (en général) comme un des facteurs de la passivité du comportement féminin, Freud veut marquer qu'elle ne saurait être constitutive de la *nature* comme telle de la femme et suggérer que la psychologie commune qui fait de cette passivité le propre de la femme est non une science mais une idéologie déterminée par une organisation sociale qui a intérêt à faire passer l'attitude passive de la femme pour un phénomène naturel. L'appel à « l'influence de l'organisation sociale », malgré son caractère vague et général, a comme effet de mettre fin à la clarté de l'évidence commune (qui est celle de la psychologie et de toute la tradition métaphysique) et d'introduire volontairement une obscurité énigmatique : « tout cela reste encore très obscur [3]. » Pour des raisons liées à sa constitution et à cause surtout des règles sociales, la femme est donc contrainte de réprimer son agressivité, de retourner celle-ci contre elle-même, et il se forme en elle des tendances fortement masochiques : la femme n'est pas par nature dépourvue d'agressivité, elle décharge seulement celle-ci de façon originale en la retournant contre elle-même au lieu de la décharger à l'extérieur.

Aurait-on enfin trouvé la solution de l'énigme ? Le masochisme serait-il le propre de la femme comme on le dit ? *Der Masochismus ist also, wie man sagt, echt weiblich.* On le dit. Mais Freud, lui ne le dit pas, ou si

3. Ce n'est donc pas, comme le déclare L. Irigaray, le conférencier ici qui serait dépassé par le problème, qui serait incapable d'aborder le « continent noir de la féminité ».

il le dit, c'est en un tout autre sens [4]. Car l'on rencontre aussi beaucoup d'hommes masochistes, et si vous admettez que le masochisme est le propre de la femme, vous êtes contraint, alors, pour vous en sortir, de déclarer que ces hommes ont des traits de caractère féminin, ce qui est une pure pétition de principe : cela ne « contrarie » en rien Freud qu'il y ait des hommes masochistes ! c'est là, au contraire, un argument qui lui permet de repousser le masochisme comme solution de l'énigme et de brouiller, une fois de plus, les limites du masculin et du féminin. Là encore, vous ne peuvez dire qu'un homme masochiste est « féminin » seulement si vous supposez, ce qui serait précisément à démontrer, que le féminin et le passif sont identiques.

C'est pourquoi lorsque dans *Le problème économique du masochisme* il expose la nature du masochisme dit « féminin » Freud prend paradoxalement comme seul exemple le cas d'un malade du sexe masculin : en raison, dit-il, du matériel dont il dispose ; on l'a vu, on peut interpréter le choix de cet exemple comme la marque d'une priorité épistémologique permanente du modèle masculin, mais aussi comme l'indice du déplacement que Freud opère du préjugé commun qui fait du masochisme le propre de la femme. S'il garde le vieux nom « masochisme féminin », s'il déclare même que celui-ci est l'expression de l'être de la femme, en affirmant qu'il ne manque guère d'hommes masochiques, il fait s'évanouir les limites du féminin et du masculin et il introduit un tout autre concept que celui de la psychologie ordinaire : le masochisme féminin repose sur le masochisme primaire érogène, sur le plaisir que provoque la douleur, et les personnes qui sévissent sont à chaque fois

4. Ici encore, L. Irigaray attribue à Freud la conception qu'il est en train de discuter. « On le dit, et moi Freud je vous le redis », écrit-elle.

des femmes[5]. Ce dont l'homme se défend, ce n'est pas de la passivité en général, *c'est seulement d'être passif devant l'homme*. Autrement dit, ce qu'il redoute c'est la *castration par le père* : « l'homme se défend d'être passif devant l'homme, mais il admet la passivité en général. En d'autres termes, la « protestation mâle » n'est en fait que la peur de la castration[6] ».

Le refus de la féminité n'est pas celui de la passivité, mais de la castration, concept proprement psychanalytique que Freud substitue à la fameuse « passivité » de la psychologie commune et de la métaphysique. Toute la conférence *La féminité* a comme but d'introduire ce concept en lieu et place de celui, galvaudé, de passivité. Tant qu'on en reste à cette notion métaphysique, qu'on l'oppose à l'activité comme le féminin au masculin, on ne saurait avancer d'un pas. Le détour par la psychologie n'aura donc servi à rien ; on ne saurait le nier, l'énigme de la féminité (*das Rätsel der Weiblichkeit*[7]) ne saurait être résolue par la psychologie.

5. Cf. *Un enfant est battu* in *Névroses, psychoses, perversions* (P.U.F.).

6. *Analyse terminée, analyse interminable.*

7. Il n'est pas question ici comme le dit la traduction de « clef du mystère »...

5. la psychanalyse le devenir-femme de l'enfant

La bisexualité originaire

Dans cette obscurité aporétique, dans cette confusion extrême auxquelles aboutit jusqu'alors l'enquête, puisque les limites entre masculin et féminin se trouvent effacées, les critères traditionnels de l'actif et du passif rejetés, la psychanalyse apparaît comme la seule issue : d'elle viendra la « lumière », à condition de poser le problème tout autrement qu'il ne l'a été jusqu'alors. La lumière pourra se faire si nous apprenons comment *se produit la différenciation en deux sexes,* différenciation dont l'habitude nous fait oublier le caractère surprenant, celui-là même qui permet de distinguer nature animée et nature inanimée. A l'intérieur de ce problème général, Freud délimite comme objet d'étude — c'est là un sujet suffisamment compliqué — la différenciation, à partir d'une bisexualité originaire, du sexe féminin comme tel : il ne s'agit plus de décrire l'essence de la femme (*was das Weib ist*), tâche irréalisable, métaphysique, digne de la poésie, mais de chercher de façon toute positiviste, *comment* l'enfant à tendances bisexuelles *devient* une femme : *la femme* comme telle, essence éternelle, n'existe pas, elle est le produit (possible) d'une certaine constitution et d'une certaine histoire variables selon les individus. On n'est pas femme, on ne naît pas femme, on le devient. Ce qui implique qu'on puisse aussi ne jamais accomplir ce devenir, qu'on l'accomplisse à des degrés différents ; qu'il y ait donc toujours dans celles qu'on appelle « femmes », parce qu'elles possèdent des organes génitaux « féminins », plus ou moins de « masculinité » ; et qu'il y ait différents types de femmes selon qu'elles parviennent à réaliser plus ou moins parfaitement leur devenir-femme, selon les voies diverses qu'elles empruntent à partir de la bisexualité originaire : la voie de la féminité « normale », la voie de la féminité névrotique (hystérique), la voie de la surcompensation virile (celle de la femme qui n'aura jamais su accepter son « destin de femme »). Qu'il y ait ainsi trois voies possibles — au moins — implique un écart entre le psychique et l'anatomique, puisqu'à partir d'organes génitaux identiques « féminins » (porteurs d'un même produit sexuel, l'ovule), les femmes auront un comportement psychique différent, ne seront précisément pas de même « type ». Si « l'anatomie, c'est le destin » selon le mot de Napoléon repris par Freud, ce destin n'exclut pas, pour chaque femme, selon son histoire individuelle, un destin différent des pulsions. Par exemple, les « femmes » psychanalystes sont des femmes exceptionnelles, plus « viriles » que « féminines », qui ne sauraient être « concernées » par le manque de tendresse du discours de Freud pour celles qu'on appelle « femmes ». La bisexualité empêche de *décider* de façon simple à quel sexe on a affaire, elle permet comme tout indécidable de jouer sur tous les tableaux, selon les besoins de la cause. En se servant de la thèse de la bisexualité comme d'une arme à double tranchant (elle lui permet à la fois de dissoudre l'opposition métaphysique d'un masculin et d'un féminin « purs », et de continuer à maintenir le masculin dans tous ses privilèges traditionnels), Freud dans sa théorie « mime » l'hystérique dont les symptômes servent précisément de contre-épreuve à sa thèse de la bisexualité. Le symptôme hystérique, en effet, est l'expression d'un double fantasme inconscient : le malade joue simultanément — et de façon contradictoire pour une logique de la conscience — les deux rôles, masculin et féminin, simultanéité qui permet et la dissimulation et l'exhibition de ce qui est en jeu. L'hystérique se livre à une identification multiple, joue toujours un double jeu qui le rend impénétrable et imprenable. Le symptôme hystérique, bisexuel, indécidable, est particulièrement *résistant* : par exemple, une malade tient d'une main sa robe serrée contre son corps (en tant que femme), tandis que de l'autre main elle s'efforce de l'arracher (en tant qu'homme). Elle figure et dissimule dans son « attaque », de façon « plastique » et donc économique, le fantasme bisexuel inconscient, et elle en joue : « On ne s'étonnera pas alors et on ne se fourvoiera pas si un symptôme persiste sans être apparemment atténué bien que l'on ait déjà analysé l'une de ses significations sexuelles. Le symptôme se fonde alors sur la signification sexuellement opposée qui n'a peut-être pas été soupçonnée. Pendant le traitement le malade utilise ce moyen commode qui consiste pendant l'analyse de l'une des significations sexuelles à s'échapper continuellement, par ses associations, dans le domaine de la signification contraire comme s'il se garait sur une voie adjacente [1]. »

Dans la scène qu'elle (se) joue, dans cette « crise » qui a comme but d'empêcher toute *Krisis*, l'hystérique est comme le masturbateur qui tente de ressentir ce qu'éprouvent aussi bien l'homme que la femme dans la situation qu'il se représente : tous ces cas, très fréquents, confirment la constitution supposée bisexuelle de l'être

1. *Les fantasmes hystériques et la bisexualité* (1908) in *Nevroses...*

humain ; le symptôme hystérique implique le *retour* d'un *fragment* d'activité sexuelle infantile refoulé lors de l'évolution vers la féminité. Fragment d'activité typiquement masculine : plus les filles dans les années de la prépuberté montrent des penchants garçonniers, plus à la puberté elles refoulent de façon excessive leur sexualité « masculine », refoulement qui est la condititon prédisposant particulièrement à la névrose, notamment à l'hystérie. La crise hystérique réinstalle chez la femme la virilité perdue, par trop refoulée : « Dans toute une série de cas, la névrose hystérique ne correspond qu'à une empreinte excessive de cette poussée typique du refoulement qui élimine la sexualité masculine pour faire naître la femme [2]. » « On sait que la sexualité de l'enfant du sexe féminin est sous la domination d'un organe directeur masculin (le clitoris) et se comporte souvent comme celle du garçon. Une dernière poussée du développement au moment de la puberté doit faire disparaître cette sexualité masculine et ériger le vagin, dérivé du cloaque, en zone érogène dominante. Or il arrive très fréquemment dans la névrose hystérique des femmes qu'une réactivation de cette sexualité masculine ait lieu contre laquelle se dressent en une lutte défensive les pulsions conformes du moi [3]. »

L'hystérie est donc comme un accident de parcours de la « femme » dans l'évolution qui doit la mener de la bisexualité vers la féminité : accident quasi inévitable, provoqué par la dualité des zones érogènes à laquelle elle se trouve soumise et par la nécessité, à un moment donné de son évolution, de passer de l'une à l'autre : ce passage ne peut se faire sans heurt, sans désir de rester fixée à

2. *Considérations générales sur l'attaque hystérique* (1909) in *Nevroses..*

3. *La disposition à la névrose obsessionnelle* (1913) in *Nevroses...*

une zone de jouissance qui a fait ses preuves. D'où l'importance du refoulement, son caractère excessif, et l'hystérie : le retour massif de ce qui semblait aboli mais auquel on n'a jamais vraiment renoncé, la réinstallation en soi en quelque sorte de la zone érogène perdue ; l'hystérie est l'analogue névrotique de la psychose mélancolique, l'une et l'autre ont comme cause une perte, dans un cas une perte de zone érogène, dans l'autre une perte d'objet.

La crise hystérique qui à la fois exhibe et dissimule la bisexualité, notamment la virilité de la femme, est la seule manière qu'a la femme, à cause des interdits auxquels elle a succombé de façon excessive, de jouir simultanément d'une double manière. La crise révèle que l'hystérique, en fait, ne veut rien lâcher et que l'évolution vers une féminité dite normale est répressive car restrictive. Mais qui impose ici la norme ? Et la norme est-elle l'unisexualité, l'abandon complet d'une zone au profit d'une autre ? N'est-ce pas l'hystérique qui, parce qu'elle a de par trop joui de façon virile dans l'enfance, est contrainte de refouler totalement la sexualité masculine pour pouvoir jouir encore autrement ? Et qui en conséquence ne peut plus jouir de sa masculinité que de façon névrotique, dans la crise hystérique ? La norme n'est-elle pas le maintien de la double jouissance ? Et pourtant, s'il doit y avoir de la féminité, il « faut que » le passage se fasse d'une zone érogène à l'autre. Mais ce passage n'implique pas un refoulement complet de la sexualité clitoridienne — comme l'accomplit l'hystérique en puissance — mais sa simple subordination à la sexualité vaginale : il s'agit non d'abolir l'une au profit de l'autre, la bisexualité au profit de l'unisexualité, mais de renverser la hiérarchie en faveur du vagin : la féminité normale adulte reste bisexuelle, la jouissance clitoridienne masculine étant même la condition de la jouissance vaginale proprement féminine : elle sert de moyen pour exciter les parties génitales contigües, et en cela elle est comparable à un « bois d'allumage (*ein Spau Kleinholz*) qui sert à faire brûler un bois plus dur. Il se passe parfois un certain temps avant que cette transmission ait lieu pendant lequel la jeune femme n'est pas sensibilisée au plaisir. Une telle insensibilité peut s'établir de façon durable lorsque le clitoris se refuse à transmettre l'excitation, à cause principalement d'une activité excessive pendant la période infantile. (...) Quand la transmission de l'excitation érogène s'est faite du clitoris à l'orifice du vagin, un changement de zone conductrice érogène s'est opéré chez la femme dont dépendra à l'avenir la vie sexuelle, tandis que l'homme conserve la même zone depuis son enfance. Avec ce changement de zone érogène conductrice, avec la poussée du refoulement dans la période de puberté qui semble pour ainsi dire vouloir supprimer le caractère de virilité sexuelle chez la petite fille, nous trouvons les conditions qui prédisposent la femme aux névroses et particulièrement à l'hystérie. Ces conditions dépendant étroitement de l'essence de la féminité [4]. (*Wesen der Weiblichkeit*).

La norme est la bisexualité, *et* c'est elle qui est la condition de la prédisposition des femmes aux névroses. L'homme, quant à lui, est moins exposé à l'hystérie, car sa bisexualité est moins prononcée que celle des femmes, précisément parce qu'il garde depuis l'enfance la même zone érogène et qu'il n'a donc pas à résoudre le difficile problème du transfert d'une zone à l'autre. Dès lors, on peut se demander comment se manifeste la bisexualité masculine : il est vrai Freud ne s'interroge pas sur le devenir homme du petit garçon ; cela n'implique pas cependant qu'il dénie l'existence de la bisexualité masculine ni non plus qu'il admet qu'aucun interdit ne pèse sur les

4. *Les trois essais sur la théorie de la sexualité.*

tendances bisexuelles de l'homme (alors qu'affirmer la répression des désirs virils de la femme aurait comme visée de « la tenir à l'écart de toute participation à l'élaboration symbolique » [Luce Irigaray]). La bisexualité masculine est indéniable au niveau du choix d'objet ; car si l'homme conserve, en général, un seul objet libidinal — la mère — (alors que la femme devra, là encore, pour devenir ce qu'elle est, opérer un transfert de la mère au père), il peut effectuer un choix d'objet homosexuel. Or l'homosexualité, implique comme sa condition de possibilité la bisexualité dont l'homosexuel est l'image quant à son corps, et même quant à son psychisme (timidité, réserve, besoin de protection), bien qu'on ne puisse, surtout chez l'homme, établir un parallélisme entre hermaphrodisme physique et hermaphrodisme psychique, ni faire dériver celui-ci de celui-là. L'homosexualité implique la bisexualité car elle est comme un compromis entre deux tendances dont l'une porterait vers l'homme et l'autre vers la femme ; l'inverti ne poursuit pas tant, en effet, un objet appartenant au même sexe que lui, qu'un objet sexuel unissant en lui les deux sexes, à condition qu'il possédât les caractéristiques anatomiques de l'homme (appareil génital masculin). L'homosexualité comme l'hétérosexualité impliquent la bisexualité dont elles sont des limitations dans un sens déclaré ou pathologique ou normal. C'est la société, non Freud, qui décide ici de ce qui est « normal » ou non ; Freud, quant à lui, constate seulement un attachement égal, à l'origine, à des objets masculins ou féminins, de telle sorte que l'hétérosexualité, au lieu d'aller de soi, d'être naturelle et normale, est aussi problématique que l'homosexualité : « Pour la psychanalyse, le choix de l'objet, indépendant du sexe de l'objet, l'attachement égal à des objets masculins et féminins tels qu'ils se trouvent dans l'enfance de l'homme aussi bien que dans celle des peuples paraît être l'état primitif et ce n'est que par des limitations subies tantôt dans un sens, tantôt dans l'autre que cet état se développe en sexualité normale ou en inversion. C'est ainsi que pour la psychanalyse l'intérêt exclusif de l'homme pour la femme n'est pas une chose qui va de soi et se réduisant en quelque sorte à une attirance d'ordre chimique, mais bien un problème qui a besoin d'être éclairci. Ce n'est qu'après la puberté que l'attitude sexuelle prend une forme définitive et la décision qui intervient est le résultat d'une série de facteurs dûs en partie à la constitution de l'individu, en partie à des causes accidentelles (...). Dans le cas d'inversion on constate toujours la prédominance d'éléments dispositionnels archaïques et de mécanismes psychiques primitifs. *Le choix d'objet narcissique et l'importance érotique conservée à la zone anale paraissent être les caractères les plus essentiels des types d'inversions.* »

Dans ces conditions, « guérir » pour un homosexuel, ce n'est pas devenir hétérosexuel, ce serait là seulement échanger une limite pour une autre qui aurait comme seul avantage d'être reconnue comme la normalité même : guérir c'est rétablir la fonction bisexuelle complète. Le but d'une psychanalyse doit être de rétablir en tous, homme et femme, le pouvoir de jouir d'une manière double, « diaboliquement », par delà les limitations imposées par la morale sociale qui tend à imposer comme norme l'unisexualité, la frustration pour un sexe de la jouissance ressentie par l'autre : en ce sens, un hétérosexuel « pur » est aussi « malade » qu'un homosexuel, même si, pour des raisons sociales, il arrive rarement qu'un patient sur le divan demande qu'on le guérisse de son hétérosexualité. « La suppression de l'inversion génitale ou homosexuailté ne s'est jamais présentée d'après mon expérience comme quelque chose de facile. Elle ne réussit que dans des circonstances particulièrement

5. *Ibid.*, note de 1915.

favorables et même alors le succès consiste essentiellement en ce qu'on a pu, pour la personne confirmée dans l'homosexualité, dégager la voie jusqu'alors barrée menant à l'autre sexe, donc rétablir pour cette personne la fonction bisexuelle complète. Libre alors de laisser désaffectée l'autre voie bannie par la société (...). Il faut se dire que la sexualité normale, elle aussi, repose sur une restriction du choix d'objet et qu'en général transformer un homosexuel pleinement développé en un hétérosexuel est une entreprise qui n'a guère plus de chance d'aboutir que l'opération inverse, sinon que pour de bonnes raisons pratiques, cette dernière n'est jamais tentée [6]. »

La psychanalyse apprend non seulement que l'hétérosexualité ne saurait être la norme psychique (si elle est bien celle de la société), mais qu'il n'y a pas d'hétérosexualité pure. L'individu dit normal présente toujours, à côté d'une hétérosexualité avouée, manifeste, une homosexualité plus ou moins inconsciente, latente, et ceci dans une « proportion très considérable ». L'homosexualité n'est pas un troisième type « créé par la nature dans un moment d'humeur particulière », pas plus que le féminin et le masculin ne sont deux types opposés.

Trois séries de caractères déterminent l'homosexualité et jusqu'à un certain point ils varient indépendamment les uns des autres et sont susceptibles chez les différents individus de permutations diverses : les caractères sexuels somatiques (hermaphrodisme physique), les caractères sexuels psychiques (position masculine ou féminine), le mode du choix d'objet. Cette indépendance est moins nette chez la femme où les marques corporelles et psychiques du caractère sexuel opposé coïncident plus régulièrement [7]

6. *Sur la psychogenèse d'un cas d'homosexualité féminine.* in *Nevroses...*

7. *Ibid.*

Cette indépendance implique qu'il faut tenir compte d'une disposition bisexuelle mais qu'on n'en connaît pas le substratum anatomique bien que ce substratum semble plus important chez la femme que chez l'homme, considérée aussi dans toute la tradition comme plus « naturelle » que l'homme, plus dépendante de son corps. Toutefois, ce qui importe ici, c'est l'affirmation de l'indépendance des caractères : « La bisexualité dans la forme la plus rudimentaire a été définie un cerveau de femme dans un corps d'homme. Vouloir transporter le problème du domaine psychique au domaine anatomique est aussi oiseux qu'injustifié. » Elle permet à Freud de donner à la bisexualité un caractère proprement psychanalytique, d'en faire sa « chose », de revendiquer la paternité de la notion ainsi réévaluée — tout en reconnaissant, en un geste qui lui est coutumier, qu'elle n'a pas été inventée par lui : de façon insistante dans *Les trois essais,* les notes s'ajoutent aux notes pour tenter d'indiquer le véritable « inventeur » de cette notion, pour permettre à Freud de payer une dette à son égard au moment même où il est en train de le dépouiller. Il faut lire en son entier la note 12 insérée par Freud alors qu'il vient de renvoyer à la disposition bisexuelle pour expliquer l'inversion : « Le premier auteur qui, pour expliquer l'inversion, ait fait état de la bisexualité serait (d'après une note contenue dans le sixième volume du *Jahrbuch für sexuelle Zwischenstufen*) E. Cley, et cela dans un article intitulé *Les aberrations de l'instinct sexuel,* paru dans *La revue philosophique* du mois de janvier 1884. Il est d'ailleurs intéressant de constater que la plupart des auteurs qui ramènent l'inversion à la bisexualité insistent sur le rôle joué par la bisexualité non seulement chez les invertis, mais aussi chez ceux qui sont devenus normaux, et considèrent donc l'inversion comme le résultat d'un trouble dans le développement. C'est ainsi que Chevalier (*Inversion sexuelle,* 1893) et Krafft-Ebing (*Zur Erklärung der*

Konträren Sexuallempfindung, Jahrbücher für sexuelle Zwischenstufen, t. II, 1900) prétend que " dans tout être humain il y a des éléments masculins et féminins qui sont développés en raison inverse du sexe de l'individu lorsqu'il s'agit d'hétérosexuels... " (Voir aussi M. Hirschfeld : *Die objektive Diagnose der Homosexualität, Jahrbuch für sexuelle Zwischenstufen,* t. I, 1899, p. 8 et sq.). G. Herman (*Genesis ,das Gesetz der Zeugung,* t. IX, *Libido und Mania,* 1903) affirme que " chaque femme a en elle des germes et des caractères masculins, et inversement, chaque homme des germes et des caractères féminins ".

En 1906, W. Fliess (*Der Ablauf des Lebens*) a revendiqué la paternité de l'idée de bisexualité en tant qu'applicable à tous les individus (*ajouté en 1910*). Parmi les non-spécialistes, on considère que la notion de bisexualité humaine a été établie par O. Weininger, philosophe mort jeune qui a écrit un livre assez irréfléchi sur la base de cette idée (*Geschlecht und Charakter,* 1903). Ce qui précède prouve assez qu'une telle attribution n'est pas fondée (*ajouté en 1924*). »

Dans la note initiale, il accumule les noms des « prétendants » comme pour confirmer ses propres découvertes et s'abriter derrière une multitude de savants, même si, à y regarder de près, ils ne soutiennent pas exactement la même chose que lui, soit qu'ils ne distinguent pas bisexualité physique et psychique, soit qu'ils n'introduisent aucune différence de traitement entre la bisexualité de l'homme et celle de la femme. Il est remarquable et symptomatique qu'il n'ait cité ni Fliess (puisqu'il le fait seulement en 1910), ni Weininger (seulement en 1924) ; ces références tardives, ajoutées comme sous l'effet de quelque culpabilité, révèlent que c'est peut-être bien Fliess le père, qu'il s'agit de dépouiller, et Weininger, ce spéculatif, ce fou qui s'est suicidé, dont il s'agit surtout de se distinguer : peu importe l'inventeur de l'idée, l'essentiel c'est d'en faire un usage qui ne soit pas *irréfléchi,* d'en faire vraiment quelque chose — sa chose.

De s'en servir, par exemple, comme arme de défense contre les accusations de « folie spéculative » que portent contre lui les femmes, de s'en servir pour ou contre les femmes, d'expliquer à partir d'elle les destins divers des pulsions, les difficultés qu'éprouvent les femmes à devenir femmes, et, en dernière analyse, le refus par toute vie de la féminité.

Le développement de la sexualité
Différence entre fille et garçon

Il s'agit donc d'étudier comment à partir d'une bisexualité originaire s'accomplit le devenir femme de la fillette. Cette évolution de la petite fille vers la normalité est « plus pénible et plus compliquée » que celle du petit garçon, car elle comprend deux tâches supplémentaires dont on ne saurait trouver l'équivalent chez le garçon. La tâche de la fille est d'autant plus pénible que tout n'est pas joué au départ du fait de sa constitution anatomique, car « la constitution ne se plie pas sans résistance à la fonction » et que pourtant tout sera joué avant la puberté de manière décisive.

Si on établit un parallèle entre la fille et le garçon, on n'a pas besoin de la psychanalyse pour s'apercevoir dès le début des *différences* : différence anatomique dans la conformation des organes génitaux et autres signes corporels distinctifs ; différence psychique dans la disposition pulsionnelle qui laissent deviner ce que sera plus tard l'être féminin (*Wesen des Weibes*) : la petite fille est en général moins agressive, moins opiniâtre, moins autosuffisante (*selbstgenügsam*) ; elle semble avoir davantage besoin de tendresse, ce qui la rend plus dépendante et plus soumise. Il y a donc dans la fille du *moins* et du *plus :* du moins dans l'affirmation sadique et narcissique ; du plus dans la demande d'amour et dans l'obéissance. Ce plus est lui-même le simple envers du moins et il est le corollaire des déficiences de la fille : à ce niveau tous ses avantages bien interprétés trahissent seulement ses « inconvénients » : si elle acquiert plus vite la maîtrise de ses fonctions excrémentielles, c'est là seulement, de façon très vraisemblable, une simple conséquence de sa soumission ; si elle remporte plus vite la victoire sur ses pulsions infantiles, c'est pour garder l'amour de sa mère en lui faisant don de son urine et de ces fèces, ces tout premiers cadeaux. De plus, on a l'impression qu'à l'âge égal la petite fille est plus intelligente, plus vive, mieux disposée à l'égard du monde extérieur, et qu'elle subit en même temps des investissements objectaux plus forts.

Pour établir toutes ces différences, on n'a certes pas besoin de la psychanalyse. C'est pourquoi Freud se demande si elles reposent véritablement sur des observations très sérieuses. Après les avoir évoquées et les avoir classées en un ordre qui implique pourtant la théorie psychanalytique (la distinction par exemple de différences qui révèlent du sadico-anal et de celles qui renvoient au narcissisme), Freud efface toutes ces différences et les déclare négligeables eu égard au but poursuivi : « Les différences sexuelles ne sont pas ici très importantes, elles peuvent être effacées par des variations individuelles et nous sommes en droit de les négliger en ce qui concerne le but immédiat que nous poursuivons. » But immédiat qui est de souligner au contraire la quasi identité initiale de la fille et du garçon. Pourtant Freud sauve et garde une différence, la seule, celle de la précocité intellectuelle de la fille : « Il reste en tout cas bien établi que la petite fille ne peut, du point de vue intellectuel, être considérée comme en retard. » (*Rückständig* traduit me semble-t-il à tort par *arriérée,* traduction exploitée par L. Irigaray.) Pourquoi, alors qu'il gomme toute différence, souligne-t-il le caractère irrécusable de la précocité intellectuelle de la fillette ? Ce n'est certes pas parce qu'il serait « gêné » par cette précocité accessoire (gêne qui, selon L. Irigaray, lui ferait effacer toute différence plutôt que de donner une quelconque supériorité à la fillette). Au contraire lui importe d'insister sur cette supériorité initiale de la fillette pour mieux l'ôter ultérieurement à la femme. Pour montrer que l'infériorité intellectuelle de la femme n'est pas, comme l'affirment les philosophes, indélébile, parce que naturelle et originelle, mais qu'elle est une conséquence de développement sexuel de la fillette, de la répression plus ou moins forte de sa curiosité sexuelle à cause des interdits parentaux (sociaux) qui frappent davantage la fille que le garçon ; qu'elle est une conséquence aussi de la différence de destin du complexe d'Œdipe chez les deux sexes, et donc de la différence de leur surmoi et de leurs capacités respectives à sublimer.

Parce que c'est bien la question de l'infériorité intellectuelle de la femme qui dresse les féministes contre lui, il importait aussi, pour des raisons stratégiques, de commencer par sauvegarder l'intelligence de la fillette : moi, Freud, je ne spécule pas, je me plie toujours à l'observation et dans le cas de la fillette, elle montre de façon incontestable sa supériorité intellectuelle. Toutes les autres observations sont sujettes à caution et les autres différences peuvent être négligées au profit d'une similitude sexuelle plus importante : « les deux sexes semblent traverser de la même manière les premiers stades de la libido ».

L'IDENTITÉ DES DEUX SEXES AUX PREMIERS STADES DE LA LIBIDO

De la phase orale, il ne sera pas question, comme si, pour ce stade, allait de soi l'identité de comportement de la fille et du garçon. Par contre, le *stade sadico-anal* offre des surprises : surprises par rapport aux pseudo-observations communes évoquées précédemment qui présentaient la fille comme moins agressive que le garçon ; contre l'observation commune, Freud en appelle à l'observation psychanalytique, notamment à celle des analystes femmes non suspectes de partialité et de préjugés « masculins » : en faisant appel aux jeux d'enfants, elles ont pu montrer que les impulsions agressives de la fille ne laissent rien à désirer quant à leur importance et à leur violence ; dans ce domaine, elle n'a vraiment rien à envier au garçon (*nichts zu wünschen übrig lassen*). Si vous voulez établir un concours entre fille et garçon, ô parents qui comparez si volontiers le développement respectif de vos enfants, instaurant ainsi très tôt une guerre, une rivalité entre les deux sexes, alors contre votre attente, à vous, qui êtes emplis de préjugés et projetez la femme future dans l'enfant, vous serez forcés de reconnaître que la fille ne se laisse pas « dépasser » par le garçon ; elle n'est, de ce point de vue, aucunement en retard (*Zurückbleiben der Agression*). La moindre agressivité de la femme n'est pas un fait de nature lié à une quelconque essence féminine, elle est le produit de tout un développement, de toute une éducation : il y a un devenir passif et non agressif de la femme qui est le corollaire nécessaire de son devenir-femme.

Quant au *stade phallique,* dès le début, les similitudes l'emportent sur les différences : vous ne sauriez ici penser la petite fille comme différente du petit garçon, car « la petite fille est alors un petit homme » (*das kleine Mädchen sei ein kleiner Mann*) : c'est bien parce qu'elle est d'abord un petit homme qu'elle rencontre dans son évolution un problème absent chez l'homme toujours déjà homme. Comment à partir, non tant d'une *bisexualité originaire,* mais d'une quasi masculinité originaire, comment devenir femme ? Et pourquoi avoir à le devenir si, comme l'affirme *Analyse terminée, analyse interminable*, la vie a horreur de la féminité et qu'il y a chez les « deux » sexes refus de la féminité ? Si l'affirmation d'une bisexualité originaire est la condition pour qu'il y ait possibilité, à partir de la masculinité du stade phallique, de passer à un stade qui serait « proprement » féminin, l'affirmation d'une quasi identité des deux sexes aux trois premiers stades rend purement théorique l'affirmation de cette bisexualité. Celle-ci permet certes d'effacer l'opposition métaphysique du féminin et du masculin, mais cet effacement se fait au profit de la domination d'un seul sexe, le sexe mâle, qui n'a jamais, quant à lui, à surmonter une quelconque féminité originaire. En dépit de l'affirmation principale d'une bisexualité originaire commune aux deux sexes, de fait prédomine un seul sexe, le sexe mâle : *le pénis est toujours déjà la zone érogène directrice* — pour les deux sexes. Et ceci Freud l'affirme d'autant plus que par ailleurs il découvre l'altérité radicale de la petite fille, la civilisation minœmycénienne derrière la civilisation grecque : comme si clamer bien fort le primat du phallus *devait* recouvrir et en définitive abolir le caractère surprenant, effrayant et fascinant de la sexualité féminine dans sa différence.

Les transformations qu'on peut lire d'un texte à l'autre sont, à cet égard, symptomatiques. *Les trois essais sur la théorie de la sexualité* (en 1905) affirment qu'il y a aux premiers stades une sexualité perverse polymorphe : les pulsions partielles s'affirment indépendamment les unes des autres jusqu'au stade génital où elles sont alors subordonnées au primat de la zone génitale. Les textes ultérieurs, notamment à partir de 1923 avec *L'organisation génitale infantile,* introduisent un stade supplémentaire, le stade phallique qui implique, avant même le stade génital à proprement parler, le primat du phallus : stade supplémentaire — ajouté pour les besoins de la cause (celle des hommes) — qui force alors Freud, qui ne craint pas de se contredire, à remanier *Les trois essais,* à ajouter en bas de page des notes qui indiquent les modifications nouvelles, mais non pas les raisons (il invoque seulement, de façon vague, le progrès de la connaissance) de tous ces suppléments : et parce que l'ajout de ce stade supplémentaire ne reçoit comme tel aucune explication, vient bien, par dessus le marché, pour renforcer un pouvoir qui risquait de s'écrouler avec la découverte du « tout autre » de la sexualité féminine, Freud, citant Abraham, en appelle, de façon très suspecte comme à l'ordinaire, au biologique, son dernier recours : « la différence entre les organisations prégénitales et l'état définitif se réduit au fait que la synthèse des pulsions partielles n'est pas réalisée chez l'enfant ni leur soumission complète au primat des organes génitaux. L'installation de ce primat ne s'effectue que lors de la dernière phase du développement sexuel » (1905, *Les trois essais*). « Les lecteurs de mes *Trois essais sur la théorie de la sexualité* (1905) savent bien que dans les éditions ultérieures de cet écrit je n'ai jamais entrepris de le remanier, mais que j'ai conservé l'ordonnance première et tenu compte des progrès de notre connaissance en intercalant des passages et en modifiant le texte. Dans un tel travail, il se peut que souvent l'ancien et le nouveau ne se soient pas bien laissés fusionner dans une unité exempte de contradictions. Au début, en effet, l'accent portait sur la différence fondamentale entre la vie sexuelle des enfants et celle des adultes ; plus tard, ce qui vint au premier plan, ce furent les *organisations prégénitales* de la libido (...). Finalement, c'est l'*investigation sexuelle* infantile qui retint notre intérêt, et à partir d'elle on a pu reconnaître à quel point l'*issue de la sexualité infantile* (...) *se rapproche* de la forme achevée de la sexualité chez l'adulte (...) ; je ne serai plus satisfait actuellement de la proposition selon laquelle le primat des organes génitaux ne s'effectuerait dans la première enfance que d'une façon très imparfaite ou pas du tout. La vie sexuelle de l'enfant se rapproche de celle de l'adulte dans une bien plus grande mesure, et cela ne concerne pas seulement la survenue d'un choix d'objet. Même si on ne parvient pas à une véritable synthèse des pulsions partielles sous le primat des organes génitaux (...), l'intérêt pour les organes génitaux et l'activité génitale acquiert cependant une importance dominante qui ne le cède que peu à peu à celle de la maturité. Le caractère principal de cette *organisation génitale infantile* est *ce qui la* différencie de l'organisation définitive de l'adulte. Il réside en ceci que, pour les deux sexes, *un seul organe génital,* le mâle, joue un rôle. Il n'existe donc pas un primat génital, mais un primat du *phallus.* » (1923, *L'organisation génitale infantile.*)

Et dans une note aux *Trois essais* de 1924 : « J'ai plus tard (1923) modifié cette présentation (*Darstellung*) en introduisant dans le développement de l'enfant une troisième phase qui se situe après les deux organisations prégénitales. Dans cette phase qui mérite déjà d'être nommée génitale, on trouve un objet sexuel et une certaine convergence des tendances sexuelles sur cet objet. Mais il existe une différence essentielle entre elle et l'organisation définitive à l'époque de la maturité sexuelle : cette phase ne connaît qu'une seule sorte d'organe génital, l'organe masculin. C'est pour cette raison que je l'ai nommée stade d'organisation phallique (*L'organisation génitale infantile,* 1923). D'après Abraham, elle trouve son prototype (*Vorbild*) biologique dans le caractère indifférencié entre les deux sexes de l'appareil génital chez l'embryon. »

Plus il découvre la différence, abandonne un parallèlisme et une symétrie stricts entre la fille et le garçon, plus il resserre l' « identité » initiale et clame le primat du phallus. De telle sorte qu'affirmer l'identité (la symétrie) ou la différence revient toujours au *même,* et au privilège du modèle masculin qui continue à s'imposer à Freud au moment même où, après la découverte révolutionnaire du tout autre, il aurait dû opérer une révolution méthodologique. Aussi, à partir des années 1920-1923, ne cesse-t-il et d'afficher la différence, l'abandon du parallélisme strict et de la symétrie, et pourtant de continuer à faire « profiter » l'exposé, la *Darstellung* de la sexualité féminine de longs développements sur la sexualité masculine qui reste le référent et la mesure de ce qui est déclaré sans commune mesure.

Ainsi dans *Quelques conséquences psychologiques de la différence anatomique entre les sexes* (1925), après avoir rappelé ses « erreurs » passées : « lorsque nous avons étudié les premières configurations psychiques que prend la vie sexuelle chez l'enfant, nous avons toujours pris pour objet l'enfant du sexe masculin, le petit garçon. Nous pensions qu'il doit en aller de même pour les petites filles, quoique, d'une certaine manière, différemment. On ne pouvait alors clairement constater où se révèle cette différence », il commence par l'exposé du complexe d'Œdipe chez le petit garçon pendant quelques pages avant d'aborder celui de la petite fille « qui recèle un problème de plus », certes, mais qui reste référé au modèle masculin.

De même, dans *La sexualité féminine* (1931), après avoir déclaré qu'il s'agissait désormais d'abandonner l'idée d'un parallélisme étroit entre le développement sexuel féminin et le développement masculin, il ajoute : « La comparaison continuelle avec les faits masculins ne peut que profiter à notre exposé. » Si, au stade phallique, la petite fille est un petit homme, il devient alors effectivement « profitable » de commencer l'exposé de sa sexualité par celle du petit garçon.

Le petit garçon donc, à ce stade, se procure de voluptueuses sensations grâce à son petit pénis, et cet état d'érection s'accompagne de représentations des rapports sexuels. Des textes antérieurs n'associent pas l'activité masturbatoire infantile à un fantasme de scène primitive. *Quelques conséquences psychologiques de la différence anatomique entre les sexes* (1925) affirme que c'est pendant le plaisir de la succion que l'enfant découvre la zone génitale comme source de plaisir : « La zone génitale est découverte d'une façon ou d'une autre et il ne semble pas justifié d'attribuer aux premières activités qui sont en rapport avec elle un « contenu psychique ». De même, au stade phallique, l'onanisme ne serait pas rattaché aux investissements d'objet du complexe d'Œdipe.

Pourquoi souligner ici qu'il y a accompagnement de représentations de rapports sexuels ? Est-ce pour gommer qu'il puisse y avoir un simple plaisir d'organe antérieur au stade phallique ? Est-ce pour rattacher plus étroitement la jouissance masturbatoire au complexe d'Œdipe qui a lieu à la phase phallique [8] et donc à la menace de castration ? Cet « ajout » me semble, en fait, tenir toute son importance par rapport à la jouissance masturbatoire de la fillette : si celle-ci a lieu seulement pendant la phase phallique, la fillette ne saurait avoir d'autre expérience de la jouissance que celle « impropre », de type « masculin » ; la comparaison avec le petit garçon vise, en effet, ici à assimiler totalement la jouissance de la fille à celle du garçon, à montrer que les deux sexes ignorent alors tout du sexe « féminin », ignorent l'existence du vagin, « proprement féminin », qui n'a pas encore été « découvert ». Ce qu'il s'agit de démontrer — et c'est là une véritable pétition de principe — c'est qu'au stade phallique, parce que l'on est à ce stade, il ne saurait y avoir qu'un seul type de jouissance, phallique, même s'il y a des sensations anales ou vestibulaires ; et de toutes façons, à supposer qu'elles existent, parce qu'il s'agit du stade phallique, Freud n'en donne aucune autre justifica-

8. Cf. *La disparition du Complexe d'Œdipe* (1923).

tion, elles ne sauraient jouer un grand rôle : vous devez l'admettre, bien vous mettre cela dans la tête que durant la phase phallique, c'est bien le clitoris qui constitue la zone érogène prépondérante ». Or, qu'est-ce que le *clitoris ?* l'*équivalent du pénis* (*Penisäquivalent*) : la fille *comme* le garçon se masturbe, elle tire une jouissance de son clitoris comme celui-ci de son petit pénis. Le clitoris est un tout petit pénis, encore plus petit que le petit pénis du garçon, qui est bien plus petit que celui, paradigmatique, du père (ou de la mère).

Du pénis paternel, paradigmatique, le clitoris de la fillette se trouve éloigné de trois degrés : il est, en langage platonicien, au niveau le plus bas, celui du *simulacre* : c'est la « taille » du pénis qui sert de critère pour établir la hiérarchie ; parce que la fille a un tout petit pénis, elle est à ce stade simplement un tout petit homme, un moindre homme ; mais c'était ce qui était toujours déjà postulé. En tant que simulacre, le clitoris n'est pas un simple *équivalent* du pénis, ce qui impliquerait seulement une identité de fonction de deux organes, tous deux procurant un même type de jouissance masturbatoire, parce que sur le plan anatomique, *homologues* l'un de l'autre : « Chez la fille la zone érogène conductrice est localisée au clitoris qui est l'homologue de la zone génitale mâle située dans le gland [9]. » « L'anatomie apprend que le clitoris était l'homologue du pénis et la physiologie que le petit pénis se comporte dans l'enfance de la femme comme un véritable pénis [10]. » Parler d'*équivalence* ou d'homologie, c'est établir un simple parallèle entre les deux organes. C'est affirmer que malgré les différences quantitatives, la *qualité* est la même, a la même valeur ; même valeur — en dépit de la taille — de la jouissance ressentie. En ce sens le cli-

9. *Les trois essais sur la théorie de la sexualité.*
10. *Les théories sexuelles infantiles* (1908).

toris n'est pas un *Ersatz* du pénis, il donne à la fille une jouissance de même type, de type masculin. L'activité masturbatoire, qui renseigne la fille sur ce qu'est la jouissance masculine, est fondamentalement une activité mâle : elle provoque elle aussi des « érections » : « l'activité auto-érotique des zones érogènes est la même pour les deux sexes et ceci empêche que dès l'âge infantile la différence sexuelle soit aussi manifeste qu'après la puberté. Si on prend en considération les manifestations auto-érotiques et masturbatoires, on peut émettre la thèse que la sexualité des petites filles a un caractère purement mâle (...). Dans la masturbation, on peut noter l'importance du clitoris à l'exclusion des autres parties génitales externes dont le rôle décisif dans la vie sexuelle n'apparaîtra que plus tard. Les manifestations sexuelles spontanées se donnent sous forme de contractions spasmodiques du clitoris et les érections si fréquentes de cet organe suffisent à le renseigner sur les manifestations sexuelles de l'autre sexe[11]. »

« L'excitabilité du clitoris confère à l'activité de la petite fille un caractère masculin[12]. »

En tant qu'homologue et qu'équivalent du pénis, le clitoris ne diffère de celui-ci que d'une simple différence graduelle, quantitative. Et pourtant, il semble bien que cette équivalence ne soit pas vraiment équivalente, que la différence quantitative entraîne aussi une différence qualitative puisque la simple perception par la petite fille d'un pénis plus grand que le sien, celui du frère par exemple, entraînerait de sa part une envie immédiate irrésistible, insurmontable et définitive : la fille ne perçoit pas du tout le pénis comme *équivalent* du clitoris, mais comme *réplique*, et une réplique supérieure, de son propre petit organe qui se trouve par là même transformé par

11. *Les trois essais sur la théorie de la sexualité.*
12. *Les théories sexuelles infantiles.*

elle et rabaissé au niveau d'un simple *simulacre* : « Elle remarque le grand pénis bien visible d'un frère ou d'un camarade de jeu, le reconnaît tout de suite comme la réplique supérieure (*überlegenes Gegenstück*) de son propre petit organe caché et dès lors elle est victime de l'envie du pénis [13]. »

La valeur ou la non-valeur que la fille accorde à son propre sexe peut-elle venir d'une simple différence de « taille » ? Ne faut-il pas que toujours déjà la fille — pour de multiples raisons — se soit sentie « inférieure » pour s'emparer ainsi, comme d'un prétexte, d'une différence de taille, pour se mettre à « envier » si brutalement et si définitivement le petit garçon ?

De plus, qui établit ici entre fille et garçon, entre clitoris et pénis, une simple différence quantitative ? L'enfant ? La science ? Freud ?

Certains textes, en effet, attribuent aux théories sexuelles infantiles la croyance en l'identité des deux sexes et l'assimilation du clitoris à un petit pénis : c'est, notamment, le préjugé du petit garçon, sa valorisation du seul pénis et son angoisse de castration qui le contraindraient à une sorte de fétichisme spontané lui faisant octroyer à la fille un petit pénis là où il perçoit seulement une absence de pénis : « La première de ces théories est liée au fait que sont négligées les différences entre les sexes, négligence (...) caractéristique de l'enfant. Cette théorie consiste à *attribuer à tous les humains y compris les êtres féminins un pénis,* comme celui que le petit garçon connaît à partir de son propre corps. Précisément dans cette constitution sexuelle que nous devons bien considérer comme « normale », le pénis, déjà pour l'enfant, est la zone érogène directrice, l'objet sexuel auto-érotique primordial et la valeur qu'il lui ac-

13. *Quelques conséquences psychologiques de la différence anatomique entre les sexes.*

corde trouve son reflet logique dans l'incapacité où il est de se représenter une personne semblable au moi sans cet élément essentiel. Quand le petit garçon voit les parties génitales d'une petite sœur, ses propos montrent que son préjugé est déjà assez fort pour faire violence à la perception ; au lieu de constater le manque de membre, il dit régulièrement en guise de consolation et de conciliation : c'est qu'il est encore petit, mais quand elle sera plus grande, il grandira bien [14]. »

Ce sont donc les préjugés de l'enfance érigés en « théories sexuelles » infantiles qui, de façon fétichiste, dotent les filles d'un petit pénis. Mais ces préjugés sont tenaces : on les retrouve dans les *rêves* de l'adulte qui représentent la femme au pénis ; *l'art antique* a fixé ces préjugés en les « reproduisant » dans ses nombreuses hermaphrodites ; et si l'hermaphrodisme naturel provoque une certaine aversion, son imitation par l'art ne choque aucunement : fonction apotropaïque du double qui permet de supporter ce qui, naturellement, procure dégoût et horreur. Bien plus, la *science* donne « raison » aux préjugés infantiles puisque « l'anatomie a reconnu que le clitoris à l'intérieur de la vulve était l'organe homologue du pénis et la physiologie des processus sexuels a pu ajouter que le petit pénis, qui ne grandit pas, se comporte bel et bien dans l'enfance de la femme comme un véritable pénis. » Et Freud alors d'en conclure : « Tout cela est loin de donner tort à la théorie sexuelle infantile qui veut que la femme détienne un pénis comme l'homme. » On peut dire que la théorie psychanalytique elle-même entérine à sa manière, en l'élaborant et en la rectifiant, la théorie sexuelle infantile qui, comme le fantasme et le délire, comporterait toujours, de façon géniale, par delà sa « fausseté », un frag-

14. *Les théories sexuelles infantiles.*

ment de « pure vérité » : « Ces fausses théories sexuelles (...) ont toutes une propriété très remarquable. Bien qu'elles se fourvoient de façon grotesque, chacune d'elles contient pourtant un fragment de pure vérité ; elles sont sous ce rapport analogues aux solutions qualifiées de « géniales » que tentent de donner les adultes aux problèmes que pose le monde et qui dépassent l'entendement humain. Ce qu'il y a en elles de correct et de pertinent s'explique par le fait qu'elles trouvent leur origine dans les composantes de la pulsion sexuelle qui sont déjà à l'œuvre dans l'organisme de l'enfant ; ce n'est pas l'arbitraire d'une décision psychique ou le hasard des impressions qui ont fait naître de telles hypothèses, mais les nécessités de la constitution psychosexuelle, et c'est pourquoi nous pouvons parler de théories sexuelles infantiles typiques. »

Entre les préjugés géniaux de l'enfant qui donnent naissance aux théories sexuelles infantiles et la théorie sexuelle psychanalytique, il y aurait la même différence qu'entre l'artiste qui anticipe de façon géniale les vérités psychanalytiques balbutiées de façon infantile, et la psychanalyse qui « articule » de façon adulte et scientifique ces mêmes vérités.

C'est pourquoi Freud peut affirmer *et* que l'attribution aux deux sexes d'une sexualité identique repose sur une ignorance infantile, celle de l'existence du vagin, *et* en même temps, faire sienne cette « théorie » confirmée par la science, puisqu'il « invente » l'existence d'un stade, le stade phallique, où il y aurait de fait, un seul sexe, le pénis (plus ou moins grand), où il y aurait bel et bien un seul type de jouissance, la masculine. C'est pourquoi aussi il y a dans les textes de Freud un glissement permanent de ce que « s'imaginent » les enfants — à partir par exemple de leur angoisse de castration — au pur et simple fait. Par exemple, après avoir montré comment le petit garçon, quand il aperçoit les organes génitaux de la petite fille pour la première fois, commence d'abord par ne rien voir, puis comment plus tard, sous l'effet de la menace de la castration, s'imagine ce « rien » comme résultat d'une castration et dénie celle-ci en octroyant à la fille un petit pénis, Freud passe de ces « théories » forgées pour se défendre contre l'angoisse, à leur vérité, à l'affirmation d'une « réalité » de la castration de la fille, et montre comment la petite fille, par exemple, très souvent « refuse d'accepter le *fait* de sa castration » (*die Tatsache ihrer Kastration*) [15].

LA PUBERTÉ - LES DEUX TACHES SUPPLÉMENTAIRES DE LA FILLE

Le renversement hiérarchique

Parce que le primat du phallus ne serait donc pas une simple théorie/fiction infantile, parce que le clitoris serait bel et bien une zone érogène *masculine* et, en tant que telle, directrice, l'on comprend que la première des deux tâches que la femme doit accomplir au cours de son développement (tâche que l'homme, plus chanceux, n'a pas à accomplir, lui dont la sexualité se développe de façon simple, linéaire, logique du début à la fin), c'est d'avoir à surmonter sa masculinité initiale, d'avoir à l' « évacuer », à la « refouler » pour faire advenir, laisser apparaître la femme, pour passer d'une zone érogène masculine à une zone érogène qui lui est propre, la zone érogène vaginale : « A mesure que se forme la féminité, le clitoris doit céder tout ou partie de sa sensibilité, et par là de son importance, au vagin. » Il faut, au moment de la puberté, que la fille qui a été jusque-là un

15. *Quelques conséquences psychologiques de la différence anatomique entre les sexes.* Je souligne.

petit homme, opère, pour devenir femme, un renversement hiérarchique en faveur du vagin. Et ceci au moyen du *refoulement*. Selon le degré du refoulement, le développement vers la féminité sera ou « normal » ou névrotique. Et parce que « refouler » n'est pas abolir, rien ne sera jamais joué définitivement ; la sexualité « masculine » de la femme peut faire retour de multiples manières : dans les rêves, dans les symptômes hystériques, dans l'idéal masculin de la femme ; enfin il est toujours possible, même si cela ne relève pas d'un choix libre, mais d'un destin des pulsions, de refuser de « refouler », de passer d'une zone à l'autre, et donc d'adopter une conduite de surcompensation virile ou de devenir homosexuelle : la femme ne se plie que très difficilement à l'abandon d'une zone érogène qui a fait ses preuves. Et même à sa simple subordination : les conditions qui prédisposent les femmes aux névroses, particulièrement à l'hystérie, dépendent étroitement de cette nécessité qu'à la femme, pour devenir telle, pour réaliser son « essence », d'effectuer au cours de l'évolution un renversement hiérarchique. C'est à cause de ce nécessaire mauvais passage que « chez beaucoup de femmes la fonction sexuelle est atrophiée, soit que l'excitabilité du clitoris soit maintenue obstinément, soit que le refoulement aille trop loin ».

C'est cette rupture par le refoulement d'une évolution qui ne saurait donc être aussi linéaire ni logique que celle de l'homme qui est une des causes des illusions de la métaphysique, de sa croyance en une essence féminine ou masculine pure. C'est parce qu'elle a méconnu la sexualité infantile — activité auto-érotique identique chez les deux sexes — qu'elle a méconnu la « virilité » de la fille et la bisexualité de la femme. Le refoulement

16. *Les théories sexuelles infantiles.*

de la virilité au moment de la puberté est la cause et de l'hystérie future de la femme et de la fiction métaphysique de deux essences immuables et opposées, par *oubli et occultation de la génèse* du devenir femme de la femme. C'est cet « oubli » de la génèse, conséquence du refoulement de la « virilité » au moment de la puberté, qui fait croire aussi, à tort, que *par nature* la fille se masturbe moins que le garçon : de fait, la masturbation de la fille a simplement été *refoulée* au moment de la poussée du refoulement qui écarte une bonne part de la sexualité masculine. Car « la masturbation du clitoris est une activité masculine et l'élimination de la sexualité clitoridienne est une condition du développement de la féminité [17] ». Là encore, le refoulement n'est pas toujours réussi : la petite fille et la femme plus tard peuvent être obsédées par l'onanisme et tout faire pour tenter de s'en libérer. L'échec du refoulement sert de contre-épreuve à la démonstration de l'existence d'une masturbation « féminine » infantile au moins aussi importante que celle du garçon, et ceci parce que la fille est d'abord un petit homme. Dénier la masturbation « féminine » va de pair avec la dénégation de sa virilité, de sa bisexualité.

Le changement d'objet

Dans cette genèse de la femme qui ne va donc pas sans heurts et sans crise, la fille trouve sur son « chemin » une deuxième tâche : elle n'est pas seulement contrainte de changer de zone érogène, elle doit (*soll*) aussi changer d'objet : l'obéissance à ce double impératif est la condition nécessaire pour devenir femme. Il ne s'agit pas ici d'exposés normatifs imposés par Freud : il

17. *Quelques conséquences psychologiques de la différence anatomique entre les sexes.*

s'agit d'impératifs hypothétiques subordonnés à une nécessité socio-biologique pour la fille/garçon de devenir femme (nécessité sociale, puisque pour les commodités de l'action la société refoule la bisexualité au profit de l'unisexualité ; nécessité biologique, puisque seul le refoulement de la virilité de la femme, la reconnaissance de la prédominance du vagin, permet la perpétuation de l'espèce).

Pour évoluer de la phase virile vers la phase féminine à laquelle elle est destinée du fait même de sa possession d'organes génitaux dits féminins, la fille se heurte donc à une deuxième difficulté, elle doit accomplir un deuxième devoir (*Aufgabe*) : opérer un *transfert,* passer de l'amour pour la mère à l'amour pour le père.

Tâche dont se trouve dispensé, une fois de plus, le garçon, ce privilégié de la Nature ; pour lui, c'est simple : la mère est le premier objet d'amour, il y reste fixé pendant la formation du complexe d'Œdipe, et au fond toute sa vie, la femme qu'il choisira plus tard sera encore à l'image de la mère, de telle sorte que le devenir-femme de la femme devra être aussi un devenir-mère de son époux. La sexualité de l'homme se développe selon un cours paisible, sans rupture, sans crise, de par sa fixation à l'objet d'amour initial : la mère. Quant à la fille, si l'on se réfère à ce qui se passe pour le garçon, on peut conjecturer que son premier objet d'amour est aussi la mère, ou ses substituts (*Auch für Mädchen muss die Mutter* (...) *das erste Objekt sein*). La traduction française omet de traduire *muss,* supprime donc le caractère conjecturel de l'affirmation concernant la sexualité de la fille, induite seulement à partir de celle du garçon, à partir, non, semble-t-il de l'observation, mais d'un raisonnement qui conclut de l'identité (supposée) des premiers soins accordés aux deux sexes, à l'identité des premiers investissements objectaux qui découleraient de la satisfaction des grands besoins vitaux, et d'eux seuls (*grosse und einfache Lebensbedürfnisse*). Malgré ce point de départ postulé identique, la fille aurait une évolution différente, aurait à traverser des crises, à accomplir une tâche supplémentaire : au moment du complexe d'Œdipe, le père devient pour elle objet d'amour ; de plus, elle ne reste pas fixée à celui-ci comme le garçon à la mère : dans une évolution normale, on s'attend à ce qu'elle passe de l'objet paternel à un autre choix d'objet, définitif ; la « normalité » de la femme c'est de n'être jamais fixée, d'être d'humeur changeante et capricieuse.

Dès lors, si le point de départ est bien identique, pourquoi la fille passe-t-elle d'un attachement à l'autre, de la mère au père ? Pourquoi et comment se défait la liaison initiale à la mère ? Cette question, Freud la formule en d'autres termes proposés comme équivalents : pourquoi et comment « passe-t-elle de la phase masculine à la phase féminine à laquelle elle est biologiquement destinée ? »

Cette équivalence va de soi seulement si on admet qu'aux tout premiers stades, quand la mère satisfait les grands besoins vitaux de l'enfant, et pas seulement au stade phallique, la petite fille est déjà un petit homme, et un petit homme seulement : il ne serait donc plus étonnant, ni simplement conjectural, qu'elle s'attache alors à sa mère comme le petit garçon ; plus il découvre la différence sexuelle ultérieure, plus Freud étend « l'identité » initiale, au stade phallique d'abord, ce stade supplémentaire qu'il invente pour les besoins de la cause, puis aux stades sadico-anal et oral : le primat du phallus, comme par contagion, se propage d'un stade aux autres. Et plus il souligne l'identité originaire, plus devient difficile à résoudre le nécessaire passage d'une phase virile à une phase féminine, celle où la fille abandonne la mère en faveur du père. D'où le recours à quelque « destination biologique ». Celle-ci pourtant ne doit pas être comprise comme la fatalité d'un destin : dans ce cas, il n'y aurait même pas besoin de se demander « pourquoi » la fille défait ses liens originaires. Car contrairement à ce que Freud pensait auparavant, de façon bien trop simpliste, on ne peut établir une symétrie entre l'Œdipe du garçon et l'Œdipe de la fille : il n'y a aucune nécessité, ni *chimique,* ni *biologique,* aucune loi de la nature qui pousse, à un âge déterminé, un sexe vers l'autre, le garçon vers la mère, la fille vers le père. Il n'y a aucun chemin tracé d'avance qui conduirait, de façon préférentielle, l'enfant vers le parent du sexe opposé : « Pour la psychanalyse, l'intérêt exclusif de l'homme pour la femme n'est pas une chose qui va de soi et se réduisant en quelque sorte à une attirance d'ordre chimique, mais bien un problème qui a besoin d'être éclairci[18]. »

Aucune force mystérieuse, indécomposable analytiquement, qui attirerait un sexe vers l'autre : point de vue simpliste, spéculatif, ou poétique, qui ne tient pas compte des réalités que seules les « pénibles » recherches psychanalytiques, fondées sur de nombreuses observations, permettent de découvrir. Parler de « force mystérieuse », c'est baptiser verbalement et métaphysiquement un problème, ce n'est pas le résoudre ; c'est, par paresse, se laisser leurrer, admettre, au lieu de la bisexualité, une opposition simple entre les sexes. Quand Freud donc, en début et en fin de conférence, en appelle aux « poètes », pour soi-disant confirmer ou « compléter » son discours, c'est pour mieux souligner leur incompétence et le manque de sérieux de ceux qui, par facilité et pour mieux se trouver confortés dans leurs préjugés, en appellent à la poésie.

Si, au lieu de spéculer (je l'ai fait longtemps moi-même, séduit par le « génie » des poètes), vous consen-

18. *Les trois essais sur la théorie de la sexualité,* note de 1918.

tiez à vous livrer à la seule observation, à de pénibles recherches, alors vous parviendrez à de bien surprenantes constatations (*überraschende Feststellungen*) : elles vous conduiraient à remettre en question tous vos échafaudages spéculatifs, à douter de la primauté de l'Œdipe. C'est le poète Sophocle ici qui pendant longtemps m'a « trompé », et aussi l'évolution de la femme : beaucoup de femmes restent longtemps fixées à l'objet paternel. Comment soupçonner qu'il n'en a pas toujours été ainsi ? Que cet amour si tendre, si intensif, si durable pour le père est un simple transfert d'un amour antérieur pour la mère ? Que l'Œdipe « répète » seulement le rapport préœdipien à la mère, prototype de tout amour ?

« Nous savions naturellement qu'il y avait un stade préalable d'attachement à la mère, mais nous ne savions pas qu'il pouvait être si important ni de si longue durée, ni ses conséquences : fixations, dispositions. Pendant ce temps, le père est seulement un rival gênant. Dans beaucoup de cas la fixation à la mère persiste au-delà de la quatrième année. Presque tout ce que nous trouvons plus tard dans la relation avec le père se trouve déjà dans la relation préalable avec la mère et est transposé (*übertragen*) plus tard sur le père. Bref, il est impossible de comprendre la femme si l'on néglige cette phase d'*attachement préœdipien à la mère*. » Là où il y a un lien au père particulièrement intense, il y avait auparavant une phase de lien exclusif à la mère, intense et passionné [19]. Paradoxalement, le propre de l'amour de la fille est donc, là encore, comme pour le garçon, l'amour pour la mère : l'amour pour le père en est une simple transposition métaphorique. L'abandon de la symétrie entre fille et garçon, à partir du modèle masculin, qui aurait pu jouer en faveur de la différence, ne fait

19. Cf. *Sur la sexualité féminine.*

que renforcer l'identité et le primat du phallus. C'est parce que la fille est identique au garçon qu'elle aime la mère. Et en la mère qu'aime-t-elle sinon celle qui est supposée posséder le phallus ?

Les relations libidinales de la fille avec la mère

Actif/passif, masculin/féminin

Afin d'assimiler d'abord rigoureusement les deux sexes, Freud montre que la fille au cours des trois phases prégénitales a, elle aussi, des relations libidinales avec sa mère, et ceci de façon non hasardeuse ; il insiste sur le fait que ces désirs libidinaux représentent des motions aussi bien actives que passives (*vertreten sowohl aktive als passive Regungen*) : l'enjeu est une fois de plus de brouiller les distinctions entre les opposés et d'effacer l'assimilation pure et simple de la passivité à la féminité ; la passivité n'est pas un caractère « essentiel » de la femme, elle est une acquisition « historique », elle est liée au devenir femme de la femme par une limitation jamais complètement définitive de la bisexualité originaire.

Mais si Freud ne donne pas à la petite fille des motions uniquement passives c'est bien une fois de plus parce que la différenciation des sexes n'a pas encore eu lieu : c'est dire qu'une fois cette « différence » acquise, comme dans toute la tradition (et contrairement à ce qui semblait ressortir du début de la *Conférence* où Freud insistait sur la bisexualité originaire et critiquant la psychologie affirmait « qu'il ne suffisait pas de caractériser le comportement masculin par l'activité et le comportement féminin par la passivité »), la passivité devient bien le « propre » de la femme, et l'activité le « propre » de l'homme. C'est pourquoi, dans le temps de l'après-coup, vous *pouvez* même qualifier respectivement les motions actives et passives de la fillette de *viriles* et de *féminines*. Ce que vous *devez* pourtant éviter le plus possible (*was man aber möglichst vermeiden soll*) puisque, à proprement parler, il n'y a encore ni du féminin ni du masculin aux deux premiers stades, et seulement du « masculin » au troisième.

Y a-t-il donc une contradiction entre les deux moments du texte ? Par cette assimilation de la passivité à la féminité, Freud répète-t-il seulement le geste traditionnel de la métaphysique après l'avoir dénoncé ?

Les textes sont ici à regarder de près : ils sont aussi complexes que les notions de masculin et de féminin, complexité que Freud ne cesse de souligner. D'abord parce que Freud affirme la thèse d'une bisexualité originaire et celle d'une indifférenciation sexuelle au cours des trois premières phases du développement, *l'activité et la passivité sont des caractères qui ne sauraient être confondus respectivement avec le masculin et le féminin* : les premières déterminations préexistent aux secondes, on les trouve donc aussi bien chez la fille que chez le garçon, et parce que la bisexualité n'est jamais totalement abolie même si un des deux caractères doit être partiellement refoulé pour qu'advienne féminité ou masculinité, la femme ne sera jamais complètement passive ni l'homme jamais totalement actif. Activité et passivité sont d'abord des caractères indépendants de la masculinité et de la féminité ; de plus, de même que le devenir-femme de la femme est une pure idée limite au sens kantien, le devenir-passif n'est jamais totalement ni définitivement assuré : le « propre » de la femme demeure toujours « impropre ».

C'est pourquoi, de façon paradoxale pour l'opinion commune qui projette dans la fillette la passivité « future » et souhaitée de la femme, Freud insiste sur l'hétérogénéité des désirs de la fille envers la mère, sur la confusion « bisexuelle » des motions actives et passives ressenties dans l'enfance, sans que cette confusion puisse être pensée comme une synthèse du masculin et du féminin, puisque ces déterminations sont encore inexistantes ; confusion à partir de laquelle devra être conquise une féminité « pure » ou une masculinité « pure », purs concepts théoriques, ou idées limites au sens kantien du terme.

Tous les textes soulignent d'abord l'indépendance des déterminations *actif/passif* liées au stade sadico-anal, par rapport aux déterminations *masculin/féminin* liées au stade génital et qui apparaissent seulement à la puberté :

« C'est seulement à la puberté qu'on voit apparaître une distinction nette entre le caractère masculin et le caractère féminin » (*Les trois essais.*)

« L'opposition masculin-féminin introduite par la fonction de reproduction peut ne pas encore exister au stade du choix d'objet prégénital. A sa place nous trouvons l'opposition des tendances à buts actifs et passifs (...) L'activité est dûe à la pulsion d'emprise au sens large que nous appelons précisément sadisme quand nous la trouvons au service de la pulsion sexuelle. Le courant passif est alimenté par l'érotisme anal dont la zone érogène correspond à l'ancien cloaque indifférencié. » (*La disposition à la névrose obsessionnelle.*)

« Au cours de la deuxième phase prégénitale, sadico-anale, l'opposition qui se retrouve partout dans la vie sexuelle apparaît clairement ; ce ne sont pas encore masculin et féminin qui s'opposent, mais les deux termes antagonistes, actif et passif. L'élément actif semble constitué par la pulsion de maîtriser elle-même due à la musculature ; l'organe dont le but sexuel est passif sera représenté par la muqueuse intestinale érogène. » (*Les trois essais.*)

« Au stade de l'organisation prégénitale sadique-anale, il n'est pas encore question de masculin et de féminin, l'opposition entre actif et passif est celle qui domine.

Au stade suivant, celui de l'organisation génitale infantile, il y a bien du masculin, mais pas de féminin ; l'opposition s'énonce ici : organe génital masculin ou châtré. C'est seulement quand le développement, à l'époque de la puberté, s'achève, que la polarité sexuelle coïncide avec masculin et féminin. » (*L'organisation génitale infantile*.)

Malaise dans la civilisation souligne l'obscurité des notions de féminin et de masculin et déclare qu'on les assimile trop à la légère à l'activité et à la passivité. « La sexualité est un fait biologique très difficile à concevoir psychologiquement. Nous avons coutume de dire : tout être humain présente des pulsions instinctives, besoins ou propriétés autant masculins que féminins, mais la nature seule et non pas la psychologie est vraiment capable de nous révéler le caractère propre du masculin ou du féminin. Pour la psychanalyse, l'opposition des sexes se résout en cette autre : activité, passivité. C'est trop à la légère qu'on fait correspondre l'activité avec la masculinité et la passivité avec la féminité. Il y a beaucoup d'exceptions à cela dans la vie animale. La théorie de la bisexualité demeure trop obscure encore et c'est une grave lacune en psychanalyse de ne pouvoir la rattacher à la théorie des instincts. Si l'on admet que dans sa vie sexuelle l'individu veut satisfaire des désirs masculins et féminin, nous sommes prêts à accepter aussi l'éventualité qu'ils ne sont pas satisfaits par le même objet, et, qu'en outre, ils se contrecarrent mutuellement dans le cas où l'on n'aurait pas réussi à les disjoindre. »

Tous les textes affirment sans équivoque le comportement actif et passif du garçon aussi bien que de la fille. Ainsi, à cause de la constitution bisexuelle, l'Œdipe est beaucoup plus compliqué qu'on aurait pu le penser. Le complexe du garçon, par exemple, est doublement orienté, activement et passivement : le garçon veut être aussi « objet » d'amour pour la mère (cf. *Quelques conséquences psychologiques de la différence anatomique entre les sexes*).

De façon générale, dans l'enfance, *tout comportement passif* provoque chez les deux sexes une tendance à une réaction active, afin de « maîtriser » une situation de dépendance. Par exemple, le jeu de la poupée, considéré comme un jeu « féminin » par excellence, est bien signe de féminité, mais, à tel stade déterminé de développement, il est le signe du *côté actif de la féminité* et il témoigne de l'exclusivité du lien à la mère.

« De quelle nature sont ses (de la fille) buts sexuels à l'époque du lien exclusif à la mère ? (..) Les buts sexuels de la fille vis à vis de sa mère sont de nature active et passive ; ils sont déterminés par la phase libidinale que traverse l'enfant. La relation de l'activité à la passivité mérite ici que nous nous y intéressions particulièrement. Il est aisé d'observer que dans tous les domaines de la vie mentale et pas seulement dans le domaine sexuel, une impression que l'enfant éprouve passivement fait naître, chez lui, la tendance à une réaction active. (...) C'est là une part de travail de maîtrise du monde extérieur (...). Le jeu enfantin sert aussi ce dessein de compléter une expérience passive par un comportement actif et en quelque sorte d'annuler cette expérience (...) On ne peut méconnaître ici une révolte contre la passivité et une préférence pour le rôle actif (...) Les premières expériences sexuelles ou colorées sexuellement que l'enfant a avec sa mère sont naturellement de nature passive. Il est allaité, nourri, nettoyé, habillé et dirigé dans tous ses actes. Une partie de la libido de l'enfant reste fixée à ces expériences et jouit des satisfactions qui y sont liées, une autre partie cherche à transformer ces expériences en activité. Le fait d'être allaité par le sein maternel est tout d'abord remplacé par une succion active de ce sein. Dans les autres domaines, l'enfant se contente soit d'autonomie (...), soit de répéter activement dans le jeu ses expériences passives, soit de faire vraiment de la mère un objet vis à vis de laquelle il se comporte comme un sujet actif. » (*Sur la sexualité féminine.*)

Au cours des trois premiers stades, on ne saurait donc confondre le couple actif/passif avec le couple masculin/féminin inexistant et la préférence affichée pour l'activité caractérise également les deux sexes. D'autre part, pourtant, ce premier couple se « soude plus tard à l'opposition des sexes [20] ». Cet accouplement des deux couples entraîne, à partir de la puberté, l'assimilation du masculin à l'actif, du féminin au passif ; on appelle alors les motions actives viriles, les féminines passives. Or Freud tantôt souligne qu'il s'agit là d'une pure assimilation « nominale », conventionnelle, qu'il ne prendrait pas à son compte ; tantôt il semble lui-même opérer cette assimilation, mais dans ce cas il identifie non pas l'activité à la masculinité mais l'inverse, la masculinité à l'activité, ce qui laisse dès lors aux femmes la possibilité d'être elles aussi « masculines » dans la mesure où elles sont actives : il n'y a aucune nécessité, Freud le souligne, pour que la masculinité au sens d'activité soit liée à la masculinité au sens biologique du terme (qui indique la présence dans un individu de glandes spermatiques) même si c'est le plus souvent le cas. C'est au sens où masculin signifie actif que Freud affirme (ce qui a toujours prêté à de nombreux contre-sens) — et ceci par pure convention — que la libido est « masculine » : *à proprement parler elle ne relève d'aucun genre,* il le dit en toute lettre, mais la traduction française censure ce membre de phrase essentiel : « *Wir können ihr* (à la libido) *selbst kein Geschlecht geben* ». « Il n'est qu'une seule libido, laquelle se trouve au service de la fonction sexuelle tant mâle que femelle. Nous ne pouvons lui donner aucun genre. Si, en nous fondant sur les rapprochements conventionnels faits entre

---

20. *La disposition à la névrose obsessionnelle.*

la virilité et l'activité, nous voulons l'appeler « virile », nous ne devons pas oublier qu'elle représente aussi des tendances à buts passifs [21]. »

Tous les textes sont, là encore, à bien lire, très explicites. Ainsi, (dans une note ajoutée aux *Trois essais* en 1915), après avoir rappelé que les concepts de masculin et de féminin, pour l'opinion commune dépourvus de toute équivocité, sont, du point de vue scientifique, très complexes, il distingue au moins trois sens de ces notions.

« On utilise « masculin » et « féminin » tantôt au sens d'« activité » et « passivité » ; tantôt en un sens *biologique ;* enfin dans un sens *sociologique*. Le premier de ces trois sens est le sens essentiel dans lequel la psychanalyse la plupart du temps utilise cette notion. C'est en ce sens que nous avons caractérisé plus haut dans le texte la libido comme « masculine », car la pulsion est toujours active, même quand son but est passif. Le deuxième sens de masculin et de féminin, le sens biologique, est celui qui se prête aux déterminations les plus claires. Masculin et féminin indiquent alors la présence chez un individu ou bien de glandes spermatiques ou bien de glandes ovulaires avec les fonctions différentes qui en dérivent. L'activité et ses manifestations secondaires, un développement musculaire accentué, l'agression, une intensité plus grande de la libido, sont en géntral liés à la masculinité au sens biologique, mais il n'est pas nécessaire qu'il en soit ainsi, car dans un certain nombre d'espèces nous constatons que ces caractères appartiennent davantage aux femelles. Le troisième sens, le sens sociologique, est fondé sur les observations que nous faisons tous les jours sur les indi-

21. *La féminité* (je souligne) cf. aussi *Sur la sexualité féminine.* « La psychanalyse nous apprend à nous arranger de l'existence d'une seule libido qui du reste connaît des buts — c'est-à-dire des modes de satisfaction — actifs et passifs. C'est en cette contradiction et, avant tout, en l'existence de tendances libidinales ayant des buts passifs que réside le reste du problème. »

vidus des deux sexes. Celles-ci montrent que ni en un sens psychologique ni en un sens biologique on ne saurait trouver une masculinité ou une féminité pure. Bien plus, chaque individu est un mélange de caractères biologiques propres à son sexe et de caractères biologiques propres à l'autre sexe et un mélange d'éléments actifs et passifs, que ces traits de caractère psychique dépendent ou non des caractères biologiques. »

Est toujours souligné que sens « psychanalytique » et sens « biologique » ne se recouvrent pas, qu'il y a donc un mélange des genres et des sexes qui empêche de faire de tel caractère déterminé le « propre » de l'homme, de tel autre celui de la femme. Et si la psychanalyse en général identifie masculin à actif, féminin à passif (et non l'inverse), elle sait, non seulement que c'est par convention, mais aussi que cela reste insatisfaisant et insuffisant ; lui paraissent plus décisives les différences qui relèvent du type de choix d'objet ; le type masculin est caractérisé par la surestimation sexuelle de l'objet ; le type féminin par le narcissisme : le premier préfère aimer à être aimé ; le second l'inverse. Mais aussi bien ces déterminations sontelles là encore indépendantes du sens biologique des termes : une femme, au sens biologique, peut aimer selon un type de choix d'objet masculin. Par exemple, voyez cette homosexuelle dont Freud relate le cas [22]. Après avoir rappelé que cette jeune femme présentait bien des traits de « virilité » somatique (« un visage aux traits accusés plutôt qu'estompés comme le sont ordinairement les jeunes filles ») et de virilité psychique (« on pouvait aussi rapporter à la nature masculine quelques-unes de ses qualités intellectuelles, ainsi l'acuité de son intelligence et la froide clarté de sa pensée, dans la mesure où elle n'était pas sous la domination de la passion »), Freud ajoute que « ces

22. Cf. *Sur la psychogénèse d'un cas d'homosexualité féminine.*

distinctions sont plus conventionnelles que scientifiquement justifiées ». Lui semble « plus significatif » que « dans son comportement vis à vis de l'objet d'amour. elle avait adopté le type masculin, c'est-à-dire qu'elle montrait l'humilité de l'homme amoureux, son emphatique surestimation sexuelle, ainsi que le renoncement à toute satisfaction narcissique et la préférence accordée au fait d'aimer plutôt qu'à celui d'être aimé. Elle avait non seulement choisi un objet féminin mais aussi pris à son égard une position masculine ». « Quant à l'essence de ce que, au sens conventionnel ou au sens biologique, on nomme masculin et féminin, la psychanalyse ne peut l'élucider. Elle reprend à son compte ces deux concepts et les met à la base de ses travaux. Si l'on tente de les ramener à des principes plus originaires, la masculinité se volatise en activité et la féminité en passivité, ce qui est trop peu. »

Parce qu'il n'est peut-être de notions plus équivoques et plus complexes que celles de « masculin » et de « féminin », Freud ne manque jamais de souligner *en quel sens* il use de ces termes, ne cesse de souligner cette équivocité. cette complexité, le caractère conventionnel de ces déterminations.

Et pourtant, certains textes, abandonnant toute prudence, assimilent de façon tranchée le masculin au sujet, à l'activité et à la possession du pénis, le féminin à la passivité, à l'objet, et à la possession du vagin. Le texte sur *L'organisation génitale infantile,* qui ne cesse de clamer le « primat du phallus », l'indifférenciation sexuelle originaire au profit du phallus, est celui qui tranche le plus vivement entre les sexes et les genres : « C'est seulement quand le développement, à l'époque de la puberté, s'achève, que la polarité sexuelle coïncide avec *masculin* et *féminin*. Le masculin rassemble le sujet, l'activité et la possession du pénis ; la femme perpétue l'objet et la passivité. Le vagin prend maintenant valeur comme logis du pénis, il recueille l'héritage du sein maternel. » Tels sont les derniers mots du texte le plus « phallocrate » de Freud si ce ne sont là ses tout derniers mots. Parce que l'opposition des tendances à buts actifs et passifs se soude au moment de la puberté à l'opposition des sexes, Freud va jusqu'à affirmer qu'en dépit de l'identité de l'activité auto-érotique des zones érogènes et de l'indifférenciation sexuelle originaire, il est possible, après coup, d'affirmer que, dès l'origine, il y a des différences entre fille et garçon, et que la première est toujours déjà plus passive : « Le développement des inhibitions sexuelles intervient plus tôt chez les filles que chez les garçons ; le penchant au refoulement sexuel joue un rôle plus grand et lorsque les pulsions partielles se manifestent, elles prennent de préférence la forme passive [23]. » Et si ailleurs il affirme que les enfants des « deux sexes » manifestent une révolte contre la passivité et une préférence pour le rôle actif, il ajoute que ceux-ci ne montrent pourtant pas tous autant la même énergie à renverser les rôles et que l'on « peut tirer de ce comportement de l'enfant des conclusions sur la force relative de masculinité et de féminité qu'il manifestera dans sa sexualité [24] » : certes, cette force relative de masculinité et de féminité peut être évaluée aussi bien chez les garçons que chez les filles : mais l'acceptation *de la passivité* est identifiée à la *féminité* et la révolte contre celle-ci à la masculinité. Le tout dernier mot de Freud assimilera bien le refus de la passivité à celui de la féminité : « L'homme se révolte contre sa propre attitude passive ou féminine [25]. » Rejet de la féminité en soi et hors de soi, commun aux deux sexes, suscité par l'angoisse de castration. C'est pourquoi chez l'homme le rejet de la

23. *Les trois essais sur la théorie de la sexualité.*
24. *Sur la sexualité féminine.*
25. *Analyse terminée, analyse interminable.*

passivité est essentiellement crainte d'être passif devant un autre homme [26].

On peut dès lors, dans la lecture de ces textes, ou insister sur le caractère déconstructeur des analyses freudiennes : masculin signifie seulement actif et féminin passif, aucun de ces caractères n'est propre à tel ou tel individu, chacun d'eux est un mélange d'activité et de passivité ; ou souligner le caractère « métaphysique » de ces mêmes textes, puisque, après tout, conformément à toute la tradition, c'est bel et bien la féminité qui est identifiée à la passivité et la masculinité à l'activité et non l'inverse. Certes, Freud affirme qu'il garde les vieux mots par « convention ». Mais la convention ne lui semble pourtant pas tout à fait *conventionnelle,* tout à fait *arbitraire* : ainsi, après avoir affirmé que la libido n'a pas de genre, que c'est à cause des rapprochements *conventionnels* entre masculinité et activité qu'il qualifie la libido de masculine, il refuse pourtant d'admettre la possibilité d'une autre convention qui définirait la libido comme féminine : « Quoi qu'il en soit, l'accolement de ces mots "libido féminine" ne se peut justifier. Si la libido est bien commune aux deux sexes, « elle subit une répression plus grande quand elle est contrainte de se mettre au service de la fonction féminine et (...), pour employer une expression téléologique, la nature tient moins compte de ses exigences que dans le cas de la masculinité. La cause en peut être recherchée dans le fait que la réalisation de l'objectif biologique, l'agression, se trouve confiée à l'homme et demeure, jusqu'à un certain point, indépendante du consentement de la femme. La fréquence de la frigidité sexuelle chez la femme semble confirmer ce désavantage et constitue un phénomène encore mal expliqué [27] ».

26. *Ibid.*
27. *La féminité.*

Comme toujours lorsqu'il ne peut apporter d'autres preuves, Freud a recours au biologique, voire à quelque finalité naturelle, pour justifier une « convention » non innocente qui, confondant masculinité et activité, interdit de qualifier la libido de féminine, interdit de fait aux femmes plus qu'aux hommes l'expression sans réserve de leur libido ; si celle-ci, en effet, « subit une répression plus grande quand elle est contrainte de se mettre au service de la fonction féminine », ce n'est pas parce que la Nature, cette marâtre, tiendrait moins compte des exigences féminines que masculines, c'est parce que l'idéologie d'une certaine société a intérêt à mésestimer les exigences sexuelles des femmes, à les rendre frigides, tout en faisant endosser cette frigidité par la Nature : « cette frigidité, quand elle est psychogène, peut être traitée, d'autres fois, elle laisse supposer l'existence de quelque facteur constitutionnel, voire anatomique ».

Les textes de Freud sont donc, comme toujours, hétérogènes : ils raturent l'assimilation pure et simple de l'activité à la masculinité, de la passivité à la féminité, et, en même temps, continuent d'être prisonniers de l'idéologie la plus traditionnelle. Selon les moments et les besoins de la stratégie, l'un de ces deux aspects prédomine.

Ainsi, à ce niveau du texte où lui importe essentiellement d'affirmer la bisexualité et l'indifférenciation sexuelle originaire, Freud souligne que les désirs de la fille envers la mère sont aussi bien actifs que passifs.

L'ambivalence

Pour les mêmes raisons, il démontre que ses désirs sont *ambivalents :* de nature à la fois tendres et agressivement hostiles. Contrairement aux préjugés les plus répandus, de même que l'activité n'est pas le propre du garçon, l'agressivité est, aux trois premiers stades, commune aux deux sexes. Cette ambivalence des sentiments antérieure à l'Œdipe ne saurait donc être expliquée par ce complexe, et l'ambivalence ultérieure est seulement une répétition de cette toute première ambivalence qui se trouvera « réactivée » à l'occasion de la rivalité œdipienne; et c'est le rapport ambivalent (préœdipien) à la mère qui est essentiel pour comprendre la sexualité féminine normale et pathologique : l'agressivité de la fille envers la mère qui se manifeste de façon transformée, sous forme de représentations angoissantes, celles d'être assassinée ou empoisonnée par la mère, constitue le noyau d'une éventuelle maladie paranoïaque[28] ultérieure.

Ces résultats de la psychanalyse sont surprenants pour l'opinion commune et ses préjugés, d'autant plus qu'ils ne relèvent pas d'une observation et d'une perception immédiates : il faut déjà être armé de la méthode analytique pour déchiffrer les représentations angoissantes de la fille comme des transformations d'une agressivité envers la mère[29]. Un des attraits de la psychanalyse,

---

28. « Je soupçonne qu'il y a une relation particulièrement étroite entre la phase du lien à la mère et l'étiologie de l'hystérie, ce qui n'a rien de surprenant si l'on considère que l'une et l'autre, la phase comme la névrose, appartiennent aux caractères particuliers de la féminité ; je soupçonne aussi, de plus, que l'on trouve dans cette dépendance vis-à-vis de la mère le germe de la paranoïa ultérieure de la femme. Ce germe semble bien, en effet, être l'angoisse d'être assassinée (dévorée ?) par la mère, angoisse surprenante mais que l'on trouve régulièrement. Nous sommes portés à affirmer que cette angoisse correspond à une hostilité envers la mère qui se développe chez l'enfant par suite des multiples restrictions de l'éducation et des soins corporels, et que le mécanisme de projection est favorisé par le fait que l'organisation psychique est encore à son début. » (*Sur la sexualité féminine.*)

29. Cf. aussi *Sur la sexualité féminine :* « L'enfant n'a pu saisir psychiquement ces motions (orale, sadique et même phallique envers la mère) au moment où elles se sont produites, et pour cette raison elles n'ont pu subir une interprétation qu'après coup. On les trouve dans l'analyse sous une forme qui n'est pas

est de vous permettre précisément d'observer ce qui, sans elle, resterait imperceptible. L'opinion commune pourra donc toujours dire que vous spéculez, que l'observation ne confirme pas vos affirmations : c'est qu'elle ne sait pas observer. C'est là toute une science ou tout un art qui vous autorise à conclure qu'au cours du stade phallique, aussi étrange cela dût-il paraître, la fille désire faire un enfant à sa mère, ou désire en avoir un d'elle [30] : désirs incroyables qui pourtant s'expriment de façon indubitable, et cela d'autant plus que vous serez convaincus qu'au stade phallique il n'y a aucune différence entre les sexes.

---

la forme originaire et parfois transférées sur l'objet père ultérieur (...). On trouve les désirs oraux agressifs et les désirs sadiques sous une forme due au refoulement : angoisse d'être tué par la mère qui justifie le désir de mort de la mère si celui-ci devient conscient (...). Les personnes du sexe féminin, ayant un fort lien à leur mère (...) se sont accordées à dire qu'elles ont offert une grande résistance aux lavements et aux injections intestinales que leur mère entreprenait sur elles et qu'elles avaient l'habitude d'y réagir par de l'angoisse et un cri de fureur. (...) Ruth Mack Brunswick comparait ce cri de fureur après le Klysma à l'orgasme obtenu par excitation génitale. Quant à l'angoisse, elle devait être comprise comme la transformation du plaisir d'agression stimulé par les injections. Je pense que tout ceci est conforme à la réalité : au stade sadique-anal, la stimulation intense passive de la zone intestinale provoque en réponse une explosion du plaisir d'agression qui se manifeste directement comme une colère ou bien, par suite de sa répression, comme angoisse. »

30. *Sur la sexualité féminine* précise que le désir de faire un enfant à la mère, de la fille comme du garçon, intervient au moment où s'annonce un frère ou une sœur. Et aussi que la masturbation clitoridienne au cours de la phase phallique s'accompagne d'une représentation de la mère, même si c'est sans représentation d'un but sexuel : cela trahirait pourtant une intense motion de désir active envers la mère. « Tout comme le petit garçon, la petite fille veut avoir fait ce nouvel enfant à sa mère et sa réaction vis-à-vis de cet événement et son comportement envers l'enfant sont les mêmes que ceux du garçon. Cela paraît assez absurde mais peut-être seulement parce que cela paraît si inhabituel. »

Le double désir, actif et passif de la fille, implique et la méconnaissance de la différence sexuelle, et celle du rôle respectif de la mère et du père dans la procréation, l'ignorance de l'existence du vagin. Si tout cela vous semble paradoxal et purement spéculatif, c'est que vous projetez dans les premiers stades de développement ce qui advient ultérieurement, établissant une continuité sans faille là où il y a rupture et crise. C'est vous qui spéculez et délirez de crainte des ruptures, d'être surpris par quelque nouveauté, vous refusant la prime de plaisir qu'apporte toute découverte singulière.

Moi Freud, je ne spécule pas : je n'ai pas de parti pris puisque je suis le premier surpris par mes découvertes et que je rectifie sans cesse mes erreurs passées. Ainsi, je peux vous donner comme exemple supplémentaire d'une relation libidinale traduisant un désir passif de la fille envers la mère les sensations génitales voluptueuses ressenties par la fillette lors des soins corporels : *la mère est pour la fille la première séductrice* [31]. Or pendant longtemps, j'ai accusé le père d'être ce séducteur, d'être la cause de l'hystérie ultérieure de sa fille. Puis j'ai compris que c'était là un pur fantasme de l'hystérique, expression de son complexe d'Œdipe. Maintenant je pense que ce fantasme lui-même répète déjà un fantasme antérieur, celui de la séduction par la mère comme j'estime que l'Œdipe est un simple transfert sur le père de la relation libidinale préœdipienne à la mère. Seule différence : dans le cas de la mère, il ne s'agit peut-être

31. « Les excitations passives de la phase phallique montrent bien que la fille accuse régulièrement la mère de séduction parce qu'elle a ressenti ses premières ou encore ses plus fortes sensations génitales lors de la toilette ou des soins corporels entrepris par la mère (...). Si dans les fantasmes des années ultérieures le père apparaît régulièrement comme le séducteur sexuel, la responsabilité en revient, selon moi, à la mère qui ne peut éviter d'ouvrir la phase phallique de l'enfant. » (*Sur la sexualité féminine.*)

pas d'un fantasme mais d'une réalité. Peut-être même peut-on dire que le fantasme de la séduction par le père sert de souvenir-écran à la séduction réelle par la mère. En tout cas, ce fantasme a pour moi fait longtemps écran, m'a empêché de saisir l'importance des relations préœdipiennes de la fille à la mère. L'on peut donc dire qu'en véritable « savant » je n'ai pas épargné ma peine pour arriver à cette surprenante découverte : le caractère essentiel pour la fille des relations préœdipiennes à la mère. Il aurait été beaucoup plus simple et aisé d'en rester à ce que me racontaient les malades, d'autant plus qu'elles semblaient tenir ici un discours unanime. Et si j'ai fini par comprendre qu'il s'agissait là d'un fantasme et non d'une réalité, ce n'est pas par un parti-pris masculin qui m'aurait rendu pénible l'idée qu'un homme, le père, puisse séduire sa fille (alors qu'il ne devrait être là que pour imposer la loi, qu'il jouirait davantage en faisant la loi que l'amour, prédisposant ainsi sa fille à l'hystérie.) Au contraire, il m'a été pénible d'abandonner cette idée qui même si elle allait contre la morale commune était du moins plus facile à accepter que celle d'un fantasme universel de séduction. Aussi bien ai-je fini par m'apercevoir que ce « fantasme » renvoyait bien en définitive à une séduction réelle : celle de la mère. Et ce n'est pas parce que cela était conforme à mes préjugés masculins, car pourquoi alors n'aurais-je pas commencé par affirmer que la mère était la séductrice ? Il m'a fallu bien des années pour passer de l'affirmation de la toute première importance du père à celle de la mère, et pour comprendre que l'Œdipe de la fille n'était pas symétrique de celui du garçon.

L'exagération de Freud

Si Freud a mis tant de temps à faire ses découvertes, objectera-t-on, c'est qu'elles ne résultent pas d'une pure et simple « observation » : il faut bien qu'il y ait quelque part de la « spéculation », quelque supplément qui permette de « voir » ce que d'autres, qui ont pourtant eu maintes occasions de voir de petites filles, n'ont jamais perçu : eu égard à l'expérience la plus quotidienne, la description freudienne qui insiste sur le caractère intense et décisif des liens préœdipiens (*puissants et nombreux*) de la fille à la mère peut paraître, en effet, étrange, surprenante, inattendue : Freud, sous l'effet de quelque délire, exagère ; folle exagération qui serait le corrélat de la folie de l'objet observé, puisque Freud tire ses conclusions de cas pathologiques.

Cette objection ne saurait valoir : « On peut suffisamment voir cela chez les enfants quand on sait observer » (*man kann genug an den Kindern sehen, wenn man zu beobachten versteht,* phrase non traduite en français...). Ne sait observer que celui qui est muni du fil d'Ariane de l'analyse ; car le phénomène observé ne saurait, comme on dit, « parler de lui-même », et ici d'autant plus qu'il s'agit de l'enfant qui « ne peut que fort peu exprimer de façon préconsciente ses désirs sexuels et ne peut donc en faire part », les livrer comme des « faits bruts » à l'observation. C'est bien parce que fait défaut cette expression consciente ou même préconsciente des désirs qu'il est nécessaire de les déchiffrer à l'aide de l'analyse. Elle permet seule et d'en reconnaître le caractère sexuel et de voir qu'ils sont orientés vers la mère. L'intervention de « l'analyse » est d'autant plus nécessaire que, les motions étant dirigées ultérieurement vers le père, l' « observateur » a tendance, par un effet de projection rétroactive, à recouvrir le lien antérieur à la mère : Freud lui-même aurait été victime de cette opération de recouvrement. Enfin, le recours à l'analyse est nécessaire aussi parce que non seulement les motions se trouvent déplacées de la mère au père mais se manifestent souvent sous forme déguisée : l'hostilité par exemple envers la mère se donne sous forme d'angoisse. Pour ces divers motifs, l'anayse seule peut évaluer à leur juste mesure les désirs de l'enfant et pleinement les « observer » ; et ceci parce qu'elle a recours *aux cas pathologiques* : ceux-ci, loin d'être un handicap à la science permettent seuls, parce qu'ils exagèrent tous les processus, de mieux les percevoir. Tels des paradigmes [32], ils exhibent en grosses lettres ce que le normal livre seulement en petites lettres. Les cas pathologiques isolent et montrent en les exagérant certains rapports qui autrement resteraient inconnus car recouverts : grâce à eux l'on peut étudier « les traces et les conséquences » de ces tout premiers sentiments envers la mère. De façon toute positiviste, Freud efface l'opposition du normal et du pathologique et renverse la hiérarchie au profit de celui-ci qui devient principe d'intelligibilité du normal. Entre l'un et l'autre, il y a seulement une différence graduelle — en l'occurrence négligeable (« nos recherches n'ont pas été pratiquées sur des sujets très anormaux ») : on peut donc tenir pour crédibles les résultats ainsi obtenus.

Les transformations de la relation fille/mère

Si on a tant de mal à croire en de tels résultats, s'ils semblent tellement étonnants, c'est que ce lien si puissant de la fille à la mère n'est pas éternel. A une certaine phase du développement advient une double transformation qui rend incroyable l'existence de la relation antérieure ; d'une part, les sentiments de positifs deviennent négatifs : la fille passe de l'amour à la haine. D'autre part, elle change d'objet d'amour ; elle passe d'une fixation à la mère à une fixation au père. Reste à comprendre comment un attachement si intense à la mère peut prendre fin pour se

32. Cf. le Livre I de *La république* de Platon.

transformer en son contraire et comment la fille peut abandonner la mère au profit du père. Car cette double transformation n'est pas contingente et elle relève d'un véritable « destin » : « Nous savons que c'est là le destin habituel (*wir wissen, das ist ihr gewöhnliches Schicksal*) ; la première transformation est commandée par la nécessité de la seconde : l'attachement à la mère doit laisser la place à l'attachement au père (*sie ist dazu bestimmt, der Vaterbindung den Platz zu räumen*) ». (Tout ce passage une fois de plus n'est pas traduit.) Le destin de l'attachement à la mère, la nécessaire déliaison de ce lien si intense est exigée par le devenir femme de la petite fille. Question de place à prendre et à laisser ; quand la libido se fixe quelque part, elle occupe tout entière la place et cet investissement ne laisse place à aucun autre ; l'amour de l'enfant pour l'un des deux parents est exclusif. Pour que le changement d'objet puisse s'accomplir — et c'est là le destin normal de la féminité — il faut faire place, il faut que la fille se sépare de la mère: le seul moyen d'y parvenir, c'est de transformer l'amour initial en haine, transformation dont la condition de possibilité est l'ambivalence originaire de cet amour.

Que cette haine soit en quelque sorte une ruse de la nature pour parvenir à ses fins — le passage de la mère au père — se lit dans son caractère excessif, et excessivement durable : elle peut subsister toute la vie — persistance de la haine pour la mère qui n'a d'égal que la persistance de l'amour du garçon, amour pur dépourvu de toute ambivalence. C'est ce contraste entre les deux sexes d'abord identiquement « amoureux » de la mère qui fait problème et laisse supposer que la « haine » de la fille envers la mère se trouve motivée moins par des raisons objectives que nécessitée comme moyen pour renoncer à la mère et parvenir à abandonner la place. La persistance de la haine se trouve parfois soigneusement dissimulée par une surcompensation de tendresse apparente.

En général, d'ailleurs, la fille n'en vient pas à cette position extrême : tandis qu'une partie de l'hostilité persiste, l'autre se trouve surmontée ; c'est l'histoire individuelle et ses variations qui est ici décisive pour le destin ultérieur de la haine.

Condition de possibilité de l'Œdipe, cette haine ne saurait trouver en lui sa source. Le problème est de découvrir son origine véritable par delà les rationalisations secondaires, les motivations conscientes données par les malades qui font toujours entendre au psychanalyste une longue liste de récriminations et d'accusations contre leur mère.

La liste des récriminations

Si l'on consulte la liste des récriminations, on ne trouve aucun motif décisif dans la mesure où chacun d'eux pourrait valoir aussi bien pour le garçon que la fille : or, le garçon conserve, malgré tout, intact son amour. Il restera donc à trouver, par delà ces récriminations qui font écran, le facteur spécifique proprement décisif.

Premier motif d'accusation : la mère n'a pas donné assez de lait à l'enfant, ce qui se trouve toujours interprété comme signe d'un manque d'amour. Cette plainte est certainement fondée : l'enfant « civilisé » est sevré très tôt, ce que fait ressortir un parallèle avec les peuplades primitives. Pourtant, les reproches sont trop fréquents pour correspondre à quelque réalité ; ils sont bien plutôt signe d'une faim inapaisable de l'enfant qui ne saurait jamais se consoler de la perte de cette « bonne auberge/aubaine » qu'est le sein maternel — quand bien même l'allaitement aurait duré aussi longtemps que chez les peuples primitifs. On peut émettre l'hypothèse — invérifiable sinon par pure pétition de principe — qu'on trouverait chez eux les mêmes griefs. La mère ou la nourrice n'est donc pas « réellement » fautive : c'est l'infini du désir qui est à l'origine du sentiment d'une frustration infinie et, celui-ci, à la source d'une hostilité interminable. Accuser la mère, c'est substituer à une cause infinie et interne une cause finie et externe plus facilement maîtrisable : c'est donc tenter, de façon fantasmatique, de maîtriser une frustration nécessaire pour des raisons structurelles. Cette conduite défensive est de nature magique et animiste comme l'est celle qui consiste à faire endosser à la perte du sein maternel l'origine des maladies ; car aux yeux de l'enfant comme à ceux du primitif, il ne saurait y avoir de hasard : ni la maladie ni la mort ne sauraient être « naturelles » — et comme il y a seulement une différence graduelle de l'enfant à l'adulte et du primitif au civilisé, on peut vérifier encore actuellement, par exemple chez les névrosés, cette tendance de l'homme à dominer l'angoisse de la mort et des maladies — celle suscitée par le jeu du hasard dans leur avènement — en inventant des causes et des responsables. Pour l'enfant, cette cause est toujours la perte du sein maternel : celle-ci provoque fréquemment l'angoisse d'être empoisonné ; toute nourriture autre que le lait maternel est pour lui un poison.

Evalué par le tribunal psychanalytique, ce premier motif d'accusation tombe et se retourne contre l'accusateur.

Deuxième grief, étroitement lié au premier : la naissance très rapprochée d'un autre enfant qui a comme conséquence un sevrage encore plus rapide : « La mère n'a plus voulu ou n'a plus été capable de nourrir son aîné. » Dans le cas de grossesses très rapprochées, ce grief est fondé. Mais, comme précédemment, ce n'est pas tant le lait qui est en jeu que l'amour maternel. Le nouvel arrivé apparaît comme un intrus, un rival, qui a dépossédé l'aîné de tous les signes de la sollicitude maternelle. Celui-ci se sent détrôné, dépouillé, lésé dans tous ses droits ; il voue dès lors une haine jalouse à ses frères et sœurs, développe du ressentiment contre cette mère infidèle qui ne craint pas de partager ses soins, de *se* partager. Il en résulte une modification du comportement, une régression à un stade antérieur ; notamment, en signe d'agressivité et afin d'attirer de nouveau sur lui toute l'attention, l'enfant cesse de maîtriser ses fonctions excrémentielles. Tout cela est bel et bien connu et admis ; l'apport singulier de la psychanalyse, ce qu'on n'aurait pas imaginé avant elle, c'est d'avoir souligné l'intensité de cette jalousie infantile et son énorme influence sur l'évolution ultérieure : cette jalousie sera d'autant plus *marquante* qu'elle se trouve *répétée* à chaque naissance, et ceci même quand l'aîné reste le « préféré », car l'amour de l'enfant est sans borne ni mesure, il exige l'exclusivité et n'admet aucun partage.

Là encore, la mère se trouve acquittée : c'est la démesure des exigences infantiles qui est la cause véritable de la haine démesurée pour la mère, et cette haine est seulement l'envers d'un amour non moins démesuré.

Troisième grief : les deux premiers griefs contre la mère ont bien leur source dans une privation *orale*. Or, les récriminations ne s'arrêtent pas là, car quel que soit le stade de la libido, l'enfant trouve toujours une bonne raison pour haïr sa mère tant ses désirs sont en général insatiables. Et la nécessaire insatisfaction de ses désirs est prétexte à hostilité. Les frustrations les plus fortes apparaissent au *stade phallique,* quand la mère interdit la masturbation, source de volupté à laquelle elle-même induit, et quand elle accompagne cette interdiction de tous les indices d'un vif mécontentement et de sévères menaces.

L'ensemble de ces motifs pourraient sembler suffisants si ils ne valaient également pour le garçon qui pourtant, lui, n'abandonne jamais la mère : la nécessaire « volte-face » de la fille ne peut donc s'expliquer par la nature de la sexualité infantile, l'excès de ses exigences amoureuses, l'impossibilité de trouver satisfaction. Elle ne trouve pas davantage son fondement dans l'ambivalence originaire des sentiments : dans ce cas, l'on pourrait dire que le lien à la mère est appelé à disparaître du fait même qu'il est le premier ; la puissance de ce premier lien fait qu'il s'accompagne toujours d'une forte tendance agressive à chaque fois qu'il y a déception, renoncement. L'hostilité serait l'envers de la violence de la passion primitive. Et le triomphe final de la haine sur l'amour résulterait d'une hostilité « accumulée » : problème d'ordre quantitatif. Si l'on dénie cette ambivalence originaire, on peut voir dans la disparition de l'amour infantile une réaction à la nature particulière de la relation mère/enfant, à l'éducation reçue qui, même lorsqu'elle est des plus indulgentes implique des contraintes : à ces nécessaires restrictions de la liberté, l'enfant réagirait par une tendance à la révolte et à l'agression.

Quelle que soit l'explication invoquée et son intérêt, elle n'explique rien car elle vaut pour l'enfant des deux sexes. Elle ne peut justifier les différences de leur comportement.

A supposer que les divers facteurs invoqués soient bien des facteurs invariants (ce qui impliquerait la quasi identité initiale des deux sexes et le comportement identique de la mère à leur égard, ce dont on peut douter si l'on se souvient que seul un enfant du sexe masculin, selon Freud, répond aux désirs les plus profonds de la mère), alors reste à trouver un facteur spécifique qui seul pourra rendre raison du déclin de l'attachement de la fille. Quel est donc ce facteur spécifique ?

« Je crois que nous avons trouvé ce moment spécifique, et en un endroit où nous nous attendions à le trouver, quoique sous une forme plutôt surprenante. » La découverte est-elle vraiment « découverte » si elle correspond à une attente ? Ne trouve-t-on pas alors ce que l'on a toujours déjà cherché ? Ou la découverte n'offre-t-elle aucune surprise dans la mesure où, cherchant un facteur spécifique qui puisse distinguer le comportement de la fille de celui du garçon, on pouvait à l'avance être assuré qu'il résidait seulement là où gît la différence sexuelle ? dans une différence anatomique, ou plutôt dans les répercussions psychiques de cette différence anatomique, c'est-à-dire dans le *complexe de castration*.

Là où cette pseudo-découverte a pourtant apporté quelque surprise, c'est dans la forme dans laquelle elle se présente : « Là où ce fut étonnant, ce fut de constater que la fille rend la mère responsable de son manque de pénis et ne lui pardonne pas ce préjudice [33]. »

Cette forme peut, en effet, paraître « surprenante » ; elle ne va pas de soi et ne se livre pas telle qu'elle à l'observation : elle ne se « révèle » qu'en cours d'analyse. Il peut paraître étonnant que la fille reproche à la mère plutôt qu'au père ce préjudice dont elle souffre. En tout cas, à partir du moment où elle admet que la mère, elle non plus, n'a pas de pénis, ne devrait-elle pas abandonner tout ressentiment à son égard et transférer son hostilité au père, à celui qui seul est porteur de pénis ? Or le mouvement que décrit Freud est précisément l'inverse : la fille se met à haïr la mère et à

---

33. « C'est la mère qui est presque toujours rendue responsable du manque de pénis, mère qui a lancé l'enfant dans la vie avec « un équipement aussi insuffisant. » *Quelques conséquences psychologiques de la différence anatomique entre les sexes.*

quêter l'amour du père pour obtenir ce pénis tant convoité ; là, en effet, est la « surprise ». Elle est telle qu'on peut se demander si Freud n'a pas « inventé » (et non découvert) ce ressentiment si spécifique envers la mère pour les besoins de la (sa) cause. Et ceci d'autant plus que c'est seulement dans la conférence *La féminité* que le ressentiment envers la mère est présenté comme le facteur spécifique absolument *décisif*. Ailleurs, aucun motif n'est donné comme suffisant, n'est capable d'expliquer vraiment la transformation profonde des sentiments de la fille qui semble, en définitive, relever d'un destin inéluctable qu'aucune « raison » ne saurait maîtriser, fût-ce celle de l' « envie du pénis ». Ainsi, *Sur la sexualité féminine* rappelle que l'attitude d'hostilité envers la mère n'est pas une conséquence de la rivalité, du complexe d'Œdipe, mais provient de la phase précédente « exploitée » ultérieurement. Freud y dresse la « liste des mécanismes » qui ont bien pu agir pour déterminer l'abandon de l'objet maternel si intensément et exclusivement aimé. Cette liste est à peu près la même que celle qui dans *La féminité* est présentée comme celle des récriminations de la fille contre sa mère. Mais l'ordre et l'importance accordés à chacun des motifs ne sont pas les mêmes : vient d'abord la *jalousie* à l'égard des rivaux, frères et sœurs, dont la cause est l'amour exclusif et insatiable condamné à se terminer toujours par une déception et à faire place à l'hostilité. Vient en second l'*influence du complexe de castration* sur l'être sans pénis. Puis l'*interdiction de la masturbation* qui jouerait un rôle primordial. Vient enfin le reproche de n'avoir pas été *nourrie* assez longtemps, expression d'une insatisfaction générale de l'enfant et d'une avidité de la libido infantile telle que jamais la mère ne saurait remplir toutes ses attentes.

Le motif du « complexe de castration » n'est pas ici détaché des autres comme spécifique et essentiel ; s'il est vrai que le motif le plus fort d'éloignement de la mère, c'est qu'elle n'a pas donné à l'enfant un « véritable » organe génital, qu'elle l'a fait naître fille et non garçon, ce motif ne suffit pas à justifier l'hostilité finale et le motif de l'*ambivalence* paraît cette fois à Freud plus décisif (ce qui impliquerait que l'ambivalence du garçon à l'égard de la mère soit moins importante que celle de la fille, chose que sa prudence se refuse pourtant d'affirmer sans examen préalable) : « Tous ces motifs paraissent insuffisants pour justifier l'hostilité finale. Certains d'entre eux sont des conséquences inévitables de la nature de la sexualité infantile, les autres se distinguent comme des rationalisations postérieures du changement de sentiment qui n'est pas compris. Peut-être qu'il en va plutôt ainsi, que l'attachement à la mère doit sombrer parce que le premier et si intense, un peu comme on peut l'observer chez la jeune femme, lors du premier mariage qui a lieu au plus fort de son amour. Dans les deux cas, des déceptions inévitables et l'amoncellement des motifs d'agression feraient échouer l'attitude amoureuse. Il est de règle que les seconds mariages sont meilleurs. Nous ne pouvons aller jusqu'à affirmer que l'ambivalence des investissements affectifs est une règle psychologique d'une portée générale (...). Mais dans les premières phases de la vie amoureuse, l'ambivalence est ouvertement de règle (...). Le lien intense de la petite fille à sa mère devrait être aussi fortement ambivalent, et par le concours d'autres facteurs, elle devrait être contrainte, en conséquence de cette ambivalence justement, à se détourner de sa mère ; C'est là de nouveau la conséquence d'un caractère général de la sexualité infantile.

« Contre cette tentative d'explication s'élève aussitôt une question : mais comment les petits garçons pourront-ils conserver, sans le contester, leur lien à la mère qui n'est sûrement pas moins intense ? On est prêt à répondre aussi vite : parce qu'il leur est possible de liquider toute leur ambivalence à l'égard de leur mère en plaçant sur leur père tous leurs sentiments d'hostilité. Mais, premièrement il ne faut pas donner cette réponse avant d'avoir étudié à fond la phase préœdipienne du garçon, et, deuxièmement, il est probablement beaucoup plus prudent d'avouer que nous ne pénétrons pas bien ces processus dont nous venons de prendre connaissance. »

Est-ce parce qu'entre le texte *Sur la sexualité féminine* (1931) et celui *La féminité* (1932) l'enquête sur le préœdipien du petit garçon aurait conduit à reconnaître la nécessaire ambivalence de ses sentiments à l'égard de la mère que, dans la conférence *La Féminité*, Freud mettrait en avant, comme seul facteur décisif, le complexe de castration de la fille ? Or, ni dans cette conférence — ni ailleurs — il ne se prononce nettement sur cette ambivalence du garçon. Dans la mesure où le lien exclusif et définitif à la mère continue à être affirmé, on peut penser que, selon Freud, l'ambivalence du garçon serait moins importante que celle de la fille. Tout se passe comme si Freud, à la fois, voulait conserver intact et pur l'amour du garçon pour la mère (dans ce cas, le motif de l'ambivalence tel qu'il est exposé dans *La sexualité féminine* pourrait être décisif), et voulait abandonner le motif de l'ambivalence au profit de celui du complexe de castration. D'un texte à l'autre, la prudence habituelle semble taire ses exigences, et la « spéculation » se substituer à l'observation : « l'envie du pénis » comme facteur décisif de toutes les différences l'emporte sur tout autre ; le monisme de l'explication, son mono-idéisme, fait de celle-ci une spéculation délirante. L'« envie du pénis » est bel et bien, malgré les dénégations de Freud, une idée fixe, une idée qui se serait de plus en plus « fixée » au point de se substituer à toute autre.

Le facteur spécifique résiderait donc dans le *complexe de castration de la fille :* car moi Freud j'attribue bien à la fille, elle aussi, un complexe de castration. Et cela non sans raison. Cependant ce complexe n'a pas chez elle le même contenu que chez le garçon. Selon son habitude, Freud commence donc l'exposé par le complexe de castration du garçon.

Chez le *garçon,* « ce complexe apparaît quand, après avoir jeté un regard (*Aublick*) sur les organes génitaux féminins, il expérimente que ce membre si hautement valorisé n'est pas nécessairement réuni au corps ». Il perçoit d'abord que la fille n'a pas de pénis, ni un grand ni un petit. « Se souvenant alors des menaces de castration formulées contre lui, il commence à croire que cela pourrait bien lui arriver et il subit alors l'*angoisse de castration* qui devient le moteur le plus puissant de son développement ultérieur. » La perception comme telle des organes génitaux de la fille n'aurait jamais fait naître l'idée de sa castration, et celle, éventuelle, du garçon, s'il n'y avait eu auparavant menace de castration portée contre le garçon, s'il n'y avait eu la culpabilité qui toujours déjà le pousse à croire en la réalité de ces menaces. La simple perception des organes de la fille, un simple coup d'œil suffit à susciter cette angoisse parce qu'elle existe déjà de façon plus ou moins latente, à cause de la culpabilité liée à la masturbation. C'est pour se protéger contre cette angoisse qu'en un second temps le garçon dote alors la fille d'un petit pénis, le clitoris.

Chez la *fille,* même point de départ que chez le garçon. C'est la perception du sexe de l'autre, là aussi un simple coup d'œil (*Aublick*) qui marque l'ouverture du complexe de castration de la fille. Un simple coup d'œil lui suffit pour remarquer aussitôt la différence « et, on doit l'ajouter, la signification de cette différence ». Que remarque-t-elle donc si rapidement ? Une différence quantitative ou qualitative ? Une simple différence quantitative pourrait-elle être perçue comme un préjudice tel que toute l'évolution ultérieure de la sexualité féminine en soit définitivement marquée ? Et surtout, cela pourrait-il susciter une telle envie de posséder cette chose qu'elle n'a pas ? « Très sensible au préjudice qui lui a été fait, elle voudrait bien avoir aussi quelque chose de semblable » (et non pas « un machin comme ça », comme dit la traduction exploitée par L. Irigaray ; le texte allemand dit en effet : *es möchte auch so etwas haben*). Pour qu'un simple coup d'œil puisse déclencher un tel sentiment d'avoir été lésée et cette envie inextinguible du pénis, il faut bien que, avant même cette perception, elle se soit sentie lésée quant à son sexe, se soit déjà sentie moins aimée par la mère que son frère : la perception du pénis est seulement l'occasion de donner un objet précis à un sentiment de frustration préexistant à l'état latent (comme le simple coup d'œil du garçon est l'occasion de passer d'une angoisse de castration latente à une angoisse déclarée, à l'état aigü) : le coup d'œil jeté sur le sexe de l'autre est ce qui permet de trouver enfin une « raison explicative » à la préférence maternelle ; par là cette vue est calmante ; mieux vaut avoir une raison, fût-elle difficile à accepter, que pas de raison du tout, car cela permet de substituer à un sentiment vague un sentiment très déterminé qui, comme tel, est moins angoissant. C'est pourquoi si l'envie du pénis s'empare alors de la fille (*verfällt nun dem Penisneid*) (à supposer que soit vraie la description freudienne), on peut dire aussi bien que la fille s'empare de cette « envie » comme l'on s'empare d'une planche de salut.

Mais ceci Freud ne le dit évidemment pas, car toute sa description tend au contraire à montrer qu'*avant* cette perception rien ne distingue le comportement de la fille de celui du garçon, que rien aussi ne distingue le comportement de la mère à l'égard de ses enfants des deux sexes, que rien ne peut donc justifier une « haine » particulière de la fille. Et aussi bien importe-t-il avant tout, à Freud, de montrer que l'envie du pénis, loin d'être un phénomène secondaire, réactif à un sentiment de frustration bien antérieure, est un phénomène premier et essentiel qui permet de comprendre que toutes les récriminations contre la mère sont seulement des rationalisations secondaires. Tout le problème est bien là : *l'envie du pénis* (à supposer qu'elle existe) est-elle un phénomène premier (auquel cas le caractère subit et immédiat de cette envie à partir d'un simple coup d'œil fait problème) ou un phénomène secondaire qui en camoufle d'autres ? Or, si des psychanalystes comme Jones par exemple ou, de nos jours, entre autres, Maria Torok [34], penchent pour cette dernière position (même s'ils n'en donnent pas tous la même explication), Freud, lui, s'efforce de réfuter tous les analystes [35] — à part Jones, en général des femmes — qui tendent à minimiser l'importance de cette envie du pénis, ou plutôt selon lui à la « dénier ». A la toute première importance de cette envie du pénis, Freud, quant à lui, s'attache et se fixe comme à un roc, à un roc inébranlable. Ce que serait en effet, selon lui, l'envie du pénis chez la femme et son corollaire masculin, « la protestation mâle », ces deux limites auxquelles se heurte

34. *L'envie du pénis chez la femme* in *L'écorce et le noyau,* Flammarion (coll. La philosophie en effet).

35. Dans *La sexualité féminine,* Freud critique l'interprétation de Horney. Selon cette psychanalyste, l'intensité de la tendance masculine serait due à une envie du pénis secondaire qui servirait à se défendre contre les motions féminines particulièrement contre le lien féminin au père : « Il est certainement juste de dire qu'il y a un antagonisme entre le lien au père et le complexe de masculinité, mais cela ne nous donne aucunement le droit d'admettre qu'il n'y en a qu'une de primaire et que l'autre ne doit ses forces qu'à la défense. Et si la défense contre la féminité réussit à être si énergique, d'où peut-elle tirer sa force sinon de la tendance masculine qui a trouvé sa première expression dans l'envie du pénis que manifeste l'enfant et mérite donc d'être nommée après elle. » Il s'élève également contre la lecture de Jones pour qui le stade phallique de la fille serait une réaction de protection secondaire plutôt qu'un véritable stade de développement.

l'analyse et qui lui font céder la place à la recherche biologique.

En effet, l'envie du pénis serait un phénomène premier car « fait biologique » indépassable, signe du rejet par la femme, comme par toute vie, de la féminité. « On a souvent l'impression qu'en se heurtant à l'envie du pénis et à la protestation mâle on vient frapper à travers toutes les couches psychologiques contre le roc (*Fels*) et qu'on arrive ainsi au bout de ses possibilités. Il doit en être ainsi car pour le psychique le biologique joue vraiment le rôle du roc qui se trouve au-dessus de toutes les strates. Le refus de la féminité ne peut vraiment être rien d'autre qu'un fait biologique, une partie de cette grande énigme qu'est la sexualité [36]. » Tel est, on l'a vu, le dernier mot de Freud sur l'énigme féminine ; ou comprend dès lors l'enjeu véritable de la fixation dernière et définitive de Freud à l'envie du pénis comme motif décisif de rupture avec la mère ; et tout ce qui se joue dans le passage de l'exposé des motifs tel qu'il est présenté dans *La sexualité féminine* à celui qui en est donné dans la conférence *La féminité* : la rupture avec la mère ne peut être définitive et universelle que si, en dernière analyse, elle se trouve fondée sur la nature elle-même, sur le rejet par toute vie de la féminité.

Or, comme toujours chez Freud, l'appel au biologique, à un au-delà du psychanalytique, dissimule ce qu'a de plus suspect sa « pensée » — ce qui relève non d'observations mais de spéculations délirantes, d'idées fixes : recours à la biologie, voire à la *paléobiologie* et à ses spéculations. Dans *Le tabou de la virginité* il va jusqu'à estimer que pour « fonder » le caractère naturel, biologique, indépassable de l'envie du pénis, on peut avoir recours à de telles spéculations, même si elles

36. *Analyse terminée, analyse interminable.*

peuvent sembler délirantes. Et de citer celles de Ferenczi : « Ferenczi (j'ignore s'il est le premier à le faire) la (l'envie du pénis) fait remonter dans une spéculation paléobiologique jusqu'à l'époque de la différenciation des sexes. Au début, pense-t-il, la copulation avait lieu entre deux individus de même espèce dont l'un cependant s'est développé davantage et a contraint le plus faible à supporter l'union sexuelle. L'amertume de cette infériorisation se retrouve dans le comportement actuel de la femme. Je pense que l'on ne peut reprocher à quelqu'un de se servir de telles spéculations tant qu'il évite de les surestimer. » Véritable raisonnement du chaudron. 1. Je ne spécule pas mais j'observe. C'est Ferenczi qui spécule. 2. De toute façon, il n'y a pas de mal, de temps à autre, à spéculer. 3. Ces spéculations n'ont de valeur que dans la mesure où elles servent mes propres observations, corroborent mon idée fixe. Il ne faut pas que Ferenczi les « surestime ».

On a vu à quelle stratégie du désir correspond l'invention de cette « fausse solution » délirante qu'est l'envie du pénis. Car, pour affirmer ce rejet universel de la féminité, il faut bien que Freud oublie un certain nombre d'observations, par exemple l'envie qu'auraient certains névrosés de devenir femme — comme le lui rappelle opportunément Lou Salomé ; qu'il oublie ce qu'il a écrit lui-même quelques années auparavant dans *Pour introduire le narcissisme,* ce texte tout entier dirigé contre les spéculations jungiennes, à savoir que c'était bel et bien les hommes qui *enviaient* les femmes (et non l'inverse) pour leur position libidinale inattaquable. Il oublie tout cela pour garder seulement l'envie du pénis et s'y accrocher comme à un roc.

La fille donc, à la simple perception du pénis, du petit pénis du garçon, serait saisie par une envie qui « laissera dans son évolution, dans la formation de son caractère des traces ineffaçables » (ce sont ces traces qui permettent dans une analyse de construire après coup cette envie infantile du pénis). Cette envie est telle, que dans le meilleur des cas « elle ne peut être surmontée sans de grands efforts psychiques ». En général, le reste de la vie de la fillette, de la femme, peut-on dire, est un ensemble de tentatives, plus ou moins fantasmatiques, pour essayer, malgré tout, de satisfaire cette déraisonnable et pourtant nécessaire envie. Car si la petite fille reconnaît le fait de son manque de pénis (*die Tatsache ihres Penismangels anerkennt*), cela ne veut pas dire qu'elle s'y soumet facilement : elle garde, au contraire, pendant longtemps le désir d'obtenir ce pénis, elle croît en une telle éventualité de façon invraisemblable pendant bien des années ; et quand, sur le plan conscient, elle ne peut plus admettre une telle possibilité démentie par la connaissance du réel, son désir, comme le montre l'analyse, continue à subsister et à conserver toute sa puissance au niveau inconscient. Refoulé, il n'en continue pas moins d'exister et de « déployer ses effets nocifs » (même s'il échappe à « l'observation » de ceux qui ne sont pas armés de la méthode analytique). Celle-ci découvre, de façon pour le moins paradoxale, qu'un des désirs qui motive l'analyse elle-même est précisément l'espoir d'obtenir enfin le pénis tant convoité ; et parce que l'analyse ne saurait lui procurer ce qu'elle est venue y chercher, cet objet auquel elle ne saurait renoncer [37], la femme passe nécessairement par des crises de dépression au cours desquelles elle est sûre que le

37. « On n'a jamais tant prêché dans le désert lorsqu'on veut pousser les femmes à abandonner parce qu'irréalisable leur désir du pénis. » Freud s'oppose par là aux exigences « naïves » de Ferenczi qui pensait que « toutes les malades femmes, pour que leur névrose paraisse complètement liquidée, doivent en avoir fini avec leur complexe de virilité et accepter sans rancœur toutes les possibilités concevables de leur rôle féminin ». *Analyse terminée, analyse interminable.*

traitement analytique ne lui servira à rien, et « on n'est pas en droit de lui donner tort lorsqu'on apprend que c'est l'espoir d'acquérir malgré tout l'organe viril si douloureusement convoité qui fut pour elle le motif principal de la cure [38]. Pourtant, une femme ne perd pas toujours totalement son temps en analyse : elle peut, grâce à elle, sublimer son envie du pénis, devenir capable, par exemple, d'exercer une profession intellectuelle ; attendre un tel résultat de l'analyse est « raisonnable ».

Reste à savoir en quoi l'exercice d'une profession intellectuelle peut être considérée comme sublimation de l'envie du pénis si par sublimation l'on entend une dérivation génétique et une déviation du but de la pulsion : il semble n'y avoir, en effet, aucune homogénéité, aucune commune mesure, entre l'envie du pénis et l'envie d'exercer une profession intellectuelle. Est-ce dire que la profession intellectuelle jouerait le rôle d'un pénis substitutif ? Or l'on peut comprendre qu'elle donne à la femme le « phallus », mais non le pénis (selon une équation bien connue, seul celui qui a de la tête peut être mis en tête). L'on comprend mieux si, par « profession intellectuelle », Freud entend : écrire des livres, le livre étant un substitut de l'enfant, et celui-ci un substitut du pénis, écrire des livres pourrait être compris comme sublimation de l'envie du pénis. Ainsi, dans *Le tabou de la virginité,* Freud écrit : « Derrière cette envie du pénis se révèle maintenant l'amertume hostile de la femme envers l'homme, amertume qu'il ne faut jamais complètement négliger dans les rapports entre les sexes et dont les aspirations et productions littéraires de ces « émancipées » présentent les signes les plus évidents [39]. »

Consciemment ou inconsciemment, de façon directe

38. *Ibid.*

39. Cf. aussi Nietzsche : pour une femme « aut liberi aut libri » (*Le crépuscule des idoles*).

ou sublimée, l'envie du pénis subsiste donc toujours, exerçant ses effets plus ou moins nocifs : on ne saurait en tout cas douter de son importance. Par exemple, elle est décisive pour comprendre certaines constellations psychiques caractéristiques des femmes, comme l'envie et la jalousie [40]. La femme serait plus jalouse et plus envieuse que l'homme, et ce supplément (regrettable) de jalousie serait dû à un défaut de pénis ; ce ne sont pas les préjugés masculins de Freud qui dotent ainsi la femme d'un tel « privilège » ; non, il y aurait ici une cause objective, voire mesurable : un « en plus » à cause d'un « en moins ». Car si les hommes eux aussi peuvent se montrer jaloux — avoir ce vilain « défaut » qu'est la jalousie — ce n'est certes pas, chez eux, à cause d'un quelconque défaut de leur sexe. Non ! Il y a d'autres racines de la jalousie. Ce qu'expliquerait l'envie du pénis de la femme, c'est seulement « l'excédent » (*das Mehr bei den Frauen*) de jalousie de la femme, voire son caractère pathologique par rapport à une jalousie « normale », celle de l'homme : en tout cas, moi, Freud, je suis enclin (*wir sind geneigt*) à faire de l'envie du pénis la cause de ce surplus excédentaire de jalousie. Il le dit lui-même : *il y est enclin*. Certes, et cela est indéniable ! Mais d'autres, et même de nombreux psychanalystes, ont d'autres inclinations (*Neigung*). Par exemple

40. D'autres textes donneront comme « rejeton » de cette envie du pénis le « féminisme » lui-même : c'est le cas de cette homosexuelle qui avait rapporté de ses années d'enfance « un complexe de virilité fortement accentué. Vive, combative, bien décidée à ne pas avoir le dessous face à son frère un peu plus âgé ; depuis qu'elle avait observé les organes génitaux de ce dernier, elle avait développé une puissante envie du pénis dont les rejetons emplissaient encore sa pensée. Elle était proprement une féministe, trouvait injuste que les filles n'aient pas le droit de jouir des mêmes libertés que les garçons et d'une manière générale se révoltait contre le sort de la femme ». (*Sur la genèse d'un cas d'homosexualité féminine.*)

celle à diminuer l'importance de cette envie du pénis telle qu'elle s'empare de la fille au stade phallique, et à mettre plutôt l'accent sur l'histoire ultérieure, plus décisive à leurs « yeux ».

Comment trancher entre ces diverses inclinations ? Entre toutes ces thèses et ces textes opposés qui défendent tous des pré/textes, des thèses anticipées par des pulsions, des inclinations ? Comment décider entre toutes ces spéculations ? Freud en tout cas tranche en faveur de la toute première importance des émois infantiles qui ont toujours la directive (*Richtunggebend*), même s'ils ne sont pas par eux seuls décisifs, même si dans l'étiologie de tout événement psychique, pathologique ou même simplement insolite, l'on doit toujours tenir compte de ces deux séries complémentaires : les fixations infantiles précoces et l'influence des événements, l'évolution ultérieure ; la constitution et l'histoire ; l'inné et l'acquis. Et s'il est vrai que chacun de ces facteurs intervient, qu'une diminution de l'un est en général marquée par une augmentation de l'autre, dans le cas de l'envie du pénis, à coup sûr l'emportent les émois infantiles : telle est ma *conviction* (*Gerade im Fall des Penisneids möchte ich mit Entschiedenheit für das Ubergewicht des infantilen Moments eintreten*). C.Q.F.D. Autrement dit, ce qui permet de trancher entre les inclinations, c'est mon inclination. C'est elle qui fait s'incliner la balance en ma faveur... Dans ce problème d'ordre général qu'offre la psychologie abyssale — quelle est la part respective de l'inné et de l'acquis dans l'étiologie des névroses ou des perversions — les textes donneront des réponses différentes, feront s'incliner la balance de façon différente, tantôt dans un sens, tantôt dans l'autre, selon les thèses à défendre, c'est-à-dire selon les « inclinations » du *moment*, seul véritable « levier ». (L'on pourrait suivre « l'évolution » de Freud à ce sujet, depuis *Les trois essais sur la théorie de la sexualité* où, en dépit de l'affirmation de la coopération et de la complémentarité des deux séries (« le facteur constitutionnel a besoin pour être mis en valeur d'expériences vécues ; le facteur accidentel ne peut agir qu'appuyé sur une constitution »), est affichée la thèse de la priorité, pour la psychanalyse, du facteur accidentel, la priorité du développement ontogénétique sur le développement phylogénétique ; la priorité en tout cas, pour la pratique psychanalytique, de l'« histoire » individuelle, même si la « théorie » met en avant les facteurs congénitaux ; jusqu'à *Moïse et le monothéisme* où, pour les besoins de la cause, est soulignée l'importance de l'*héritage archaïque*, des prototypes d'événements phylogénétiques qui seraient plus importants que les événements vécus : « L'hérédité archaïque ne comporte pas que des prédispositions, mais aussi des contenus idéatifs, des traces mnésiques qu'ont laissées les expériences faites par les générations antérieures. »)

Un tournant décisif : la découverte de la castration

Dans l'évolution sexuelle de la fillette, l'envie du pénis serait donc un moment décisif. Et elle serait une conséquence de la *découverte* par la fille de sa *castration*. Ce que la perception des organes génitaux du garçon avait seulement montré à la fille, c'est qu'elle n'avait, quant à elle, pas de pénis. Elle en avait conclu que la nature ou sa mère lui avait certes causé un « préjudice » considérable, mais non pas qu'elle avait été châtrée. Comment Freud peut-il donc glisser de l'affirmation du manque de pénis de la fille à celle de la « découverte de *sa castration* » ? Est-ce là le point de vue de la fille ou celui du petit garçon, celui de Freud qui serait resté fixé au stade des théories sexuelles infantiles ?

La conférence *La féminité* opère ce glissement comme s'il allait de soi. D'autres textes attribuent à la seule angoisse de castration du garçon le passage de la perception du manque de pénis de la fille à l'affirmation de sa castration d'où résulterait de la part des garçons une attitude fétichiste : ils dénient le manque de pénis et « croient voir malgré tout un membre ; ils jettent un voile sur la contradiction entre observation et préjugé en allant chercher qu'il est encore petit et qu'il grandira sous peu, et ils en arrivent lentement à cette conclusion d'une grande portée affective : auparavant, en tout cas, il a bien été là, et par la suite il a été enlevé. Le manque de pénis est conçu comme le résultat d'une castration et l'enfant se trouve maintenant en devoir de s'affronter à la relation de la castration avec sa personne ». Dans *L'organisation génitale infantile* — d'où est extrait ce texte — Freud se borne à décrire le complexe de castration du garçon lié à la phase du primat du phallus, et il affirme que « la connaissance des processus correspondants chez la petite fille lui fait défaut ». *Quelques conséquences psychologiques de la différence anatomique entre les sexes,* deux ans plus tard, et *La sexualité féminine* (en 1931), rendent la fille complice du *point de vue* du petit garçon. Après avoir rappelé que le garçon face à la région génitale de la fille, d'abord ne voit rien, puis, lorsque la menace de castration a pris de l'influence, perçoit le sexe de la fille comme castré, « il se met à croire à la réalité d'une menace dont il se riait jusqu'alors », Freud passe aux réactions de la fille face aux organes génitaux masculins. Ces réactions sont immédiates : « D'emblée elle a jugé et décidé. Elle a vu cela, sait qu'elle ne l'a pas et veut l'avoir. » Or un des moyens qu'elle aurait de vaincre cette envie insurmontable du pénis, ce serait *le déni de sa castration,* le refus d'accepter le *fait* de sa castration (*die Tatsache ihrer Kastration*), corollaire de la dénégation par le garçon du manque de pénis de la fille. Ce qui était d'abord présenté comme lié au déni de la perception du garçon sous l'influence de son angoisse de castration est déclaré cette fois un *fait,* et Freud est bien contraint alors d'inventer une dénégation supplémenatire, celle de la fille, lorsque, le cas échéant, elle n'accepte pas le point de vue qu'a sur elle le garçon, lorsqu'elle refuse de reconnaître « le fait de sa castration ». Au fétichisme spontané du garçon correspondrait dès lors un fétichisme de la fille : « Elle s'entête dans la conviction qu'elle possède bien un pénis et est contrainte par la suite de se comporter comme si elle était un homme. » Quand la fille « ayant fait l'expérience de sa propre déficience à la vue de l'organe génital masculin, reconnaît le fait de sa castration [41] », elle adopte la perspective du garçon, et elle attribue d'abord cette castration à un malheur individuel, la vit comme un châtiment qu'elle aurait subi pour avoir transgressé l'interdit de la masturbation. C'est dire que plus la fille se sent coupable d'avoir joui, plus elle accepte aisément la perche que lui tend le garçon, la castration de son sexe et l'envie du pénis [42]. Plus elle a été satisfaite, plus, par culpabilité, elle acceptera l'idée que sa sexualité est incomplète : qu'elle n'a donc pas vraiment joui, qu'elle est par là même moins « coupable » que le garçon.

Mais ceci, Freud ne le dit pas. Que la « castration » soit comprise comme punition de l'activité masturbatoire et son exécution imputée au père (et ceci par la fille comme par le garçon), il déclare que ce sont là des effets d' « après-coup », « deux choses qui sûrement ne sont pas

41. *Sur la sexualité féminine.*

42. C'est l'explication que donne Maria Torok dans *L'envie du pénis chez la femme,* ajoutant qu'elle fait ceci pour conserver à tout prix l'amour de sa mère. Mais dans ce cas, comment expliquer que cette « envie du pénis » soit ce qui justifierait en dernière analyse le rejet de la mère et le passage au père ?

originaires ». « La menace pour les deux enfants émanerait la plupart du temps de la mère [43]. »

Il importe, en effet, à Freud, de rendre la mère responsable de la menace de castration puisque, la seule manière qu'aurait la fille de se séparer d'elle, ce serait de la haïr en la mettant à l'origine de son « malheur »! Mais il lui importe aussi, inversement, de dissocier la castration de la fille d'une culpabilité liée à la masturbation : car, dans ce cas, le « fait de la castration » ne serait plus un fait mais un fantasme explicable à partir de l'angoisse de castration commune aux deux sexes. De plus, une culpabilité individuelle serait insuffisante à expliquer que la fille, après avoir pris la castration pour une malchance individuelle, l'étende d'abord à d'autres enfants, puis à des adultes, et attribue finalement ce « caractère négatif » à toutes les femmes, y compris à sa mère. La généralisation de la castration empêche d'en faire un simple fantasme individuel, lui donne le caractère d'une loi nécessaire, même si l'enfant en prend conscience seulement à partir d'une induction empirique. C'est ainsi que Freud glisse d'un simple « préjugé » du garçon à l'affirmation d'une loi universelle inéluctable. Que la fille accepte ou dénie ce que Freud appelle donc « le fait de sa castration », elle est de toute façon prisonnière de la perspective du petit garçon érigée en « vérité » par Freud. Car la castration ou son déni (et le fétichisme qui l'accompagne) impliquent tous deux la reconnaissance de la valeur et de la seule valeur du pénis érigé en étalon de mesure : les effets de la menace de castration sont proportionnels à la valeur accordée à cette partie du corps, et cet intérêt pour l'organe génital mâle est un intérêt narcissique [44].

---

43. *Sur la sexualité féminine.*

44. Cf. *Les théories sexuelles infantiles,* et *Quelques conséquences psychologiques de la différence anatomique entre les sexes.*

Que la fille reconnaisse donc « le fait de sa castration », que son clitoris est un petit pénis, un sexe raccourci, et qu'elle se mette à envier le grand pénis du garçon, ou qu'elle dénie cette castration en pensant qu'elle a un pénis ou qu'elle garde l'espoir d'en acquérir un, dans les deux cas, elle réfère sa sexualité à la sexualité du garçon, elle ignore toute « différence » sexuelle, toute altérité. Elle efface, en le méprisant, son « propre » sexe : le sien et celui de toutes les femmes, celui de sa mère, « répétant » le mépris du garçon pour le sexe « faible », assumant l'« infériorité » dont celui-ci la dote pour pouvoir se redresser, dresser son sexe : défense apotropaïque destinée à le protéger contre la menace de castration : « Un certain taux de mépris envers la femme reconnue comme châtrée est ce qui reste dans l'homme de l'influence du complexe de castration (...) La femme reconnaît le fait de sa castration et, avec cela, elle reconnaît aussi la supériorité de l'homme et sa propre infériorité [45]. »

Le complexe de castration engendre chez le garçon « son comportement durable à l'égard des femmes : horreur de ces créatures mutilées ou mépris triomphant à leur égard (...) Tout comme une cicatrice, chez la femme qui reconnaît sa blessure narcissique s'installe un sentiment d'infériorité. Lorsqu'elle a surmonté sa première tentative d'expliquer son manque de pénis par une punition personnelle et qu'elle a compris la généralité de ce caractère sexuel, elle commence à partager le mépris de l'homme devant un sexe raccourci d'une façon si importante et, dans ce jugement au moins, elle insiste sur sa parité avec l'homme [46] ».

---

45. *Sur la sexualité féminine.*

46. *Quelques conséquences psychologiques de la différence anatomique entre les sexes.* Dans une note, Freud explique que c'est déjà là le noyau de vérité de la théorie adlérienne « qui

Et c'est bien à cela que tend toute la démarche de Freud : rendre la femme complice du crime de l'homme, faire qu'elle dévalorise elle-même son sexe et valorise celui de l'homme, érige en loi générale le refus par toute vie de la féminité : « En résumé, le manque de pénis de la femme dévalorise celle-ci aux yeux de la fillette comme à ceux du garçon et peut-être même plus tard à ceux de l'homme [47]. »

C'est pourquoi le moment de la découverte par la fille de « sa » castration serait le tournant décisif de son évolution, la source de tout le comportement ultérieur quelle que soit la voie suivie. Car si elle « reconnaît » bien le fait de sa castration, ce n'est pas sans hésitation ni sans révolte, elle « se révolte aussi contre cet état de choses désagréable [48] » : la reconnaisance comme la révolte ont toutes deux leur origine dans la blessure narcissique qui provoque *et* le mépris des femmes pour leur propre sexe, *et* la nécessité de « cicatriser » cette blessure. De cette attitude « divisée » à l'égard de leur propre sexe, de ce sexe coupé, raccourci de façon si importante, résultent en effet trois orientations pos-

---

n'hésite pas à expliquer tout l'univers à partir de ce seul point (infériorité d'organe, protestation virile, distances par rapport à la lignée féminine) et se pique d'avoir privé la sexualité de son importance et d'avoir favorisé à sa place l'aspiration au pouvoir ! Le seul organe " inférieur " qui mérite sans équivoque d'être appelé ainsi serait donc le clitoris. Par ailleurs, des psychanalystes, dit-on, se piquent de n'avoir rien perçu, après des efforts de dizaines d'années, de l'existence d'un complexe de castration. On doit s'incliner avec admiration devant l'importance de cette performance, même si ce n'est qu'une performance négative, un tour de force dans l'aveuglement et la méconnaissance. Les deux théories ont pour résultat un intéressant couple d'opposés : ici, pas de trace d'un complexe de castration, là, rien que ses conséquences ».

47. *La féminité.*

48. *Sur la sexualité féminine.*

sibles : celle de l'inhibition sexuelle ou de la névrose ; celle du complexe de virilité ; celle enfin d'une féminité normale.

La première voie aboutit souvent à refouler une bonne partie de ses tendances sexuelles (*ein gutes Stück seiner Sexualstrebungen*) : entendez par là que la fille se détourne essentiellement de sa sexualité masculine, phallique, refoulement auquel s'ajoute, comme contre-coup, un refoulement de la sexualité en général. Ce qui est d'abord en jeu, c'est bien l'activité clitoridienne masturbatoire de la fillette qui, avant la perception du sexe du garçon, lui procurait une satisfaction liée à des désirs actifs centrés sur la mère. Or, ce que veut montrer Freud, et c'est pourquoi il a besoin d'associer ici étroitement l'activité masturbatoire à la représentation de la mère, alors que d'autres textes laissent supposer un simple plaisir d'organe, c'est que « sous l'influence de l'envie du pénis », la fille cesse de trouver satisfaction dans la sexualité phallique, renonce à la jouissance masturbatoire clitoridienne, et du même coup à l'amour pour sa mère : ce qui est essentiel puisque serait enfin trouvé le facteur spécifique explicatif du détachement. C'est la « comparaison » que fait la fille avec le garçon, mieux partagé, mieux « équipé » (*ausgestatten*) qu'elle qui serait responsable d'un tel revirement : plutôt rien que moins que l'autre. C'est une blessure d'amour-propre, narcissique, atteignant tout son sexe désormais vécu comme châtré, qui la ferait renoncer à une jouissance qui, comparée à celle du garçon, perdrait toute sa valeur. Comme si une simple « comparaison », une mesure de son sexe à l'étalon du sexe de l'autre, pouvait suffire à faire renoncer à une jouissance supposée jusqu'ici satisfaisante. Ne faut-il pas qu'il y ait eu toujours déjà insatisfaction et envie pour qu'il y ait même eu désir de se comparer à l'autre ? Ne faut-il pas que la fille se soit déjà sentie auparavant « inférieure » pour qu'elle se saisisse ainsi d'une infériorité d'organe comme d'un prétexte pour renoncer à sa jouissance et à l'amour maternel ? Pourtant, l'abandon de la mère n'est pas une conséquence immédiate du renoncement à la jouissance masturbatoire, comme on aurait pu le supposer : la mère n'est abandonnée ni comme objet du désir actif de la fille désormais refoulé, ni même parce qu'elle serait rendue responsable du « dénuement » de la fille, des « préjudices » qu'elle aurait subis. Vous pensiez tenir là le facteur spécifique ? Détrompez-vous ! la mère sera abandonnée seulement lorsque la fille en fin de compte reconnaîtra qu'elle n'est pas seule à être dépourvue de pénis, que c'est là le lot ingrat de toutes les femmes, y compris de sa mère. L'amour pour la mère peut alors sombrer dans le mépris voué à tout son sexe. Le mépris pour un être dépourvu de pénis est ce qui seul peut pleinement justifier la haine de la fille et sa volte-face : « L'abandon de la mère ne se produit pas d'un seul coup, car la fillette tient d'abord sa castration comme un malheur individuel; c'est plus tard seulement qu'elle s'aperçoit finalement que d'autres êtres féminins et parmi eux sa mère, sont semblables à elle-même. Son amour s'adressait à une mère phallique ; avec la découverte que la mère est châtrée, il deviendra possible de laisser tomber un tel objet d'amour, de telle sorte que les motifs d'hostilité depuis longtemps accumulés finissent par l'emporter. »

Or, si c'est bien le manque de pénis de la femme qui dévalorise la mère aux yeux de la fillette « comme à ceux du garçon », le facteur spécifique perd, de fait, toute spécificité : il *devrait* provoquer également le détachement du garçon. Or, si certains hommes méprisent les femmes ou les ont en horreur, deviennent homosexuels ou fétichistes, ils n'en continuent pas moins, selon Freud, d'être fixés à leur mère ; il leur arrive parfois aussi d'être hétérosexuels, et cette hétérosexualité est même dite normale.

Faut-il donc admettre, contrairement à tout ce que Freud s'est efforcé de démontrer, que l'amour de la petite fille pour la mère aux premiers stades de la libido n'est pas identique à celui du garçon ? Que la fille n'est pas alors un petit homme ? Faut-il admettre que fille et garçon n'ont pas les mêmes raisons d'aimer ou de haïr leur mère ? Le garçon seul aimerait-il la mère d'un amour par étayage alors que la fille l'aimerait seulement selon le type narcissique ? C'est bien ce que semble affirmer Freud lorsqu'il dit : « son amour s'adressait à une mère phallique », ne craignant pas de se contredire, puisque, quand il s'agissait de souligner l'identité de la fille et du garçon aux trois premiers stades, il affirmait : « Le premier objet d'amour du garçonnet, c'est sa mère à laquelle il demeure fixé pendant la formation du complexe d'Œdipe et, en somme, pendant toute la vie. Pour les filles aussi le premier objet doit être la mère ou les personnes qui la remplacent : nourrice, bonne d'enfants, etc. Les premiers investissements objectaux découlent de la satisfaction des besoins vitaux essentiels, les soins étant identiques pour les enfants des deux sexes. »

Il semble que Freud ne soit pas dans ce texte à une contradiction près. Et qu'à vouloir faire à tout prix de « l'envie du pénis » la raison dernière de tout le comportement féminin, qu'à vouloir en faire le facteur « spécifique » décisif, il ôte en fait au comportement dit « féminin » toute spécificité puisque la valorisation du pénis commanderait en définitive la conduite de la fille comme celle du garçon. Dès lors, Freud est condamné à ne pouvoir rendre raison des différences de comportement des deux sexes et à se contredire. En affirmant que le garçon reste fixé définitivement à la mère, il « oublie » que l'angoisse de castration est pour lui aussi un roc inébranlable. Il ne rend plus seulement la fille « complice » de l'homme ; il la transforme en un garçon plus misogyne et plus fétichiste que le garçon lui-même. Telle une nouvelle convertie, elle ferait de la surenchère, rejetterait et mépriserait de façon radicale (sauf dans le cas de l'homosexuelle, mais Freud s'arrangera pour faire de celle-ci une dogmatique déçue) tout son sexe.

Ce caractère outré, excessif du comportement de la fille (à supposer que cette description soit fondée) souligne, de fait, que, si envie du pénis il y a, elle est seulement une formation secondaire qui se greffe sur une haine préexistante. Freud ne dit-il pas lui-même que cette envie du pénis permet aux « sentiments hostiles depuis longtemps accumulés de prendre le dessus » ? Ceux-ci ne seraient donc plus de simples rationalisations secondaires qui dissimuleraient la seule raison réelle de la haine : l'envie du pénis. Cette dernière serait, au contraire, l'occasion qui permettrait à la haine de la fille de passer de la « périphérie » où elle était reléguée au centre, d'occuper une place centrale aux lieux et places de l'amour ; le modèle suivi par Freud est ici celui d'Empédocle [49] ; il n'y aurait pas conversion d'un amour pur en une haine pure, mais conflit permanent entre deux forces (Eros et les pulsions de mort), tantôt l'une, tantôt l'autre dominant et paraissant alors seule exister : l'envie du pénis marquerait le triomphe (provisoire ?) de la haine sur l'amour. De plus, si l'on admet que la fille rejette la mère lorsqu'elle prend conscience qu'elle ne possède pas le pénis, l'on suppose qu'au cours des trois premiers stades la mère est seulement aimée comme détentrice de pénis ; l'on postule qu'avant même le stade phallique, avant même la perception du sexe du garçon, la fille a toujours cru qu'elle et sa mère ont un sexe identique à celui de l'homme et que le clitoris est

49. Cf. S. Kofman, *Freud et Empédocle* in *Quatre romans analytiques* (Galilée, 1974).

un pénis. Or, quand elle perçoit le sexe du garçon pour la première fois, elle le voit comme une « réplique » du sien : c'est le clitoris qui lui sert de modèle pour évaluer le pénis et non l'inverse. Et elle semble faire là une véritable découverte : la découverte est-elle seulement qu'il y a un différence quantitative qui joue en sa défaveur, ou celle d'une identité qui permet alors, et alors seulement, la comparaison ? Ce qui justifierait que « l'envie du pénis » ne se soit pas emparé d'elle plus tôt.

Enfin si, au cours des stades préœdipiens, la fille aime seulement une mère *phallique,* la relation préœdipienne de la fille à la mère (qu'on aurait pu penser si différente de la relation œdipienne ultérieure avec le père comme le suggérait la comparaison avec la découverte de la civilisation minoémycénienne supposée sans commune mesure avec la civilisation grecque), cette relation est toujours déjà calquée sur le modèle de l'Œdipe puisque la fille n'aimerait la mère qu'en tant que porteur supposé d'un pénis. De telle sorte que lorsque la fille change d'objet d'amour, passe de la mère au père,elle continuerait, de fait, elle aussi à rester fixée à un même objet, le porteur du pénis. Transférer l'amour de la mère au père serait simplement reconnaître que l'on a fait erreur. Si un tel transfert est possible, c'est que par delà l'affirmation d'une rupture complète entre les deux périodes, préœdipienne et œdipienne, il n'y aurait de fait aucune rupture : derrière l'objet mère comme derrière l'objet père, ce serait toujours le pénis qui serait convoité, et c'est bien la conclusion à laquelle Freud veut parvenir, c'est bien là l'idée fixe qui mène tout ce discours : malgré le primat accordé à la relation préœdipienne et à la mère, Freud s'arrange pour faire de l'organe mâle l'agent directeur du comportement de la fille, et pour soumettre son évolution sexuelle à la seule envie du pénis.

Freud aurait donc trouvé la raison explicative du détachement de la fille. Pourtant, il juge bon de revenir sur l'importance du renoncement à la masturbation, renoncement qui n'est jamais « une chose de peu d'importance ou indifférente ». Suit tout un développement sur l'importance que le névrosé attache à l'onanisme qu'il rend responsable de tous ses maux ; son seul tort serait d'évoquer la masturbation pubertaire, alors que la masturbation infantile, en tant que manifestation de la sexualité infantile, serait la véritable responsable des névroses. Seraient fondamentales et pour la formation des névroses et pour celle du caractère de l'individu, la masturbation et la tolérance ou la non-tolérance des parents à cette masturbation et le fait que l'individu lui-même arrive ou non à réprimer cette masturbation : « Tout cela laisse des traces indélébiles », et il y aurait beaucoup à écrire à-dessus. Et pourtant Freud se sent soulagé de n'avoir pas à accomplir ce travail, « ce long et difficile devoir », et il déclare tout son embarras à donner d'éventuels conseils pratiques aux parents ou aux éducateurs. Cet embarras « cruel » vient-il seulement d'une hésitation théorique sur les bienfaits ou les méfaits des interdits concernant la masturbation ? Ou le caractère « pénible » attribué à un travail éventuel sur la masturbation est-il un simple transfert sur le « travail » de difficultés qu'a toujours l'enfant (Freud) face à la masturbation, de l'aporie dans laquelle celle-ci le plonge ? Comme si elle le mettait dans une voie sans issue, dans un violent conflit intérieur ? L'embarras de Freud serait le retour dans la « théorie » des difficultés infantiles à obéir à ce *double Bind :* obéir à la contrainte de la pulsion qui le pousse à obtenir une jouissance masturbatoire, et obéir à la mère qui interdit cette même masturbation et dont l'enfant risque de perdre l'amour en désobéissant. De cette lutte il subsiste toujours des vestiges, et si la jouissance masturbatoire est réprimée, elle reste toujours une « tentation redoutée ». Dans le cas de la fille, elle ne peut parvenir à surmonter cette « tentation » qu'en intériorisant les interdits maternels, qu'en transportant en elle le conflit, qu'en jouant elle-même le rôle maternel : ce qui est une façon, au lieu de subir les interdits, de maîtriser la situation et de régler son conflit avec la mère ; si l'interdit vient d'elle-même, elle peut renoncer à la jouissance que lui a procurée jusqu'alors son clitoris : « l'envie du pénis », ce serait cette « chose » dont elle s'empare pour parvenir à s'interdire une jouissance à laquelle elle n'a pas de « raison » de renoncer, et qui, même « réprimée », continuera à la tenter et à la hanter ; d'où la comparaison avec le sexe du garçon et l'« idée » que son organe à elle est bien « médiocre » (*minderwertigen Klitoris*). Affirmer la « médiocrité » du clitoris, le condamner à être un organe qu'il ne vaut plus la peine de manipuler, est l'équivalent du jugement de condamnation prononcé par le renard contre les raisins : « ils sont trop verts et bons pour les goujats » — quand il ne peut pas les atteindre ; il s'agit d'une conduite émotionnelle où l'on change « magiquement », en *un clin d'œil*, les qualités du monde (puisque l'on ne peut changer la réalité, la mère et ses interdits) afin de maîtriser une situation insupportable sur laquelle la raison n'a aucune prise : le renoncement à la masturbation qui ne se fait jamais de gaieté de cœur.

Ceci, Freud évidemment ne le dit pas, puisque l'envie du pénis, c'est là son idée fixe, doit être une « formation primaire ». Et pourtant ce passage supplémentaire sur la masturbation », est comme un post-scriptum où fait retour le refoulé, où est reconnue « l'importance de la masturbation », non seulement pour la génèse des névroses, mais aussi dans le conflit qui oppose la fille à la mère et qui la conduit à se détacher d'elle. L'envie du pénis peut être lue alors comme un prétexte secondaire qui donne raison à ce qui est sans raison. Ce n'est pas elle, ni l'humiliation narcissique, qui serait fondamentale, qui motiverait la réaction contre l'onanisme et le détachement de la mère [50], mais l'interdiction de la masturbation. D'autres textes confirment cette lecture, eux qui déclarent ouvertement que l'interdiction de la masturbation est un motif de révolte contre la personne qui l'interdit et que la rancune contre l'empêchement de l'activité sexuelle libre joue un grand rôle dans la séparation d'avec la mère [51]. Et aussi que l'onanisme ne cède pas sans l'intériorisation des interdits maternels. « Lorsque l'envie du pénis a provoqué une vive réaction contre l'onanisme sans que celui-ci cède pourtant, la fillette est en proie à une violente lutte intérieure ; s'attribuant, pour ainsi dire, le rôle de sa mère maintenant détrônée, elle manifeste, par une réaction contre le plaisir que le clitoris lui permet d'éprouver, tout son mécontentement d'avoir un organe aussi médiocre. Bien des années plus tard, alors que l'activité masturbatoire s'est depuis longtemps éteinte, on retrouve encore les vestiges de cette lutte contre une tentation toujours redoutée : sympathie pour des personnes qu'on pressent être en proie aux mêmes difficultés, motifs aux-

50. « Les analyses de la période phallique la plus reculée m'ont maintenant appris que, chez la fille, peu après les signes de l'envie du pénis, apparaît une intense réaction contre l'onanisme, réaction qu'on ne peut faire remonter à la seule influence des personnes chargées de l'éducation (...). Je ne peux m'expliquer cette révolte de la petite fille contre l'onanisme phallique que par l'hypothèse suivante : elle est vivement dégoûtée de cette activité source de plaisir par un facteur parallèle. Ce facteur, il ne faut pas aller le chercher bien loin ; ce devrait être l'humiliation narcissique qui se rattache à l'envie du pénis, l'avertissement qu'on ne peut pourtant pas tenir tenir tête sur ce point au garçon et qu'il vaut mieux donc s'abstenir de lui faire concurrence. C'est ainsi que la reconnaissance d'une différence anatomique entre les sexes écarte la petite fille de la masculinité et de l'onanisme masculin et la met sur de nouvelles voies qui conduisent au développement de la féminité. » (*Quelques conséquences psychologiques de la différence anatomique entre les sexes.*)

51. *Sur la sexualité féminine.*

quels on obéit en se mariant, choix même du mari ou de l'amant. » Que, malgré la « médiocrité » du clitoris, la fille continue pourtant toujours, consciemment ou inconsciemment, à rechercher une jouissance masturbatoire prouve bien que le clitoris n'est, après tout, pas si médiocre que cela, et que si le conflit qui l'oppose à la mère n'était pas si violent, s'il n'y avait pas aussi pour la fille une nécessité qui relève de son destin biologique de subordonner à un moment donné du temps la zone érogène phallique à la zone vaginale « proprement féminine [52] », rien ne la pousserait à mettre fin à une masturbation à laquelle d'ailleurs elle ne renonce jamais vraiment ; dans le renoncement à la masturbation et dans sa condition de possibilité — supposée par Freud comme décisive —, l'envie du pénis, il faut donc voir avant tout, comme l'a bien souligné Maria Torok, une manière de régler un conflit avec la mère : la fille renonce-t-elle à la masturbation pour garder l'amour de la mère, comme le pense Maria Torok ? ou, au contraire, pour pouvoir renoncer à cet amour comme le pense Freud ? pour pouvoir haïr celle qui interdit la jouissance et se mettre à la place ? En tous cas, il semble bien que ce « post-scriptum » ait pour effet de faire oublier que le motif (supposé essentiel) d'abandon de la mère était son manque de pénis, et de mettre au premier plan le motif de l'interdiction de la masturbation, c'est-à-dire d'une jouissance de type « masculin ». Ce motif permet d'expliquer l'abandon d'une zone érogène au profit d'une autre, comme le motif du manque de pénis de la mère était nécessaire pour expliquer le passage de la mère au père, seul porteur du pénis refusé par la mère. Il était néces-

52. « La masturbation du clitoris est une activité masculine et l'élimination de la sexualité clitoridienne est une condition du développement de la féminité. » (*Quelques conséquences psychologiques de la différence anatomique entre les sexes.*)

saire de combiner les deux motifs puisque, pour devenir femme, la fille et doit changer de zone érogène (passer d'une jouissance « masculine » clitoridienne à une jouissance féminine vaginale), et doit changer d'objet (passer de la mère au père).

Le désir du père et l'instauration de la féminité

La première condition pour que puisse s'instaurer la féminité est donc de cesser de se livrer à la masturbation clitoridienne, car c'est là renoncer à une partie de son activité. C'est dire que si la passivité n'est pas le propre de la femme, il ne saurait pourtant y avoir passage à la féminité, à proprement parler, sans prédominance de la passivité : « La passivité prend maintenant le dessus. » Car c'est seulement grâce au concours des pulsions *passives* (terme essentiel ici qui manque dans la traduction), que le penchant pour le père, qui est la seconde condition de la féminité, peut lui aussi devenir prédominant. Si l'on ne peut identifier passivité à féminité, du moins l'abandon de l'*activité* phallique est-elle ce qui « aplanit le terrain pour la féminité [53] ». Encore faut-il, pour qu'une féminité normale puisse s'instaurer, que cette activité phallique ne soit pas totalement perdue, totalement refoulée. La normalité implique la prédominance de la passivité mais aussi que soient conservées les motions actives, bref elle implique la bisexualité. La voie névrotique est celle d'un refoulement exagéré des motions masculines qui font retour alors sous forme de symptômes hystériques.

53. Cf. *Sur la sexualité féminine* : « Le fait que la petite fille se détourne de la mère n'est pas seulement un simple changement d'objet mais parallèlement un fort abaissement des motions sexuelles actives et une augmentation des motions sexuelles passives. »

Parce que Freud établit seulement entre le normal et le pathologique une différence de degrés, tout ce passage du texte qui semblait traiter seulement d'une des orientations de l'évolution de la fille après la découverte de sa castration, l'orientation névrotique, traite simultanément de l'évolution normale : il est « normal » que soit refoulée une partie de l'activité phallique, que la fille haïsse la mère et se tourne vers le père. Ce qui est anormal, c'est que *toute* l'activité phallique soit refoulée et, *a fortiori,* que ce refoulement de l'activité « masculine » entraîne avec lui le refoulement des motions passives, bref, de la sexualité en général : ce qui est anormal, c'est l'excès du refoulement, signe d'une excessive activité masturbatoire antérieure. Lorsqu'elle suit une évolution névrotique, « la fille renonce à son activité phallique et avec cela à la sexualité en général comme dans d'autres domaines à une bonne part de sa masculinité [54]. » Le passage à l'objet père, à l'Œdipe féminin, s'accomplit seulement lorsque l'évolution est normale, c'est-à-dire dans la mesure seulement où les tendances passives « ont échappé à la catastrophe [55] ». A condition aussi, évidemment, qu'aient été surmontés les restes du lien à la mère préœdipienne, la voie du développement vers la féminité est alors libre. La fille se tourne donc vers le père, mais pour lui demander quoi ? La même chose que ce qu'elle cherchait auprès de la mère, que celle-ci lui a refusé et qu'elle attend maintenant de son père, à savoir le pénis. La mère l'a frustrée (*versagt hat*) dans son désir du pénis comme elle l'avait déjà frustrée auparavant de son sein.

La description que donne Freud du désir fait de celui-ci un phénomène réactif, hystérique : désirer, c'est toujours manquer de, réclamer, revendiquer, se sentir

54. *Ibid.*
55. *Ibid.*

frustrée, envier l'autre. « Que *réclame* la petite fille de sa mère ? [56] ». « Le désir qu'a la fille de son père n'est sans doute à l'origine que le désir de posséder un pénis qui lui a été refusé par la mère et qu'elle attend maintenant du père. »

Si désirer c'est fondamentalement réclamer, attendre, il n'est pas étonnant que toute l'évolution de la femme soit orientée par l'envie du pénis. Mais qu'en est-il alors du désir du garçon ? Est-il d'une autre essence ? Est-ce parce que la fille manque toujours déjà de pénis qu'au cours des stades antérieurs au stade phallique elle s'est déjà sentie frustrée, s'est toujours déjà montrée plus avide que le garçon, par exemple, du lait maternel ? Le désir sans limite du sein maternel est-il déjà désir du pénis, ou celui-ci est-il sous une autre forme désir du sein maternel ? Et si le désir du sein maternel est désir du pénis, ce désir serait-il moins important chez le garçon mieux « équipé » que la fille ? Pourtant, Freud ne semble pas donner au désir masculin une autre nature qu'au désir féminin ; mais tout se passe comme si le caractère « réactif », le ressentiment, l'envie, étaient pourtant attribués seulement aux femmes, du moins dans leur caractère « excessif », c'est-à-dire pathologique. Entre le désir de la fille et celui du garçon la différence serait celle du pathologique au normal, différence simplement graduelle : le désir, par nature, pour les deux sexes, serait bien manque infini, avidité que rien ne saurait combler. Au sein de cet infini, on pourrait pourtant distinguer un plus et un moindre manque faisant toute la différence des sexes — un plus de manque de pénis, à l'origine de l'excessive envie de la fille.

Avec le renversement hiérarchique en faveur de la « passivité », avec le passage de la mère au père, simple conversion vers celui qui a plus de chance de pouvoir

56. *Ibid.* Je souligne.

satisfaire l'envie du pénis, il semble que soit achevée l'évolution de la fille vers la féminité. Pourtant il n'en est rien. Sans que dans le texte rien ne puisse le faire prévoir, Freud ajoute une condition supplémentaire : « Toutefois, la situation féminine [encore un mot non traduit] ne s'établit pour la première fois que lorsque le désir du pénis est remplacé par le désir d'avoir un enfant, l'enfant, suivant une vieille équivalence symbolique, prenant la place du pénis. » Pourquoi, s'il est simple substitut serait-il ici plus décisif que celui de la chose même ? Est-ce que désirer « l'enfant » serait féminin alors que désirer le pénis resterait « masculin », relèverait des pulsions masculines, phalliques, de la femme ? Comment dès lors l'un peut-il bien être l'équivalent symbolique de l'autre, le substitut de l'autre ? Y a-t-il pour la femme une bonne manière et une mauvaise manière d'envier le pénis ? L'une de ces manières est-elle plus spécifiquement féminine que l'autre ? Il semble bien que Freud, entre tous les dérivés substitutifs de l'envie du pénis, privilégie seul le désir d'enfant, comme ce « rejeton » dont la femme n'aurait pas à rougir, le seul compatible avec la féminité. Tous les autres dérivés, celui par exemple d'exercer une profession intellectuelle, de faire des livres, seraient déjà la marque d'une émancipation audacieuse [57], ou seraient de nature névrotique, des rejetons nocifs. *La norme du désir (insatisfait) du pénis est bien de se muer en désir d'enfant*. Cela relève d'un impératif quasi moral : « Le désir insatisfait du pénis doit (*soll*) se muer en désir de l'enfant et de l'homme possesseur du pénis. Mais trop souvent nous constatons que le désir de virilité est resté présent dans l'inconscient et déploie à partir du refoulement ses effets nocifs [58]. »

C'est du moins la norme « souhaitée » et imposée par

---

57. Cf. *Le tabou de la virginité*.
58. *Analyse terminée, analyse interminable*.

Freud, identifiant le féminin au maternel. Certes ; mais si l'enfant est un substitut du pénis, s'il peut s'établir une équivalence symbolique entre l'un et l'autre, cela veut dire que ce qui est reconnu comme le plus « proprement » féminin, la norme de la féminité même, la maternité, correspond fondamentalement aux désirs masculins de la femme, à son complexe de virilité. Là où la féminité semble le mieux installée, c'est encore le désir viril de posséder le pénis qui imposerait sa loi. De telle sorte que l'on peut en définitive conclure — ce vers quoi tend tout ce discours — que ce qu'il y a de plus spécifiquement féminin en la femme, c'est bien son désir viril de posséder le pénis, c'est son envie du pénis. Celle-ci serait donc à la fois le vestige de la sexualité « masculine » de la femme qui *doit* disparaître pour laisser place à la féminité et ce qui permet à la femme d'accomplir au mieux cette féminité. C'est dire que le propre de la femme c'est, comme l'affirmera *Analyse terminée, analyse interminable,* le refus de la féminité : et ceci dans la maternité même. L'on peut dire aussi bien que Freud identifie le féminin *ou* le masculin au maternel ; qu'en fait de « proprement » ou d'improprement féminin, il n'y a, à proprement parler, que du masculin. « Ainsi l'ancien désir masculin de posséder le pénis subsiste même quand la féminité est accomplie (*noch durch die vollendete Weiblichkeit durch*). Mais peut-être devrions-nous reconnaître ce désir du pénis comme spécifiquement féminin (*wir diesen Peniswunsch eher als einen exquisit weiblichen anerkennen*). » Le désir d'enfant de la femme serait donc comme une ruse de la nature qui permettrait à la femme, en dépit de son narcissisme, et grâce à une blessure narcissique, de se tourner vers l'amour objectal, d'aimer selon le type masculin de l'amour d'objet, de se tourner vers le père d'abord, puis vers l'homme aimé. Mais aussi bien se tourner vers l'un ou l'autre c'est encore s'en détourner, car ils sont aimés seulement comme appendice du pénis, comme pouvant enfin donner à la femme l'objet convoité, le pénis ou l'enfant-pénis, et surtout, comble de bonheur pour la femme, l'enfant-pénis lui-même porteur de pénis, à savoir un garçon qui seul saurait « apporter avec lui le pénis convoité ». Désirer avoir un enfant du père, c'est en fait « reléguer le père au second plan ».

« Le destin du désir infantile d'avoir un pénis est de se changer en désir de l'homme : il agrée l'homme en tant qu'appendice du pénis. Par ce changement, une motion dirigée contre la fonction sexuelle féminine devient une motion qui lui est favorable. Pour ces femmes, il devient alors possible d'avoir une vie amoureuse selon le type masculin de l'amour d'objet qui peut s'affirmer à côté du type proprement féminin dérivé lui du narcissisme. Dans d'autres cas, c'est d'abord l'enfant qui permet le passage de l'amour de soi-même à l'amour d'objet. Sur ce point aussi l'enfant peut être remplacé par le pénis (...). L'importance du processus réside en ce qu'il fait passer un fragment de la masculinité narcissique de la jeune femme du côté de la féminité et le rend de la sorte inoffensif pour la fonction sexuelle féminine [59]. »

Et s'il est vrai que, sur le plan conscient, le désir de l'homme peut apparaître indépendamment du désir d'enfant et émerger de motifs qui appartiennent à la psychologie du moi, « l'ancien désir du pénis s'y associe en tant que renforcement libidinal inconscient [60] ».

Ainsi le désir d'avoir un enfant, s'il relève de la fonction sexuelle féminine, renvoie pourtant fondamentalement à une constitution masculine : en tant qu'il correspond à l'envie de pénis, il est rangé, en dernière analyse, dans le complexe de castration de la femme [61]. C'est pourquoi il n'est pas rare dans l'analyse d'une femme névrosée

59. *Sur les transpositions de pulsions plus particulièrement dans l'érotisme anal* (1917).

60. *Ibid.*

61. *Ibid.*

de buter sur le désir refoulé qu'elle a de posséder comme l'homme un pénis, désir qui se manifeste sur le plan conscient par le désir d'avoir un enfant dont la frustration dans la vie peut alors déclencher sa névrose : « C'est comme si ces femmes avaient saisi que la nature a donné à la femme un enfant comme substitut de l'autre chose dont elle a dû la frustrer. » La voie qui conduit la femme vers l'homme serait une ruse de la nature, un moyen forgé pour donner malgré tout à la femme ce qu'elle lui a refusé : le pénis [62].

Parfois, désir de pénis et désir d'enfant ont tous deux existé dans l'enfance et se sont relayés l'un l'autre : les facteurs accidentels de la vie infantile expliquent cette diversité. Contre-épreuve, les théories sexuelles infantiles qui ont toujours un noyau de vérité : lorsqu'il s'attache au problème de l'origine des enfants, lorsqu'il devine que seules les femmes peuvent enfanter, alors l'enfant dessaisit la mère elle-même du pénis (ce qui permet de passer de l'idée d'une castration singulière à celle d'une castration généralisée), et parfois des théories très compliquées sont échafaudées pour expliquer l'échange du pénis contre un enfant. Dans tout cela, l'organe génital féminin semble n'être jamais découvert ; l'enfant vivrait dans l'intestin de la mère et serait mis au monde par l'orifice intestinal [63] : un élément né de l'érotisme de la phase prégénitale devient ainsi apte à être utilisé dans la phase du primat génital ; c'est l'identité de l'enfant et de l'ex-

62. On ne peut s'empêcher d'évoquer ici *Le banquet* de Platon où « l'amour », l'enfant de Penia et de Poros, du dénuement et de la ressource, est né précisément grâce à la ruse de Pénia qui se fait engrosser pendant le sommeil de Poros. L'enfant-amour est sa seule ressource, la seule issue qu'elle a pour se sortir de sa détresse, de son dénuement, de son aporie : l'enfant, c'est la ressource de la femme, ce qui permet à une nature mortelle, Pénia, démunie, dans l'aporie, d'accéder à l'immortalité ; d'acquérir le pénis ?

63. *L'organisation génitale infantile.*

crément. Lorsque le garçon s'aperçoit que la fille n'a pas de pénis, alors le pénis est reconnu comme quelque chose que l'on peut séparer du corps et est assimilé à l'excrément qui est la première pièce de substance corporelle à laquelle il a dû renoncer. « C'est ainsi que le vieux défi anal entre dans la constitution du complexe de castration (...). Lorsque l'enfant entre en scène, les investigations sexuelles le reconnaissent comme *Lumpf* et l'investissent d'un intérêt érotique anal puissant. Le désir d'enfant reçoit un second renfort provenant de la même source lorsque l'expérience sociale apprend que l'on peut aussi considérer l'enfant comme une preuve d'amour, comme un cadeau. (...) Colonne d'excrément, pénis et enfant, trois corps solides qui excitent en y pénétrant ou en s'en retirant un conduit de membrane muqueuse [64]. »

Le texte sur L*es théories sexuelles infantiles* (1908) insiste sur l'absence de différence sexuelle et affirme que pour les enfants il n'y a aucun privilège de la femme à enfanter : la théroie cloaquale s'impose comme la plus vraisemblable ; le petit garçon peut avoir le fantasme qu'il fait des enfants sans qu'on ait besoin de lui imputer des penchants féminins. Il ne fait alors que manifester la présence active de son érotisme anal. Si le garçon peut avoir envie de faire lui-même un enfant, assimilé à un excrément ou à un cadeau, si ce désir est antérieur au stade phallique, peut-on assimiler aussi aisément désir d'enfant et envie du pénis ? Qu'est-ce qui, chez le garçon, pourrait susciter dans ce cas un désir d'enfant ? Faut-il de nouveau — en dépit de l'affirmation d'une identité sexuelle au cours des trois premiers stades — distinguer les désirs d'enfant du garçon et ceux de la fille ? C'est bien parce qu'en définitive il veut assimiler le désir d'enfant au seul désir du pénis que Freud en vient à dire dans

64. *Sur les transpositions de pulsions.*

L'organisation génitale infantile (1923) que l'enfant devine que seule la femme peut enfanter ; qu'il en vient à déplacer même l'ordre des questions posées par les enfants lors de l'investigation sexuelle. Après avoir affirmé partout que c'est le problème de l'origine des enfants qui commence par éveiller la curiosité, dans une note de *Quelques conséquences psychologiques de la différence anatomique entre les sexes* (1925), il se montre plus hésitant et distingue le cas de la fille de celui du garçon : « Je pensais que l'intérêt sexuel des enfants n'est pas éveillé comme celui de ceux qui approchent de la maturité par la différence entre les sexes, mais plutôt qu'il est excité par le problème de l'origine des enfants : cela, pour la petite fille tout au moins, n'est sûrement pas pertinent ; chez le garçon, il en ira parfois ainsi, parfois autrement ; ou bien, pour les deux sexes, ce seront les occasions dûes au hasard qui décideront. » Faire de la question de la différence sexuelle la première question, du moins pour la fille, permet évidemment de faire dériver le désir d'enfant de son complexe de castration et de reporter la question de l'origine des enfants au stade phallique, de façon à pouvoir donner à la mère que l'on vient de castrer un enfant en guise de consolation, « d'échanger son pénis contre un enfant ». Ce n'est peut-être pas le « hasard » qui décide de l'éveil privilégié de telle ou telle question, mais Freud, qui selon l'occasion, selon les besoins de la polémique, privilégie telle ou telle question. C'est pourquoi aussi dans la conférence *La féminité,* il n'est fait aucune allusion à l'équivalence excrément/enfant qui aurait pu faire dériver le désir d'enfant de l'érotique anale, antérieure au stade phallique ; de plus, l'équivalence ultérieure du pénis, de l'excrément, de l'enfant est attribuée seulement au garçon, à son complexe de castration. Et si *Sur les transpositions de pulsions* affirme que dans les productions de l'inconscient (idées, fantasmes et symptômes) les concepts d'excrément, d'argent, de cadeau, d'enfant et de pénis se séparent mal et s'échangent facilement entre eux, dans les cas pathologiques féminins qu'il cite à l'appui, Freud tient compte seulement de l'équivalence symbolique des deux « petits » : l'enfant et le pénis. Le langage qui témoignerait en faveur de l'identité enfant et excrément, en disant « donner un enfant » en guise de cadeau, soulignerait d'ailleurs que cette équivalence vaut surtout pour l'homme [65]. Enfin, dans le résumé qu'il donne des transpositions de pulsions chez la fille seule l'équivalence pénis/enfant est retenue : « L'entrée en scène du pénis fait naître chez la petite fille l'envie du pénis qui se change plus tard en désir d'avoir un enfant où le désir d'enfant a pris la place du désir du pénis. Une analogie organique entre pénis et enfant s'exprime par la possession d'un symbole commun à l'un et à l'autre (le petit). Du désir d'enfant une voie rationnelle conduit au désir d'avoir un homme. »

Pourtant Freud ne peut pas aller à l'encontre de toutes ses affirmations antérieures : ne peut « oublier » que la fillette, avant même l'envie du pénis déclenchée par la perception du sexe du garçon, au cours de la phase phallique non encore « troublée » (*in der ungestörten phallischen Phase*) par toutes ces vicissitudes, avait déjà souhaité avoir un enfant, comme le signifiait son jeu avec les poupées ; Freud se trouve dès lors contraint d'accorder deux significations différentes au jeu de la poupée, si caractéristique, semble-t-il, des filles, que la sagesse des nations a toujours mis sur le compte, et elle n'avait pas besoin pour cela de psychanalyse, d'un désir de maternité ! Le jeu de la poupée aurait, selon le moment, un

65. Dans *La disparition du complexe d'Œdipe* (1913) toutefois il écrit : « La fille glisse — on devrait dire le long d'une équation symbolique du pénis à l'enfant. Son complexe culmine dans le désir longtemps retenu de recevoir en cadeau du père un enfant, de mettre au monde un enfant pour lui. »

sens différent : au stade phallique, avant le trouble apporté par la perception du pénis, le jeu n'est pas vraiment l'expression de la féminité de la fille, il marque seulement son identification à la mère ; entendez non une identification qui trahirait un désir d'être mère elle aussi, mais simplement un désir de maîtriser, de passer d'une situation où elle est soumise passivement à la mère à une situation où, jouant à son tour le rôle de mère, elle devient active et peut faire à l'enfant-poupée tout ce que sa mère lui faisait à elle-même : « Elle jouait le rôle de la mère et la poupée, c'était elle-même. »

Lorsqu'apparaît le désir du pénis, le jeu change de signification : l'enfant-poupée deviendrait alors enfant du père et le but du désir féminin le plus fort (*das stärkste weibliche Wunschziel*). Le jeu deviendrait alors proprement « féminin ». Ce qui supposerait que lors de la phase antérieure, le garçon qui est également soumis à la mère, marque lui aussi une prédilection pour le jeu des poupées. Or il semble bien qu'à tout âge le jeu des poupées soit plutôt considéré, et par le garçon lui-même, comme un jeu de filles. Mais Freud, qui à l'occasion n'hésite pas à comparer fille et garçon, néglige cette éventuelle objection, obsédé qu'il est par son idée fixe.

Le complexe d'Œdipe de la fille

La fille donc, dans son désir d'obtenir un enfant-pénis, se tournerait vers le père, simple appendice du pénis : le père devient objet d'amour, la fille entre dans la situation œdipienne. L'Œdipe féminin est une réaction au refoulement de l'activité clitoridienne et au refoulement de l'envie comme telle du pénis. Chez la fille, le complexe d'Œdipe est une formation secondaire. Il est précédé et préparé par les séquelles du complexe de castration [66]. L'hostilité préexistante envers la mère se trouve alors considérablement renforcée puisqu'elle devient une rivale, celle qui obtient du père tout ce que la fille désirerait qu'il lui donnât à elle. Et c'est cette nouvelle haine si intense et ce nouvel amour qui finissent par recouvrir, à cause même de leur intensité et de leur longue durée, la relation préœdipienne de la fille à la mère. La situation œdipienne est pour la fille l' « aboutissement d'une longue et pénible évolution » : elle est une solution provisoire qui représente une position de tout repos », « elle se réfugie dans la situation œdipienne comme dans un port » ; elle n'abandonnera pas de si tôt ce refuge, « d'autant plus que le début de la période de latence n'est plus très éloigné ». Tous les termes de Freud sont là pour souligner que la situation œdipienne est pour la fille, navire qui a subi pas mal de vicissitudes au cours d'un long et pénible voyage, un véritable havre, un lieu de repos et d'attente où elle peut tenter de réparer ses blessures narcissiques avant de s'engager dans de nouvelles aventures périlleuses. Rien d'ailleurs ne l'engagera à quitter le port, à surmonter la situation œdipienne qu'elle ne surmontera d'ailleurs que « tardivement » et de façon incomplète. Freud insiste tant sur le « bonheur » de cette situation œdipienne qu'il aura ensuite bien du mal à trouver quelque bonne raison qui justifiât que la fille finisse pourtant par surmonter, même de façon incomplète, son Œdipe.

L'enjeu de cette description par trop idyllique pour ne pas être suspecte, c'est d'établir entre l'Œdipe de la fille et celui du garçon une parfaite *dissymétrie*. Cette dissymétrie trouve sa raison dans la différence, « lourde de conséquences », qu'il y a, suivant le sexe, dans le rapport du complexe d'Œdipe avec celui de castration. Tan-

66. Cf. *Quelques conséquences psychologiques de la différence anatomique entre les sexes.*

dis que le complexe d'Œdipe du garçon, qui s'est développé durant la phase phallique, sombre sous l'effet du complexe de castration, celui de la fille trouve sa condition de possibilité et de durée dans ce complexe. L'angoisse de castration contraint le garçon à abandonner cette position : la peur de perdre le pénis provoque la disparition du complexe d'Œdipe « qui, dans le cas le plus normal, est radicalement détruit » (on peut dès lors se demander ce que peut bien signifier l'affirmation antérieure, dans le même texte, d'un attachement exclusif et permanent du fils à la mère : « Le premier objet d'amour du garçonnet, c'est la mère à laquelle il demeure fixé pendant la formation du complexe d'Œdipe et, en somme, pendant toute la vie » ; la spéculation, il est vrai, n'est pas à une contradiction près). En particulier, c'est l'observation de l'organe génital féminin qui donne à la menace de castration tout son effet, car elle rend crédible et représentable la perte de son propre pénis. L'acceptation de la possibilité de la castration, l'idée que la femme est castrée, met un terme à la possibilité de satisfaction dans le cadre du complexe d'Œdipe : la satisfaction œdipienne doit coûter le pénis. Dans le conflit qui oppose l'intérêt narcissique pour cette partie du corps et l'investissement libidinal des objets parentaux, c'est le premier qui l'emporte : le moi de l'enfant se détourne de l'Œdipe et, plus qu'un refoulement, il s'agit d'une destruction, d'une suppression du complexe [67]. La catastrophe du complexe d'Œdipe qui marque le triomphe du narcissisme est en même temps une victoire de l'espèce sur l'individu : selon Ferenczi, le pénis devrait son investissement narcissique extraordinairement élevé à la signification organique qu'il a pour la continuation de l'espèce [68].

---

67. Cf. pour tout cela *La disparition du complexe d'Œdipe.*
68. Cf. *Quelques conséquences psychologiques de la différence anatomique entre les sexes.*

Chez la fille, au contraire, le complexe de castration rend possible, introduit et favorise le maintien du complexe d'Œdipe. La différence entre homme et femme correspond à la différence entre « une simple menace de castration » et une « castration accomplie ». « La fille accepte la castration comme un fait déjà accompli, tandis que ce qui cause la crainte du garçon est la possibilité de son accomplissement [69]. » L'on comprend dès lors pourquoi il est nécessaire à Freud d'admettre que la « castration de la fille » ne soit pas un simple fantasme du garçon et qu'elle soit reconnue comme un « fait » par la petite fille. Et un fait qui serait la conséquence d'une punition castratrice. Alors que pour expliquer le détachement de la mère, le manque de pénis de la mère était donné comme l'argument essentiel et était rejetée l'hypothèse d'une simple punition personnelle, pour rendre raison de la différence des destins de l'Œdipe, Freud fait « reconnaître » par la fille que son manque de pénis résulte d'une castration accomplie : « L'enfant ne comprend pas que son manque actuel de pénis est un caractère sexuel, mais elle l'explique par l'hypothèse qu'elle a possédé autrefois un membre tout aussi grand et qu'elle l'a perdu par castration. Elle ne paraît pas étendre cette conclusion à d'autres, à des femmes adultes, mais elle suppose plutôt que celles-ci possèdent, tout à fait dans le sens de la phase phallique, un grand organe génital, complet, pour tout dire un organe masculin [70]. »

Parce que sa castration serait toujours déjà accomplie, le complexe d'Œdipe ne saurait donc, pour la fille, succomber à la menace de castration.

Or les conséquences de cette différence entre fille et garçon — et tel est l'enjeu véritable de tout ce débat — concernent la formation du *surmoi*. En effet, si à la place

69. *La disparition du complexe d'Œdipe.*
70. *Ibid.*

du complexe d'Œdipe du garçon, détruit, s'installe un surmoi vigoureux [71], la formation (*Bildung*) du surmoi de la fille, elle, se trouve compromise : il ne peut parvenir ni à la puissance ni à l'indépendance qui, du point de vue culturel, lui sont nécessaires : « On hésite à le dire, mais on ne peut se défendre de l'idée que le niveau de ce qui est moralement normal chez la femme est autre. Son surmoi ne sera jamais si inexorable, si indépendant de ses origines affectives que ce que nous exigeons de l'homme. La modification dans la formation du surmoi suffit à expliquer les différences morales entre la femme et l'homme [72]. Il hésite à le dire car il sait bien que « les féministes n'entendent pas d'une oreille favorable que l'on fasse ressortir l'importance de ce facteur dans le caractère féminin en général [73]. Car attribuer à une différence de destin du complexe d'Œdipe la différence morale et culturelle de l'homme et de la femme [74], c'est justifier, au nom de la nature, la répression culturelle de la femme ; c'est légitimer toutes les inégalités culturelles et sociales en faisant appel à une évolution de la libido qui, parce que longue et pénible chez la femme, la contraindrait à s'attarder comme Ulysse chez la magicienne Circé dans ce havre qu'est l'Œdipe, au point de ne le surmonter que « tardivement et de façon incomplète », trop tardivement en tout cas pour bien faire, pour que la formation du surmoi, et donc de la morale et la culture de la femme ne soient pas définitivement compromises. Trop tardivement

71. « Chez le garçon, le complexe vole en éclats ; sous l'effet de la menace de castration ses objets sont incorporés dans le moi où ils forment le noyau du surmoi (...). Le surmoi est devenu l'héritier du complexe. » (*Quelques conséquences psychologiques de la différence anatomique entre les sexes.*)

72. *Ibid.*

73. *La féminité.*

74. « La différence dans la relation réciproque du complexe d'Œdipe et du complexe de castration donne au caractère féminin son empreinte comme être social. » (*Sur la sexualité féminine.*)

car il est difficile de comprendre, à supposer qu'elle y parvienne, comment la fille peut s'arracher à tous ces délices : « Le motif de la destruction du complexe d'Œdipe chez la fille nous échappe [75]. » Ailleurs, Freud invoque pour expliquer, malgré tout, l'édification d'un surmoi chez la fille et la démolition de l'organisation génitale infantile, le résultat de l'éducation, la menace de la perte d'être aimée, la déception de ne pas voir s'accomplir son désir d'avoir un enfant du père ; mais c'est pour conclure sur l'incertitude : « On doit avouer que notre intelligence des processus de développement chez la fille est peu satisfaisante, pleine de lacunes et d'ombres [76]. »

Le complexe de masculinité de la fille

L'Œdipe de la fille est seulement un des aboutissements de l'évolution de la libido après la découverte par la fille de sa castration : l'aboutissement de la voie vers une féminité normale qui elle-même diffère de la voie névrotique seulement d'une différence de degrés dans le refoulement. Ces deux voies impliquent la reconnaissance par la fille du « fait de sa castration ». Or il est une troisième voie, vers laquelle Freud revient comme à regret après s'être longtemps attardé sur les deux précédentes : « Revenons maintenant sur nos pas » ; à regret, car il s'agit cette fois d'une voie où la fille refuse de reconnaître le « fait » de la castration qui ne lui agrée guère ; loin d'abandonner alors sa masculinité antérieure, elle s'y maintient obstinément, l'exagère même, persiste dans l'activité masturbatoire clitoridienne et cherche son salut dans une identification avec la mère ou avec

75 *Quelques conséquences psychologiques de la différence anatomique entre les sexes.*

76. *La disparition du complexe d'Œdipe.*

le père : bref, cette voie est celle d'un « puissant complexe de masculinité » où la fille fantasme qu'elle est malgré tout un homme : « avec une assurance insolente », elle continue, malgré tout, à ne pas « démordre » de sa masculinité menacée et conserve « l'espoir de recevoir encore une fois un pénis [77]. Tous les termes de Freud sont là pour suggérer que la fille qui ne reconnaît pas sa castration est une véritable entêtée, elle qui ose tenir tête, avec insolence, aux hommes, qui ne s'incline pas, malgré son pénis raccourci, devant l'érection du grand pénis du mâle ; elle qui a l'audace de ne pas se mépriser, de ne pas se sentir humiliée, de ne pas ressentir de blessure narcissique [78], de ne pas reconnaître son infériorité ; elle qui, par conséquent, met en danger la suprématie du sexe mâle et, avec elle, la spéculation freudienne qui s'efforce de la légitimer. Cet entêtement ne saurait provenir que d'un aveuglement, analogue féminin du fétichisme du garçon ; la fille dénierait « le fait de sa castration », insupportable, et son complexe de virilité, cette masculinité exagérée, serait l'équivalent du fétiche, serait ce qui à la fois dissimule la castration et la révèlerait, de par son exagération même. C'est dire que la fille qui ne réagit pas, face à la perception du pénis du garçon, par l'envie du pénis, ne serait pas pour autant affirmative, ne tiendrait pas tête au garçon en exhibant un sexe « proprement » féminin qui la satisferait pleinement ; elle continue à faire concurrence au garçon en exhibant, elle aussi, le pénis, en clamant qu'elle est, elle aussi, un mâle : bref, elle ne reconnaît pas la différence anatomique entre les sexes, elle affiche une position fétichiste. Cette femme n'envie pas le pénis, certes, mais parce qu'elle croit toujours déjà le posséder. Elle n'est pas une véritable menace pour la psychanalyse : elle est une exception qui confirme

77. *Sur la sexualité féminine.*
78. Cf. supra, note 70.

la règle, l'idée fixe de Freud érigée en vérité universelle, puisque c'est la valorisation du pénis, la croyance fantasmatique qu'elle le possède ou le possèdera un jour qui la dispense de l'attitude réactive la plus commune. Le choix d'objet homosexuel qui caractérise souvent ce type de femmes est pensé non comme le désir d'une femme pour une autre femme, mais bien comme le désir d'un homme pour un autre homme (pour une femme qu'elle pense, à son image, comme porteur de pénis, puisqu'elle-même s'identifie à la mère phallique ou au père)[79]. Son homosexualité serait simplement une conséquence de son complexe de virilité : vous pourriez imaginer que de telles femmes homosexuelles qui aiment seulement des êtres du sexe féminin ont quelque dégoût ou du moins du mépris pour les êtres d'un autre sexe. Détrompez-vous, les homosexuelles, elles aussi, ont un jour aimé un homme, le père : nul ne peut faire l'économie du passage par l'Œdipe, c'est-à-dire du désir de ce pénis que possède l'homme ; nul ne peut méconnaître à un moment donné ou à un autre, la supériorité de l'homme. L'homosexualité féminine, l'analyse l'enseigne, serait rarement, sinon jamais, la prolongation en ligne droite de la masculinité infantile. Ce sont seulement les déceptions — inévitables — qu'elles subissent de la part du père qui les pousseraient à régresser vers l'ancien complexe de masculinité : le comportement des homosexuelles sert de contre-épreuve ; ils reflètent les deux phases de leur développement : « elles jouent vis à vis l'une de l'autre indifféremment le rôle de la mère et de l'enfant (phase liée à la prédominance de la sexualité masculine) ou du mari et de la femme » (qui répète le lien au père).

Reste à se demander pourquoi la plupart des filles qui, elles aussi, sont inévitablement déçues par le père,

79. Luce Irigaray, à juste titre, parle à se propos d' « hommosexualité ».

ne régressent pas toutes pourtant vers la sexualité masculine et évoluent vers la féminité « normale » « à laquelle elles sont destinées ». Qu'est-ce qui fait que les unes sont « destinées » à une féminité « normale » et les autres au « complexe de masculinité » et à l'homosexualité ? Freud n'évite pas cette question, mais renvoie (il le fait toujours lorsqu'il est embarrassé) au facteur constitutionnel comme décisif : il ne peut se représenter rien d'autre (*wir können uns nichts anderes vorstellen*) vraiment qui puisse motiver une femme à ne pas désirer le pénis, à s'obstiner à méconnaître le fait de sa castration. Entendez que par sa constitution elle est plus masculine que féminine, et qu'elle ne peut donc que persister dans cette masculinité. Ele est pour ainsi dire par nature un « garçon manqué » qui finit par se prendre en vérité pour un garçon. Qu'est-ce à dire ? elle possède, par constitution, une grande quantité d'activité (*ein grösseres Ausmass von Aktivität*), « comme cela est d'ordinaire caractéristique des hommes ». « L'essentiel dans ce processus, c'est le manque, à ce stade de développement de la poussée de passivité qui ouvre le devenir-femme de la femme » (*die Wendung zur Weiblichkeit eröffnet*).

Que peut bien vouloir dire que « l'activité » est un facteur constitutionnel ? Freud peut-il affirmer, sans se contredire, qu'une grande quantité d'activité est d'ordinaire *caractéristique de l'homme* après avoir distingué la masculinité au sens biologique (masculin celui qui est porteur de spermatozoïdes) et la masculinité au sens psychanalytique (masculin signifie actif), et après avoir déclaré que ces deux sens sont en général indépendants l'un de l'autre ? C'est seulement si vous identifiez ces deux sens que vous pouvez parler de l' « activité » comme d'un facteur constitutionnel et en conclure qu'une femme qui « n'envie pas le pénis » est plus masculine que féminine, qu'elle a donc bien, réellement en quelque sorte, et non fantasmatiquement, le pénis. S'il en était ainsi, cette femme n'aurait pas à dénier « le fait de sa castration » et elle pourrait tenir légitimement « tête au garçon » sans déployer la moindre insolence ; de par sa quantité démesurée d'activité, elle serait, de fait, plus homme que femme, une véritable anomalie et aberration de la nature. En appeler au facteur constitutionnel pour expliquer le complexe de masculinité de la fille, cela revient donc à dire : une femme se prend pour un homme quand elle est, de fait, (presque) un homme. L'appel à la constitution, qui n'explique donc rien, permet seulement à Freud, une fois de plus, de « récupérer » même les « femmes » qui semblent le plus s'opposer à son idée fixe : les femmes ne refusent pas le point de vue qu'ont sur elles les hommes qui les affectent pour les besoins de leur cause d'une sexualité incomplète. Quand une « femme » refuse ce point de vue, c'est qu'elle est, elle aussi, un homme.

Au moment où, plus que jamais, son idée fixe mène toute cette spéculation, Freud en appelle, belle dénégation, à l'observation, au minutieux travail analytique et tente de faire des femmes psychanalytiques les complices de son délire, ces femmes qui sont, elles aussi, des femmes « exceptionnelles », plus masculines que féminines. Pas étonnant, dès lors, qu'elles aient pu « devancer » les découvertes freudiennes ; en particulier, c'est une « femme », la Doctoresse Hélène Deutsch, qui aurait montré que les actes amoureux des femmes homosexuelles reproduisent les rapports mère/enfant ; c'est la doctoresse Ruth Mack Brunswick qui aurait la première décrit une névrose attribuable à une fixation préœdipienne : « il s'agissait d'une paranoïa de jalousie, à pronostic favorable » ; c'est la doctoresse Jeanne Lampl de Groot qui aurait établi « à l'aide d'indiscutables observations l'incroyable activité phallique de la fillette ». Aucun de ces exemples n'est hasardeux : ils consistent à faire reconnaître par les femmes elles-mêmes leur « virilité » originaire. L' « hommage » que Freud leur rend ici, c'est en définitive d'avoir anticipé sur ses propres découvertes, c'est de s'être faites les complices d'un discours masculin qu'elles lavent du même coup du soupçon de phallocratisme. Il renonce à la priorité de ses découvertes pour mieux inscrire le discours des femmes dans le procès de la vérité analytique, ôtant par là-même à ce discours toute originalité.

Les conséquences de la bisexualité

La conférence pourrait s'arrêter là. Certes, Freud n'a décrit jusqu'à présent que la « préhistoire de la femme » et il resterait à décrire l'évolution de la féminité à travers la puberté jusqu'à l'âge adulte : telle n'est pourtant pas son intention, car, dit-il, les données n'y suffiraient pas. Et pourtant il ne clôt pas là son discours. Il s'attarde sur la préhistoire de la femme, lui aussi, comme dans un port qui lui offrirait toute sécurité. Peut-être aussi parce que cette préhistoire est décisive pour le reste de l'évolution qui ne s'effectue pas sans heurt ni trouble : en effet, le devenir-femme de la femme n'est jamais totalement assuré, à cause précisément de la préhistoire, à cause de la bisexualité originaire, ou plutôt de la « masculinité » primitive : celle-ci, malgré le refoulement, n'est pas sans laisser quelques « restes » troublants : des régressions au stade préœdipien sont très fréquentes ; chez certaines femmes, on peut noter l'alternance répetée d'époques où prédomine tantôt la masculinité tantôt la féminité, comme si le conflit n'était jamais vraiment réglé, comme si la femme conservait à jamais la nostalgie de son « être masculin ». Ce qu'on appelle l'instabilité féminine tient peut-être à cette bisexualité si marquée dans toute vie féminine, à ce perpétuel balancement entre le féminin et le masculin. Cette absence de position stable rend la femme atopique, insaisissable, énigmatique aux yeux des hommes, moins soumis à cette bisexualité, à ce conflit permanent entre le féminin et le masculin, puisqu'en l'homme toujours déjà le masculin l'emporte, que le pénis a toujours été la zone directive, au point que si certaines névroses ou psychoses ne révélaient en l'homme des désirs féminins refoulés, on pourrait même se demander ce que signifie la bisexualité masculine : « Ce que nous autres, les hommes, appelons " l'énigme féminine " relève peut-être de cette bisexualité dans la vie féminine. » Parce qu'avec la « femme », les hommes ne savent jamais bien *à qui* ils ont affaire, ils tentent de maîtriser son absence de propre et de propriété en en faisant leur propriété, en tranchant dans son indécidabilité en faveur de la masculinité ; bref, en la dotant de « l'envie du pénis » comme d'une marque décisive. Que le geste de Freud soit bien de trancher en faveur du masculin, le montre le passage qui suit immédiatement. La vie sexuelle étant dominée par la polarité masculin/féminin, on aurait pu s'attendre à ce qu'à chaque sexualité correspondît une libido particulière. Or, après avoir affirmé qu'il n'en est rien, qu'il n'y a qu'une seule libido qui se met au service aussi bien de la fonction sexuelle mâle que femelle, que la libido n'a donc comme telle aucun genre, il n'en qualifie pourtant pas moins, nous l'avons vu, la libido de « masculine » ; et même si c'est pour se plier à une convention qui identifie masculinité et activité, cette convention n'est pas estimée arbitraire puisque la convention contraire est jugée inadmissible : « Quoi qu'il en soit, l'accolement de ces mots "libido féminine" ne saurait se justifier. » Et ceci — telle est du moins l'impression de Freud — parce que la libido subirait une contrainte plus forte quand elle se met au service de la fonction féminine. Impression qui se trouve immédiatement corroborée par un appel on ne peut plus « spéculatif » ou idéologique à une sorte de « téléologie naturelle » : la nature tiendrait moins compte des exigences féminines que masculines afin de réaliser une finalité biologique : l'agression sexuelle confiée à l'homme « qui demeure jusqu'à un certain point indépendante du consentement de la femme ». Comme toujours, l'appel à la biologie sert seulement à corroborer les spéculations freudiennes, à faire endosser par la nature l'injustice culturelle, celle de l'homme qui subordonne les désirs sexuels de la femme à son désir, les maintient sous son étroite dépendance (toutes les règles culturelles ayant précisément comme visée cet assujettissement sexuel de la femme).

Dans *Le tabou de la virginité*[80], Freud reconnaît qu'un certain « degré de sujétion sexuelle est indispensable pour que se maintienne le mariage civilisé et que soient contenues les tendances polygames qui le menacent » ; dans notre communauté sociale, ce facteur « rentre régulièrement en ligne de compte ». C'est donc la nécessité sociale de maintenir la monogamie qui justifierait la nécessité de l'assujettissement d'un sexe à l'autre. Rien pourtant ne justifie que ce soit le sexe *féminin* qui soit assujetti plutôt que le sexe masculin. L'on constate seulement que « la sujétion est incomparablement plus fréquente et plus intense chez la femme que chez l'homme », et ceci parce que l'homme qui a le premier apaisé le désir amoureux de la jeune fille, qui a vaincu ses résistances, « établit avec elle une liaison durable qui ne pourra plus s'établir avec aucun autre homme. Sur la base de cette expérience, la femme entre dans un état de sujétion qui garantit sa possession permanente et tranquille et la rend capable de résister aux

80. Le tabou de la virginité chez les primitifs comme la valorisation de la virginité dans les peuples civilisés ont tous deux le même but : se défendre contre le danger que représente la femme à cause de son envie du pénis, en l'assujettissant.

impressions nouvelles et aux tentations étrangères. Cette sujétion peut incidemment mener très loin, jusqu'à faire perdre toute indépendance de la volonté et jusqu'à ce qu'on tolère de sacrifier le plus sévèrement son propre intérêt ». Ce que viserait donc bien l'homme, ce serait « une possession permanente et tranquille » de la femme, fixer son instabilité, l'inciter à sacrifier ses intérêts sexuels.

Le tabou de la virginité déclare donc, on ne peut plus clairement, que la finalité dernière, est non de la nature mais bien de la « culture » (si on maintient, avec Freud, cette opposition idéologique) qui se sert, comme d'une ruse, d'un phénomène psychique, lui-même conditionné par l'éducation reçue, par la répression de la sexualité féminine, pour « sacrifier » la sexualité de la femme, la soumettre totalement — sans son consentement — à l'« agression » de l'homme : la sujétion de la femme qui la rend complice des désirs de l'homme est ce qui seule empêche que « l'agression » sexuelle de l'homme ne soit un viol et une violence perpétuels.

Les hommes n'hésitent donc pas à sacrifier les intérêts sexuels de la femme : et ils s'étonnent pourtant que les femmes soient fréquemment *frigides !* Freud considère que la frigidité constitue un phénomène encore « insuffisamment compréhensible ». Cela passe son entendement. Et pourtant, comme par association « libre », immédiatement après avoir déclaré que la « nature » confie à l'homme l'agression sexuelle qui demeure indépendante jusqu'à un certain point du consentement de la femme, il « évoque », de façon révélatrice, la frigidité sexuelle de la femme. Celle-ci viendrait seulement confirmer le « désavantage » de la femme ; s'il accorde qu'elle peut avoir une origine psychique et être traitée en conséquence, il n'hésite pas à faire endosser, pour d'autres cas, cette frigidité par la « nature » en l'attribuant à l'existence de quelque facteur constitutionnel, voire anatomique. Quand la frigidité aurait une origine psychique, de toute façon elle ne serait pas la conséquence des mauvais traitements de l'homme, du sacrifice qu'il n'hésite pas à opérer des intérêts de la femme. Non, ce serait encore et toujours la faute de la femme : la femme, par sa frigidité, manifesterait seulement son hostilité envers l'homme. Parfois cette hostilité se déclare sans déguisement : telle femme, après le premier rapport et même à chaque nouveau rapport, injurie son mari, lève la main sur lui, ou le bat ; et pourtant cette femme aimait beaucoup son mari, avait coutume d'exiger elle-même le coït et y trouvait une grande satisfaction. La plupart du temps, ces motions hostiles s'expriment par l'inhibition sexuelle, c'est-à-dire par la frigidité. Cette hostilité ne viendrait pas d'une réaction à son état de dépendance, non, elle viendrait de la blessure narcissique qui naît de la destruction de l'organe lors de la défloration, et plus profondément de l'envie du pénis de la femme : « Après avoir dénombré les motifs de la réaction paradoxale de la femme à la défloration, réaction qui persévère dans la frigidité, on peut dire en résumé que la *sexualité incomplète* de la femme se décharge sur l'homme qui lui fait connaître le premier acte sexuel. Ainsi le tabou de la virginité prend tout son sens et nous comprenons la prescription qui cherche à éviter de tels dangers à l'homme qui doit entrer dans une vie commune durable avec cette femme. A de plus hauts stades de civilisation, l'appréciation de ce danger cède la place à la promesse de sujétion [81]. » C'est pourquoi bien des femmes frigides dans un premier mariage sont pour leur second mari des épouses heureuses et tendres. Ce n'est pas que ce second mari aurait par exemple davantage de puissance sexuelle, ou tiendrait davantage compte de ses désirs, non ; ce serait simplement parce

81. *Le tabou de la virginité.*

que leur « réaction archaïque » se serait « en quelque sorte épuisée sur le premier objet[82] ».

Supplément rhapsodique

La conférence pourrait s'arrêter là. Et pourtant elle continue, sans nécessité apparente, au nom d'une « promesse » que Freud a faite précédemment, non de décrire toute l'évolution de la féminité à travers la puberté jusqu'à l'âge adulte, mais du moins de citer quelques détails, quelques particularités de la féminité parvenue à la maturité telles que l'observation psychanalytique permet de les remarquer. Qu'est-ce qui contraint Freud à tenir cette « promesse » ? Est-ce son amitié particulière pour les femmes qui le contraint à révéler leurs particularités ? Ou cherche-t-il à les accabler ? Il semble, en effet, que ces remarques décousues aient été rejetées à la fin comme si Freud avait hésité jusqu'au bout, comme si, aussi, elles constituaient la véritable « fin » de tout son discours (leur caractère rhapsodique dissimulant leur véritable importance) ; en même temps, cette rhapsodie supplémentaire est destinée à porter le dernier secours à la démonstration précédente, révélant par là-même la fragilité de toute cette construction spéculative qui nécessite, pour pouvoir tenir debout, une colonne supplémentaire, colonne fétichiste servant à boucher les trous de ce discours trop bien cousu pour ne pas dissimuler quelque faille.

Toutes ces particularités de la femme parvenue à maturité sont destinées à renforcer l'importance de l'envie du pénis (à renforcer pour nous l'idée que Freud est bien la proie d'une idée fixe, malgré ses dénégations) :

82. *Ibid.*

« Si vous qualifier cette idée de fantaisiste, si vous pensez qu'en attribuant tant d'importance au rôle que joue, dans la formation de la féminité, le manque de pénis, je suis la proie d'une idée fixe, je suis naturellement désarmé. »

La rhapsodie finale est l'équivalent d'une cuirasse que Freud revêt *in extremis,* qui masque et révèle une obsession qu'il tente de faire passer pour vérité en cumulant un supplément de preuves. Après avoir pris la précaution de déclarer qu'il n'est pas toujours facile de distinguer ce qui est attribuable à la fonction sexuelle d'une part, et à la discipline sociale d'autre part, Freud énumère un certain nombre de caractères spécifiques de la femme qui renverraient tous à son envie du pénis, envie qui malgré ses déclarations principielles semble bien être conçue, en dernière analyse, comme naturelle, trop naturelle puisqu'elle serait ce « fait biologique » indépassable, ce roc que l'on trouverait sous toutes les strates : la femme aurait un *narcissisme* plus important que l'homme et il influencerait son choix objectal ; elle aurait un besoin plus grand d'être aimée que d'aimer. Que le type du choix d'objet de la femme soit de type narcissique (la femmé n'aime qu'elle-même, ou une partie d'elle-même, ou ce qu'elle a été elle-même, ou ce qu'elle voudrait être elle-même ; la femme n'aime pas selon le type masculin par étayage, mais désire seulement être aimée), Freud ne cesse de le répéter, au moins depuis *Pour introduire le narcissisme* [83]. Parce qu'elle a su conserver une position libidinale inattaquable, la femme est enviée par l'homme : telle était alors la thèse. Ici, l'accent se trouve singulièrement déplacé. Dire que la femme est narcissique, c'est souligner son incapacité à aimer l'autre et son besoin d'être aimée, besoin qui reflé-

83. Cf. aussi *Sur la psychogenèse d'un cas d'homosexualité féminine.*

terait non tant une complaisance et une auto-suffisance qu'une blessure narcissique originaire, c'est-à-dire, en dernière analyse, l'envie du pénis. Désirer être aimée serait la marque d'une déficience, comme la surestimation sexuelle de l'objet par l'homme serait le signe d'un narcissisme originaire sans faille, apte à être transféré sur autrui : seul celui qui n'a pas été toujours déjà castré, blessé, peut se vider de son narcissisme au profit d'autrui. La femme pourrait seulement se réserver, garder pour elle un narcissisme toujours déjà entamé, pourrait seulement se conserver, non se dépenser. Interprété de cette manière, le narcissisme de la femme ne pourrait plus être mis, cette fois, sans aucune équivoque possible au compte d'une force affirmative, dionysiaque, mais bel et bien au compte des pulsions de mort. La *vanité corporelle* de la femme elle aussi est décrite, cette fois, comme un « effet de l'envie du pénis », la femme considérant ses « charmes comme un dédommagement tardif et d'autant plus précieux à sa native infériorité sexuelle ». C'est le développement pubertaire, et la formation des organes sexuels féminins, qui provoquerait une augmentation du narcissisme originaire, « blessé » pendant la phase phallique après la découverte du pénis du petit garçon auquel la petite fille ne pouvait plus tenir tête. A la puberté, la fille de nouveau peut dresser la tête, et elle la dresse d'autant plus haut qu'elle s'est sentie lésée pendant la période phallique. La « vanité » de la femme serait bien vaine, elle serait le signe et l'envers de la défectuosité originaire de ses organes génitaux. La beauté est conçue cette fois comme une compensation naturelle pour une blessure « naturelle ». La belle femme est belle cette fois d'une beauté adhérente, trop adhérente à ce pénis dont le manque ne cesserait de la déterminer négativement. La beauté serait un tissu supplémentaire s'ajoutant à celui tissé par la nature pour recouvrir la laideur de ces organes sexuels incomplets, exemple donné à la femme d'avoir à être pudique, à inventer des voiles, des fétiches, pour séduire malgré tout les hommes. Les choix amoureux de la femme, lorsqu'ils ne sont pas dictés par la société mais s'effectueraient librement, trahiraient également « l'envie du pénis ». En effet, ou bien le choix s'effectue selon l'idéal narcissique : la femme choisit l'homme qu'elle aurait souhaité devenir quand elle était petite fille ; ce choix renvoie au « complexe de virilité de la fille » et trouve sa condition de possibilité dans l'enfance de la petite fille, dans ce moment où elle était elle-même un petit homme. Le choix d'objet selon un idéal narcissique implique une fixation au stade phallique ; ou bien la fille reste fixée à son père, au complexe d'Œdipe, et elle choisit alors son objet d'après le type paternel. La femme, dans les deux cas, devrait atteindre le bonheur puisqu'elle acquérerait enfin, soit par identification, soit par l'enfant obtenu du substitut paternel, le pénis tant convoité. Or ce n'est pas si simple. Le bonheur de la femme, même lorsque son choix est libre, n'est pas évident. Il reste à Freud à expliquer pourquoi tant de femmes sont en conflit avec leur mari, se montrent hostiles à leur égard, pourquoi beaucoup de femmes contractent plusieurs unions, et surtout pourquoi, en règle générale, les secondes unions sont plus heureuses que les premières. A aucun moment, et quels que soient les textes, Freud ne rend le mari responsable de l'hostilité de la femme à son égard, ni davantage le père dont ce mari serait le simple substitut. Non, l'hostilité envers le mari serait un reliquat de l'hostilité éprouvée envers la mère. Pour ce faire, Freud est contraint de postuler, d'abord, que l'hostilité envers la mère n'a pas cessé quand la fille s'est détachée de la mère pour se tourner vers le père ; puis, pour expliquer que cette hostilité ait pu être transférée, avec l'amour, de la mère au père, il est contraint d'affirmer que l'hostilité envers la mère était liée à l'ambivalence des rapports sentimentaux, ambivalence qui précédemment n'avait pas été considérée comme facteur décisif de la rupture avec la mère. Précédemment et dans *Sur la sexualité féminine*, l'ambivalence avait été rejetée parce que, commune aux deux sexes, elle n'empêchait pas le garçon de rester fixé à sa mère. « L'absence de pénis » ne saurait être invoquée pour rendre raison de l'hostilité puisque la haine demeure quand la fille passe de la mère au père, ou au mari, substitut du père, alors qu'ils possèdent ce pénis tant convoité. Freud est donc contraint de mettre en avant le facteur de l'ambivalence, ce qui nécessite évidemment d'affirmer, il le fera quelques lignes plus bas, que la relation mère/fils n'implique, elle, aucune ambivalence.

Freud n'est donc pas, dans ce texte, à une contradiction près. A chaque étape, pour les besoins de la cause, est mis en avant tel argument plutôt que tel autre. Il était ici nécessaire de montrer que l'hostilité d'une femme envers l'homme ne pouvait être qu'un report d'une hostilité antérieure envers la mère, comme l'amour était un simple transfert de l'un à l'autre. Mais alors que l'amour, dans la mesure où il était amour pour une mère phallique était toujours déjà amour pour le père, ou du moins pour le pénis du père, la haine, elle, n'aura jamais été et ne deviendra jamais haine pour l'homme, pour le pénis ; elle aura toujours été et restera haine pour la mère/la femme et ceci même quand elle est « reportée » sur le père ou sur le mari. C'est ainsi que les secondes unions sont plus heureuses que les premières : dans les premières, la femme fait hériter le mari de l'hostilité qu'elle éprouvait envers la mère, liquide cette hostilité ; les secondes sont plus heureuses, car la réaction d'hostilité est alors achevée.

Déjà dans *Le tabou de la virginité* Freud cherchait à expliquer pourquoi les seconds mariages sont meilleurs que les premiers. Là aussi, c'est la conduite de la femme qui était rendue responsable de l'échec de la liaison. Mais l'hostilité ressentie envers l'homme était mise au compte de la défloration qui provoquait une blessure narcissique, elle-même liée en dernière analyse à l'envie du pénis. C'est à cette réaction archaïque d'hostilité contre l'homme, réaction qui peut prendre des formes pathologiques comme l'inhibition et la frigidité, « qu'on peut attribuer le fait que les seconds mariages sont souvent meilleurs que les premiers. L'étrange tabou de la virginité, la crainte à laquelle obéit l'époux chez les primitifs en évitant la défloration, trouvent dans cette réaction hostile leur pleine justification ». L'hostilité de la femme envers le mari cesse quand elle arrive à perpétrer sur lui sa vengeance. La conférence *La féminité* ne dirait pas autre chose si l'hostilité envers la mère était expliquée par les « dommages » qu'aurait subis la fille. On pourrait dire alors que la « vengance » que la fille perpètre sur le mari est seulement un transfert d'une vengeance qu'elle aurait aimé exercer contre la mère rendue responsable. D'un texte à l'autre, Freud aurait compris que le mari hérite autant de la mère que du père. Mais il n'en est rien puisque, cette fois, Freud n'invoque pas, comme facteur décisif de l'*hostilité,* l'envie du pénis, mais la simple ambivalence des sentiments originaires. Pourquoi cette différence sinon parce que dans *La féminité,* la relation de la femme à l'homme se trouve lavée de tout soupçon de haine, parce que la femme a été transformée en une complice, et parce qu'après la relation orageuse avec la mère, la relation avec les hommes est conçue comme un havre de repos où subsiste seulement un reliquat de haine envers la mère. Dans *La féminité,* l'envie du pénis, le complexe de castration de la fille sont mis à l'origine de l'Œdipe, et d'un Œdipe qui n'a aucune raison de cesser ; il eût donc été étrange que ce soit cette même envie du pénis, ce même complexe de castration qui justifiât la haine et une séparation éventuelle avec le mari pour justifier l'hostilité. D'où l'appel à la seule « ambivalence » et non à l'envie du pénis. L'envie du pénis sert ici à justifier non les divorces, mais le bonheur conjugal. Si le mari est haï seulement en tant qu'il hérite de la mère, il est aimé seulement en tant qu'il est ou sera l'enfant, ou apportera à la femme l'enfant substitut du pénis : « Le bonheur conjugal reste mal assuré tant que la femme n'a pas réussi à faire de son époux son enfant, et tant qu'elle ne se comporte pas envers lui comme une mère. » Entendez que le mari, évidemment, sera un enfant du sexe masculin, et qu'il ne comblera la femme qu'en lui donnant un fils : « Les réactions que subit une femme à la naissance d'un fils ou d'une fille montrent que le mobile ancien, le manque de pénis, n'a rien perdu de sa force. Pourtant seuls les rapports de mère à fils sont capables de donner à la mère une satisfaction sans aucune restriction. » (Oser affirmer après cela que la mère a à l'égard des enfants des deux sexes un comportement identique, est une véritable gageure.) *Sans restriction* car cette relation est la plus complète, il n'y manque rien, pas même le pénis (*es ist überhaupt die vollkommenste*), et parce qu'elle est aussi la relation humaine la plus dénuée d'ambivalence (*ehesten ambivalenzfrei*) : de la part du fils comme de celle de la mère, puisqu'un fils peut enfin permettre à celle-ci de redresser la tête, de panser sa blessure narcissique, d'être de nouveau à hauteur d'homme ; si elle n'est un homme, du moins a-t-elle mis au monde un petit homme qu'elle aime comme une partie d'elle-même, une partie d'autant plus précieuse qu'elle témoigne, malgré tout, de sa « propre » virilité : « La mère peut transporter sur son fils tout l'orgueil qu'elle a dû réprimer par rapport à elle-même, et elle en attend la satisfaction de ce qu'exige encore le complexe de virilité. »

Le Fils est l'Enfant sauveur de la mère ; toutes les

religions l'ont toujours su : l'enfant prend en charge les blessures de la mère et lui restitue un corps intact. La mère devient ainsi une mère Vierge, que rien ne saurait entamer. Ainsi dans la religion chrétienne, telle Pieta présente une Vierge, tenant sur ses genoux un Christ ensanglanté qui dissimule, en les inscrivant dans son corps, les déchirures maternelles : la maternité est une voie salvatrice [84]. Le fils réconcilie la femme avec elle-même, avec son mari qu'elle aime comme un enfant, et même avec sa propre mère : contre toute attente, après la naissance de son premier enfant, parce que la femme peut de nouveau dresser la tête, elle cesse de se dresser contre sa mère et s'identifie de nouveau à elle, identification qui peut, le cas échéant, la conduire, sous la seule contrainte de l'automatisme de répétition, à reproduire le mariage malheureux des parents (si mariage malheureux il y a, car on ne saurait imaginer que Freud considère qu'il s'agit là d'une règle générale).

L'identification de la femme à la mère qui lui permet de jouer son rôle de mère à l'égard de son fils et de son mari, répète l'identification infantile de la fille à la mère et elle comporte deux phases : *la phase préœdipienne* où prédomine l'attachement tendre envers la mère et où la fille prend la mère comme modèle (*Vorbild*) ; et *la phase œdipienne,* plus tardive, où elle désire voir disparaître la mère et la remplacer auprès du père. « De ces deux phases, l'avenir gardera beaucoup de traces, et l'on est en droit de dire qu'elles ne seront jamais vraiment surmontées au cours de l'évolution ultérieure. » Pour l'avenir de la femme serait décisive la première phase, celle de l'attachement tendre envers la mère, car c'est alors que se prépare l'acquisition de ces qualités qui lui permettront plus tard de jouer son rôle

84. Cf. notre *Nerval, le charme de la répétition* (*L'Age d'homme,* 1979).

dans la fonction sexuelle et son rôle social, dont l'importance est inestimable.

Parce que Freud a ici besoin de transformer la femme en une « bonne mère » pour l'homme, capable d'exercer sur lui un attrait en tant que telle (c'est la prime que reçoit la femme), et ceci parce que son état amoureux est un simple déplacement sur un autre objet de l'attachement à la mère, pour les besoins de cette cause, celle de l'homme, il n'hésite pas ici à simplifier étrangement les relations de la fille à la mère : à effacer, d'une part, l'ambivalence de la phase préœdipienne sur laquelle il avait préalablement au contraire insisté pour expliquer l'hostilité de la fille envers la mère, puis envers le mari ; et à mettre donc l'accent uniquement sur les rapports positifs et tendres ; d'autre part et corrélativement, il n'hésite pas à expliquer l'hostilité par l'Œdipe, alors que précédemment l'hostilité œdipienne était conçue comme « la réactivation d'une hostilité plus ancienne », s'inscrivait en tout cas sur un fond d'hostilité préexistant. De plus et surtout, Freud « oublie » ici ce qu'il affirmait précédemment, ce qu'il recommandait de ne pas oublier, à savoir que lorsque la fille s'identifie à la mère au cours de la phase préœdipienne, joue par exemple à la poupée, elle désire seulement maîtriser une situation passive et qu'elle assume alors un rôle masculin plus que féminin. « N'oublions pas que la fillette, dès la phase phallique encore introublée, avait souhaité posséder un enfant, ce que prouve sa prédilection pour les poupées. Mais ce jeu n'est pas vraiment l'expression de sa féminité, il traduit plutôt une identification à la mère, dans le but de remplacer la passivité par de l'activité (...). Ce n'est que lorsque apparaît le désir du pénis que l'enfant-poupée devient un enfant du père et en arrive ainsi à figurer le but le plus ardemment poursuivi. En reportant sur son père son désir de l'enfant-pénis, la fillette est parvenue à la situation œdipienne. »

Si l'on en croit ce passage, et tout ce qui précède dans la conférence, la phase préœdipienne où la petite fille est *comme un petit garçon* et où elle s'identifie à une mère *phallique,* ne peut que la prédisposer à jouer un rôle masculin, un rôle actif : comment peut-elle dès lors acquérir les « qualités » qui lui permettront d'exercer sa fonction sexuelle, si celle-ci, en tant que *féminine,* est liée à la passivité et à la prédominance de la zone vaginale, ignorée selon Freud pendant la phase préœdipienne ? (Si la petite fille ignore alors tout du rôle de la mère dans la procréation, si la mère est seulement alors une mère phallique, que peut signifier pour la fille prendre sa mère comme modèle au stade préœdipien ? C'est seulement au stade œdipien que la fille *pourrait* désirer *être comme la mère ;* il semble bien que l'on ne puisse séparer la première et la seconde identification, qu'*être* comme la mère, en tant que telle, implique le désir d'*avoir* un enfant-pénis du père, l'identification de la fille au cours de la phase préœdipienne pouvant seulement aboutir à lui faire tenir un rôle masculin, un rôle de mère phallique, et à l'empêcher, à proprement parler, de devenir mère et femme.)

Au prix de cet oubli de ce qu'il ne fallait surtout pas oublier, Freud peut spéculer sur le bonheur conjugal, sur le bonheur de l'homme charmé par cette femme pleine d'attraits et de traits maternels. Et pourtant, le bonheur de l'époux ne saurait égaler celui du fils, car l'homme et la femme sont écartés l'un de l'autre par une absence de synchronie, ils sont déphasés : l'homme a toujours aimé sa femme comme une (sa) mère ; or la femme « ne réussit à faire de son époux son enfant » que lorsqu'elle-même a un enfant ; mais alors, surtout si elle a un fils, elle porte tout son amour sur celui-ci, sur celui avec qui seul elle a un rapport dépourvu de toute ambivalence, qui lui permet seul de s'enorgueillir : « seuls les rapports de mère à fils sont capables de donner à la mère une plénitude de satisfaction, car de toutes les relations humaines, ce sont les plus parfaites ».

En cette fin de conférence, Freud semble se tourner, plein de nostalgie, vers cette période bienheureuse de l'enfance où les relations amoureuses étaient si parfaites, et se détourner de sa femme l'épouse comme si elle n'a pas su suffisamment le materner, comme si elle l'avait délaissé au profit de ses enfants, et s'était montrée « injuste » envers lui. Comme empli d'envie et de jalousie, il se retourne contre les femmes et les accuse, elles, d'être responsables du malheur conjugal, de ne savoir jamais rendre pleinement justice à l'homme car, à cause de leur envie du pénis, elles seraient, il faut le reconnaître, dépourvues de tout sens de la justice et de l'équité.

En cette fin de conférence donc, comme par revanche, Freud accable les femmes de traits « peu réjouissants », met l'accent sur tout ce qui les rend inférieures, notamment du point de vue culturel. Il justifie, au nom de l'envie du pénis, tous les préjugés masculins qu'il cautionne ainsi « scientifiquement » : les femmes, nous le disons (nous, hommes ?), ont des *intérêts sociaux plus faibles* que les hommes et leur capacité à *sublimer* leurs pulsions est *moindre*. Pour ce qui est du premier point, il dérive « du caractère asocial propre à toutes les relations sexuelles. Les amoureux se suffisent à eux-mêmes et la famille, également, met obstacle à ce que l'on abandonne un cercle étroit pour un plus large ». Argument pour le moins curieux puisqu'il devrait entraîner aussi bien le désintérêt social de l'homme « amoureux » que de la femme « amoureuse », à moins de postuler toujours déjà que seule la femme est attachée au cercle familial parce qu'elle se désintéresse du social : ce qui est l'enfermer dans un cercle vicieux... Cet argument ne se comprend, de fait, que si l'on joint à la première infériorité culturelle de la femme la seconde :

sa moindre capacité à sublimer ses pulsions (en dépit des variations individuelles). En effet, c'est parce que la femme sublimerait moins que l'homme ses pulsions sexuelles qu'elle reste attachée à la famille, ne trouve pas de dérivations à l'extérieur, devient jalouse quand l'homme la relègue au second plan, se dérobe à ses devoirs d'époux et de fils au profit de ses tâches civilisatrices ; elle est ainsi conduite à adopter une attitude hostile envers la civilisation qui lui dérobe son époux ou son fils : « Les femmes ne tardent pas à contrarier le courant civilisateur ; elles exercent une influence tendant à le ralentir et à l'endiguer (...). Les femmes soutiendront les intérêts de la famille et de la vie sexuelle alors que l'œuvre civilisatrice deviendra de plus en plus l'affaire des hommes, imposera à ceux-ci des tâches de plus en plus difficiles et les contraindra à sublimer leurs pulsions, sublimation pour lesquelles les femmes ont été peu éduquées. » Telle est la thèse que développe *Malaise dans la Civilisation*. La femme contrarie le courant civilisateur, certes, mais ce que ne rappelle pas Freud dans sa conférence, ce sont elles qui, il le dit ailleurs, ont établi les bases de la civilisation grâce aux exigences de leur amour. A l'origine de la famille, *Malaise dans la civilisation* met le besoin de la satisfaction génitale ; celui-ci ne se manifestant pas à la manière « d'un hôte apparaissant soudain pour ensuite ne plus donner signe de vie de longtemps après son départ, mais comme un locataire qui s'installe à demeure chez l'individu », exige qu'il y ait une maison et une famille. C'est le besoin sexuel qui motive le mâle à garder la femme à demeure, et les femmes, pour ne pas se séparer des petits, restent auprès du mâle le plus fort. C'est la femme plus que l'homme qui perpétue la famille, car l'homme, sous la contrainte de la nécessité extérieure, sort pour travailler, tandis que les femmes gardent les petits. C'est la puissance de son amour pour ses petits qui contraint la femme à ne pas se séparer de cette partie d'elle qu'est l'enfant, comme c'est la nécessité de conserver un objet sexuel permanent qui contraint les deux sexes à une vie commune. La femme prendra d'autant plus le parti de l'amour et de la famille que c'est la civilisation elle-même qui exige d'elle qu'elle tienne ce rôle. Autrement dit, la moindre capacité à sublimer les pulsions n'est pas une infériorité naturelle de la femme, comme le suggère la fin de conférence *La féminité :* elle résulte de l'éducation. Seuls les hommes sont contraints par la civilisation à sublimer leurs pulsions, à réaliser des tâches de plus en plus difficiles, à passer donc de la « société close » qu'est la famille, à la « société ouverte » qu'est l'humanité, à œuvrer pour la civilisation ; à se mettre au service non des pulsions de mort qui resserrent la famille sur elle-même dans un but de conservation, mais au service d'Eros qui permet d'étendre à l'humanité la puissance de leur amour comme telle inhibitrice car restrictive à la seule famille. Les femmes, elles, ne sont pas éduquées pour la sublimation, ne sont « douées » pour elle que dans une faible proportion, car « elles sont porteuses des intérêts sexuels de l'humanité [85] ».

Dans la *Conférence,* l'infériorité sociale de la femme, son manque « d'aptitude » à la sublimation sont déclarées infériorités natives et indélébiles, sont envisagées comme des traits de caractères naturels et ineffaçables. Infériorité qui s'ajoute à celle de son surmoi, elle aussi naturelle, et qui donne au caractère féminin « son empreinte comme être social [86] ». Dans la conférence *La féminité,* il note ce « trait de caractère féminin » sans s'étendre sur les conséquences. Peut-être parce qu'il s'est longuement étendu là-dessus ailleurs ; peut-être parce

85. *La morale sexuelle civilisée et la maladie nerveuse des temps modernes* in *La vie sexuelle* (P.U.F.).

86. *Sur la sexualité féminine.*

que ces conséquences si « peu réjouissantes » pour la femme contrastent avec ce bonheur conjugal qu'il vient d'évoquer et qui advient lorsque la femme met au monde un fils et voit ainsi satisfaite son envie de pénis. Ailleurs [87], Freud est beaucoup plus circonspect sur le bonheur des mères ; les femmes, dit-il, peuvent sans doute se satisfaire d'un nourrisson comme substitut d'objet sexuel, mais ne peuvent se satisfaire d'un enfant qui grandit. Or elles ne sont pas davantage satisfaites par le mariage : « Dans les conditions culturelles d'aujourd'hui le mariage a cessé depuis longtemps d'être la panacée contre les troubles nerveux de la femme ; il faut qu'une jeune fille soit en très bonne santé pour supporter le mariage. Le remède à la maladie nerveuse issue du mariage serait l'infidélité conjugale ; mais plus une femme a été élevée sévèrement, plus elle est soumise sérieusement aux exigences de la civilisation, et plus l'effraye cette solution. » *Parce qu'elle n'a pas la capacité de sublimer ses pulsions sexuelles,* il lui reste comme remède de se réfugier dans la névrose. « Rien ne protège aussi sûrement sa vertu que la maladie ». Parce que l'éducation réprime complètement la sexualité féminine avant le mariage, maintient les femmes dans une ignorance totale, ne tolère aucune motion amoureuse qui ne conduise au mariage, elle forme un type de femme anesthésiée (et cette disposition à la frigidité qui provient de son éducation ne peut être surmontée ici par une expérience sexuelle puissante, du fait de la puissance amoureuse réduite de l'homme), et ces femmes « qui conçoivent sans plaisir se montrent ensuite peu disposées à enfanter dans la douleur » : « Ainsi la préparation au mariage fait échouer les buts du mariage. » La femme, loin d'être satisfaite par l'enfant, solution purement théorique, qui

87. Cf. par exemple *La morale sexuelle civilisée et la maladie nerveuse des temps modernes.*

ne peut valoir dans l'état actuel de la civilisation, a seulement le choix entre un désir inapaisé, l'infidélité ou la névrose.

La morale sexuelle civilisée et la maladie nerveuse des temps modernes, texte de 1908, laisse supposer que tout le malheur des femmes vient de leur éducation désastreuse et qu'il est donc rémédiable : il serait lié à une situation historique et non à la condition naturelle des femmes. Dans la *Conférence,* même si Freud, prudemment, affirme « qu'il n'est pas toujours facile de distinguer ce qui est attribuable d'une part à la fonction sexuelle, et de l'autre à la discipline sociale, l'accent est mis sur la " nature ", les " penchants ", les " envies " des femmes, responsables en dernière analyse de leur malheur. » L'on ne peut s'empêcher de penser que cette « choséification » des femmes correspond à un désir profond de Freud, au désir de les figer en un « éternel féminin » qu'aucun progrès social ne pourrait transformer, dût-il en coûter très cher aux femmes. Dans une lettre de jeunesse à Martha [88], sa fiancée, il ne craint pas, alors, de l'avouer. « Il est possible qu'une éducation nouvelle arrive à étouffer toutes les qualités de la femme, son besoin de protection qui n'empêche nullement ses victoires de manière qu'elle puisse comme les hommes gagner sa vie. Il est généralement possible que, dans ce cas, on ait tort de déplorer la disparition de la chose la plus délicieuse que le monde ait à nous offrir, notre idéal de la féminité. Les réformes législatives et éducatives échoueront par suite du fait que, bien avant l'âge auquel un homme peut s'assurer une situation dans notre société, la nature décide de la destinée d'une femme en lui donnant la beauté, le charme et la bonté.

« Non, sur ce point, je m'en tiens à la vieille façon

88. *Lettre à Martha Bernays du 15 novembre 1883.*

de penser : j'ai la nostalgie de ma Martha telle qu'elle est et voudra rester. La loi et la coutume doivent donner à la femme beaucoup des droits dont elle a été privée. Mais sa situation demeurera ce qu'elle fut toujours, celle d'une créature adorée dans sa jeunesse et d'une femme aimée dans sa maturité. » Et parce que la femme est « adorée » par l'homme, son « asservissement » en aucun cas, contrairement à ce que pensait Stuart Mill (qui est le point de départ de toute cette missive édifiante), ne saurait être comparé à celui des nègres ! « Bien qu'elle ne puisse voter et n'ait pas de capacité juridique, toute jeune fille dont un homme baise la main et pour l'amour de qui il est prêt à tous les risques, aurait pu lui en remontrer ». C'est pourquoi il est impossible de vouloir lancer les femmes dans la lutte pour la vie à la manière des hommes. Et Freud saura bien, quant à lui, tout faire pour soustraire sa chérie, dont il a su faire sa complice, à cette concurrence, et lui attribuer pour domaine exclusif la paisible activité de son foyer : « Nous sommes d'accord je crois, toi et moi, pour estimer que la tenue du ménage, l'éducation des enfants et les soins à leur donner accaparent entièrement un être humain et excluent à peu près toute possibilité de gagner de l'argent. »

Parce qu'il s'agit d'exclure la possibilité que la femme puisse un jour devenir la concurrente de l'homme, elle dont il a besoin fondamentalement de faire sa complice, Freud la fixe et la fige définitivement en un type correspondant à son « idéal de la féminité ».

Obsédé par son idée fixe, il immobilise la femme, l'emprisonne dans sa « nature » comme en un véritable carcan. C'est sur cette fixité de la femme, sur son impossibilité à évoluer et à changer à partir d'un certain âge — trente ans ! — opposée à la flexibilité et à la plasticité de l'homme toujours jeune, jamais achevé, toujours capable de se transformer et de s'améliorer, que se termine la conférence : *sur un arrêt de mort de la femme*. Parce qu'elle aurait épuisé toutes ses possibilités dans sa pénible évolution vers la féminité, la femme se trouve fixée à jamais dans une position définitive, sans qu'aucun espoir ne lui soit laissé de réaliser une quelconque évolution ultérieure : si la psychanalyse est apte à aider les hommes à se transformer, en ce qui concerne les femmes elle peut seulement déplorer cet état de chose effrayant. Pris de panique, médusé, le psychanalyste recule devant ce cadavre qu'il vient de fabriquer, devant ce roc immuable, la femme de trente ans, comme s'il se trouvait face à face avec la Mort elle-même. « Une femme du même âge (trente ans) nous effraie (*erschreckt*) à cause de la fixité (*Starrheit*) et du caractère immuable de son psychisme. »

De la femme, à partir d'un certain âge, la psychanalyse n'aura su que détourner son regard.

A la femme, la psychanalyse n'aura jamais touché que pour la cadavériser.

Cadavériser la femme, c'est tenter une ultime fois de maîtriser son caractère énigmatique et atopique, de fixer en une position définitive et immuable l'instabilité et la mobilité même, « L'éclair d'or séduisant qui s'allume au ventre de ce serpent, la vie », et « Vita est femina ». Car la rigidité cadavérique sert à maintenir refoulée la « masculinité » féminine. Elle permet de faire cesser le balancement perpétuel entre le masculin et le féminin qui fait toute l'énigme de la « femme ». C'est dire que la femme, parvenue à maturité, la femme de trente ans, ne saurait être pleinement femme qu'au prix de la mort — au prix du triomphe en elle de la « féminité » sur la masculinité, c'est-à-dire, semble-t-il, des pulsions de mort sur Eros.

Solution à l'énigme féminine, pour le moins peu réjouissante, effrayante, barrant définitivement toute issue, tout chemin, tout frayage.

« C'est tout ce que j'avais à vous dire sur la féminité ! » Si, ô femmes, vous n'êtes pas satisfaites par cette conférence qui signe votre arrêt de mort, vous pouvez toujours vous consoler en lisant, par exemple, les poètes.

Gérard de Nerval, peut-être.

Dans un appendice au *Voyage en Orient,* celui-ci rappelle l'interprétation « orientale » de la création d'Adam et d'Eve. Dieu aurait commencé par créer des races faites « d'une matière élevée, mobile et lumineuse », les Dives, les Djinns, les Afrites et les Peris, et leur aurait donné la terre. Puis Dieu créa une race nouvelle plus intimement unie à la terre et réalisant mieux l'hymen difficile de la nature et de l'Esprit ». Il créa donc Adam à partir de la terre et du limon, et lui donna comme compagne Lilith appartenant à la race des Dives : celle-ci devint plus tard infidèle et eut la tête coupée. A l'origine, il y aurait donc une différence radicale entre l'homme et la femme, chacun appartenant à une race opposée ; la femme qui appartient à l'espèce la plus subtile et la plus spirituelle est par là même dangereuse pour l'homme, terrestre trop terrestre ; elle le séduit, le trompe, le détourne de sa voie (celle de la civilisation ?). « Lilith, femme éternellement condamnée de la tradition arabe et dont le démon se sert pour séduire tous les grands hommes et leur faire manquer leur but [89]. » En un deuxième moment, Dieu comprend qu'il a eu tort d'associer deux natures différentes — et ceci au détriment du mâle ! Il résolut donc de tirer cette fois la femme de la substance même de l'homme, de forger une femme à l'image même de l'homme, conçue à partir de lui, pour qu'elle ne puisse plus lui être infidèle, pour qu'elle puisse seulement se conformer à ses désirs, devenir, d'une criminelle, une complice, c'est-à-dire une hystérique ;

89. Nerval, *Lettre à Janin du 27 décembre 1851.*

à la femme-criminelle la tête (?) aura été coupée. Dieu décide de tirer la femme de la côte d'Adam.

Se place ici un épisode « assez plaisant ». Pendant que Dieu s'occupe à refermer la plaie de l'homme (dès l'origine, la femme est une plaie pour l'homme qui se vide pour elle d'une partie de sa substance), un singe ramasse la côte et s'enfuit. Un ange lancé à sa poursuite réussit à le saisir par la queue : « Ce fut tout ce qu'il put rapporter à son maître. » Dieu, contraint de faire contre mauvaise fortune bon cœur, « et cédant peut-être sans réflexion à un amour-propre d'artiste, transforma la queue du singe en une créature belle au dehors, mais au dedans pleine de malice et de perversité ». (Ainsi s'explique que malgré le désir qu'a l'homme de maîtriser la différence sexuelle en réduisant la femme à être une partie de lui-même, la femme reste pourtant « irréductible », diabolique. Elle n'est belle qu'en apparence, en apparence seulement un être humain, cachant au dedans d'elle malice et perversité, c'est-à-dire son animalité. Sa beauté est un masque qui fait oublier que la femme est plus proche du singe que de l'homme. La femme serait l'inverse de ce Silène auquel Alcibiade compare Socrate, laid à l'extérieur, rempli à l'intérieur d'une divine substance.) Pour comprendre cette légende, il faut « se reporter aux premières luttes des religions monothéistes qui proclamaient la déchéance de la femme en haine du polythéisme syrien où le principe féminin dominait sous le nom d'Astarté, de Dercéto ou de Mylitta. On faisait remonter plus haut qu'Eve elle-même la première source du mal et du péché ; à ceux qui refusaient de concevoir un Dieu créateur éternellement solitaire, on parlait d'un crime si grand commis par l'antique épouse divine, qu'après une punition dont l'univers avait tremblé, il avait été défendu à tout ange ou créature terrestre de jamais prononcer son nom. Les solennelles obscurités des cosmogonies primitives ne contiennent rien d'aussi terrible que ce courroux de l'Eternel anéantissant jusqu'au souvenir de la mère du monde ».

De la femme, tu ne prononceras jamais, en vain, le nom...

table

PREMIERE PARTIE : L'ENIGME ET LE VOILE

DEUXIEME PARTIE : FREUD MENE L'ENQUETE

p136 revealing

p139 vitriolic anti-Irigaray

p144 Irigaray's point not really disproved

p160

p74 Roland Barthes, Camera Lucida p74

ACHEVÉ D'IMPRIMER 1er OCTOBRE 1980
SUR LES PRESSES DE L'IMPRIMERIE
CORBIÈRE ET JUGAIN A ALENÇON (ORNE)
N° D'ÉDITION : 202